闫欣洁 著

新媒体语境下讲好
中国文化故事的河南实践

河南省科技厅软科学课题"数字技术赋能
河南乡村治理现代化的实践路径研究"（242400410359）阶段性成果

WUHAN UNIVERSITY PRESS
武汉大学出版社

图书在版编目(CIP)数据

新媒体语境下讲好中国文化故事的河南实践/闫欣洁著.—武汉:武汉大学出版社,2025.3
ISBN 978-7-307-24380-4

Ⅰ.新… Ⅱ.闫… Ⅲ.地方文化—文化传播—研究—河南 Ⅳ.G127.61

中国国家版本馆 CIP 数据核字(2024)第 086769 号

责任编辑:孟跃亭   责任校对:鄢春梅   整体设计:韩闻锦
出版发行:**武汉大学出版社**   (430072   武昌   珞珈山)
(电子邮箱:cbs22@whu.edu.cn   网址:www.wdp.com.cn)
印刷:武汉图物印刷有限公司
开本:720×1000   1/16   印张:15   字数:237 千字   插页:1
版次:2025 年 3 月第 1 版   2025 年 3 月第 1 次印刷
ISBN 978-7-307-24380-4   定价:88.00 元

前　　言

　　2021 年 5 月 31 日下午，中共中央政治局就加强我国国际传播能力建设进行第三十次集体学习，中共中央总书记习近平在主持学习时强调，要深刻认识新形势下加强和改进国际传播工作的重要性和必要性，下大气力加强国际传播能力建设，形成同我国综合国力和国际地位相匹配的国际话语权，为我国改革发展营造有利的外部舆论环境，为推动构建人类命运共同体作出积极贡献。而新媒体语境下讲好中国文化故事已经成为国际传播能力建设的重点内容，讲好中国文化故事旨在从多个角度、多个领域展现中国良好的文化形象。据此，本书对讲好中国文化故事的相关概念进行了界定，分析了讲好中国文化故事的内生动力、话语体系、目标任务、叙事范式以及语境，并且论述了讲好中国文化故事的思想理论基础，将河南"中国节日"系列节目、河南"奇妙游"系列节目作为典型案例，剖析了河南在讲好中国文化故事中的具体做法与实际效果，基于上述研究成果，总结了新媒体语境下讲好中国文化故事时面临的困境，提出了有针对性的解决方案，为讲好中国文化故事助力。

　　综上，本书尝试从多个角度、多个方面研究新媒体语境下讲好中国文化故事的河南实践，探索新媒体语境下讲好中国文化故事的河南实践的新的路径和策略。但是由于研究水平有限，研究结果存在一定的不足，望专家学者能够给予指导与建议，以便在今后的研究中进行补充与完善，特此感谢！

目　　录

第一章 绪 论

"讲好中国故事"是马克思主义文化观、新闻观与新时代中国国情相结合的重要产物，也是新的国际形势下中国文化"走出去"、推进中国国际传播能力建设的因应之道。

第一节 研究背景与意义

基于当下国际背景，切实增强国家软实力已是大势所趋，实施文化强国战略的着力点是讲好中国故事。讲好中国故事是习近平总书记在世界百年未有之大变局的背景下，高瞻远瞩，审时度势，提出的因应之道。习近平总书记在党的十九大报告中指出："经过长期努力，中国特色社会主义进入了新时代，这是我国发展新的历史方位。"[①]这里提到的新的历史方位，意味着我国在国际上所处的地位，在国际环境中，我国经济总量稳居世界第二位，同时也是军事强国与科技强国。[②]硬实力的提升必然要求增强相应的软实力，尤其是在对外经济贸易快速发展的时代背景下，必须进一步开拓文化产品贸易发展空间。在这个过程中就需要讲好中国故事，向世界传递中国的价值观念，并且树立良好的中国"产品"形象，有效地扩大中国的国际知名度。新时代，我国仍然面临着被西方抹黑的情况，导致中国声音传递不出去，这就需要"中国故事"来提供支持与帮助。随着中国社会经济的蓬勃发展，国际社会

---

① 奋进在中国特色社会主义新时代——从党的十九大看我国发展新的历史方位[EB/OL].（2017-10-19）[2024-01-23].http://www.12371.cn/2017/10119/ARTI1508355097829129.shtml.

② 王彬，刘霄."科技+非遗"：讲好中国故事 解锁更多可能[N].中国文化报，2023-05-26（1）.

逐渐认识到中国的重要性，这就更加迫切需要我们传递中国声音，让国际社会接收到真实的、全面的中国声音。只有解决好中国"失语就要挨骂"的问题，将讲述中国故事的途径由"他塑"转变为"自塑"，才能展示中国正面的国家形象，真正提升中国话语的国际影响力。

目前，基于中国文化海外传播及中国故事讲述的具体情况，从纵向分析，中国文化"走出去"的工作成果丰硕，有效地促进了中国的国际影响力与国家形象的提升；从横向分析，考量中国的全球定位，中国的文化软实力较为薄弱。从整体进行分析，我国经济发展迅速，但文化发展不充分，经济与文化发展呈现脱节状态。要提升中国整体实力，就需要加快促进中国文化海外传播，讲好中国故事，打造中国"品牌"。[①] 当前讲好中国故事的话语主体主要还是官媒和大众传媒，传播的声音还较为弱小，在政府相关部门及传媒机构带头发挥作用的同时，还应该充分调动企业、非政府组织、民间团体、海外华人、来华留学生等主体的积极性，实现官方交流、民间交流双管齐下，更好地将中国故事传播开来。这就需要我们在讲好中国故事方面，深入研究讲好中国故事民间渠道的有效性和方向性，使其在讲好中国故事中更好地发挥作用。

目前，学者从不同的角度对讲好中国文化故事进行研究分析，从文献研究内容的分布来看，从宏观角度出发的比较多，对讲好中国文化故事过程中的具体情况研究的比较少，对讲好中国文化故事的路径分析也欠细化、系统化，关于丰富讲好中国文化故事话语主体等内容还未有系统性研究，所以对中国文化海外传播的研究领域还有进一步扩展的空间。由此可知，身处机遇与挑战并存的国际环境中，用什么样的立场、原则讲好中国文化故事、传播中国声音，用什么样的思路、举措讲述中国文化故事、传播中国声音成为当今不可回避的重要课题。近些年，河南在讲好中国文化故事方面进行了大量探索与实践，如2021年河南卫视(前身是河南电视台第一套节目，1996年6月1日改名河南卫视)春晚节目《唐宫夜宴》以出其不意的方式火爆网络，引发观众对中华优秀传统文化的广泛关注。接着，河南卫视以此为契机，立足元宵、清明、端午、七夕等中国传统节日，深挖中华优秀传统文化内涵，

---

① 王仁海. 坚定文化自信自强 以社会主义文化新辉煌讲好中国故事[J]. 中国广播电视学刊，2023(2)：11-14.

打造"中国节日"系列节目 IP(Intellectual Property，网络流行语，直译为知识产权，也称为智力成果权，在互联网上，可以理解为所有成名文创作品的统称)。据统计，《唐宫夜宴》直播结束后，当日话题阅读量迅速飙升至 25 亿，讨论量达 108 万，短视频平台累计观看人次突破 800 万，次日单个视频单日内播放量达 1000 万次，连续 4 天稳居微博热搜榜单。后来的《端午奇妙游》在各大视频平台投放总播放量超过 60 亿次。① "中国节日"系列节目成为讲好中国文化故事、传播中国声音的绝佳的创新与时尚结合的范例。

第二节　国内研究现状综述

伴随中国综合国力的增强、中国文化"走出去"战略的深化发展，以及习近平总书记对于讲好中国故事的倡导，讲好中国故事的相关研究成为近几年的学术研究热点。现从讲好中国文化故事、讲好中国文化故事与河南实践两个角度展示相关研究成果。

一、关于讲好中国文化故事的相关研究

刘娜(2023)认为"讲好中国故事"符合大学英语课程改革的需要，符合提升中华文化软实力、创新文化传播方式的需要。通过英文讲好中国故事，提高大学生的多元文化交流能力不仅是大学英语教学目标的内在需求，也是传播中国文化和中国价值的窗口。作为我国高等院校开设课程中量大面广的通识必修课，大学英语应该积极满足现当代大学生学习外语的需求，高校英语教师应充分利用大数据平台，积极变革教学思路和教学模式，调整和更新教学内容，积极主动地进行大学英语教师团队建设、创新信息时代下师生对话新模式、开展适合传播中国故事和中国精神的大学英语实用教材和语料库建设，助力大学生提升多元文化学习能力和英语运用能

① 李竹欣. 共享与交流：河南卫视"奇妙游"系列节目共情传播路径研究[J]. 视听，2023(6)：96-99.

力，做好中国文化走向世界的"传声筒"。① 张珊珊和孙宗芹（2023）认为大学生作为青年一代，是将中华优秀传统文化传播出去的主力军，为了讲好中国故事，应该对中国文化有所了解并能用英语熟练表达——这对大学生的综合素养要求比较高，除了需要具备丰富的中国文化背景知识，还需要具有扎实的英语表达能力。② 周正红等（2022）认为"讲好中国故事"是新时代国际传播的重要命题，向世界讲好中国故事关乎国家话语权的提升与国家形象的塑造，更关系着国家综合国力与国际地位的提升，我们不仅要向留学生讲好传统文化故事，更要讲好我们的民族精神与家国情怀；不仅要讲好中国特色社会主义理论，更要讲好新中国成立以来的伟大实践；不仅要讲好国际交往故事，更要讲好中国外交的态度与价值观。③ 李麟凤和王红艳（2021）认为高校是全面推进文化传承创新、国际交流合作等领域的重要平台。构建新型国际传播话语体系，向世界讲好中国故事是对新时代重构高校育人理念的回应。因此，探究中国文化英语表达教学现状及策略，可作为新时代构建"高水平人才培养体系"的有效切入点，有利于全面提高新时代跨文化交流人才的培养质量。④

二、关于讲好中国文化故事与河南实践的相关研究

徐娜（2022）认为，"中国节日"系列节目是应时合势之举，通过深入挖掘传统文化内涵的方式，打造兼具底蕴和传播力的文化作品，从传统文化的搬运工转变为传统文化的二次加工者，用创意表达形式找到中华传统文化的韵脚，激发大众对传统文化的兴趣和热情，让更多人跟着节目去深挖文化背后更深刻的故事，从而更深入地展现文化全貌。⑤ 马英（2022）认为博大精深的中华优秀传统文化是中华民族的

---

① 刘娜."讲好中国故事"背景下大学英语课堂中国文化教学实施策略探究[J].海外英语，2023（2）：136-138.

② 张珊珊，孙宗芹."讲好中国故事"背景下中国文化英语表达教学现状研究及启示[J].湖北开放职业学院学报，2023，36（1）：185-187.

③ 周正红，宫慧，曹庆慧.固本拓源：向留学生讲好中国故事[J].辽宁师范大学学报（社会科学版），2022，45（6）：26-30.

④ 李麟凤，王红艳."讲好中国故事"背景下中国文化英语表达教学探究[J].英语广场，2021（27）：105-107.

⑤ 徐娜.根植文化沃土，讲好黄河故事：以河南广电"中国节日"系列节目为例[J].现代视听，2022（7）：20-22.

精神命脉，是中华民族独特的精神标识。叙事符号和叙事策略的创新让 2021 年河南卫视"中国节日"系列节目成为"两创"（即创造性转化、创新性发展）的典型代表，它的成功为我们用短视频讲好中国故事提供了生动实践。我们应该让世界感受真正的、真实的中华优秀传统文化，言简意赅中富含深意，弘扬中国精神、传播中国价值，不断增强中华优秀传统文化的生命力和影响力。① 索琼瑶（2021）认为在新媒体崛起的背景下，创新表达方式，突破故事资源的表层审美，多维度地实现中国故事的情感共振是当下的必然要求。新媒体时代，要重组和塑造中国故事的感知模式，主流媒体应秉持文化自信勇担传承使命，社交媒体应创新传播路径实现情感共振，数字技术应赋能拓展实践营造故事氛围，展现真实、立体、全面的中国，实现中国故事的文化认同，唤醒国家认知的集体记忆。②

第三节　研究方法

为了进一步探索新媒体语境下讲好中国文化故事的具体实践，本书采取了多种研究方法。

文献资料法。笔者对讲好中国文化故事的研究资料进行了搜集、整理与研究，分析了不同学者对讲好中国文化故事河南实践的不同态度，从而阐述了当前讲好中国文化故事河南实践的发展概况。

逻辑分析法。逻辑分析法是指运用逻辑推理和演绎等方法，对获得的研究素材进行加工，从而得到精华素材。为了对问题进行更加深入的剖析，本书运用逻辑分析法进行相应的分析，从而对讲好中国文化故事河南实践的进一步发展作出了相应的贡献。

访谈法。笔者通过查阅关于新媒体、讲好中国文化故事河南实践等方面的相关书籍、文献资料，遵循访谈提纲设计要求，制定访谈提纲。为保证数据和资料来源

---

① 马英. 短视频叙事方式与讲好中国故事的实践路径：以 2021 年河南卫视"中国节日"系列节目为例[J]. 新媒体研究，2022，8(5)：102-104，109.

② 索琼瑶. 论新媒体时代讲好中国故事的媒介呈现：以河南卫视中国节日系列节目为例[J]. 新闻研究导刊，2021，12(18)：111-112.

的准确性和真实性，获得更多有关讲好中国文化故事河南实践的相关信息，针对所涉及的问题对该领域的专家进行访谈，了解专家们对相关问题的想法和认识，为本书的科学合理性奠定了研究基础。

第四节 研究的整体思路与内容

本书的整体研究思路与内容体现在以下几方面。

第一章，绪论。通过搜集国内学者关于讲好中国文化故事、讲好中国文化故事与河南实践的相关研究成果，简要概述不同学者的观点，阐述本书研究背景与意义、研究方法、研究的整体思路与内容等，为本书接下来的研究奠定良好的理论基础。

第二章，"讲好中国文化故事"的概念。从何谓"中国文化故事"、何谓"讲好中国文化故事"、为何要"讲好中国文化故事"三个角度分析讲好中国文化故事的理论内涵，介绍讲好中国文化故事的内生动力、话语体系、目标任务、叙事范式与语境。

第三章，"讲好中国文化故事"的思想理论基础。主要包括"文化具有世界共享性"的文化观、"文化价值论"的相关观点、文化发展观、"中华文化'走出去'"战略。在"文化具有世界共享性"的文化观中，简要分析了马克思主义文化思想、毛泽东文化理论、改革开放后的文化观念、习近平文化思想。在"文化价值论"的相关观点中，围绕马克思文化价值思想、毛泽东有关文化价值的理论、习近平有关文化价值的理论进行论述。在文化发展观中，则以马克思和恩格斯文化发展观、毛泽东文化建设理论、改革开放后的文化发展理论、习近平的文化发展理念为核心进行阐述。在"中华文化'走出去'"战略中，内容涵盖了中华人民共和国成立后的对外文化交流、改革开放后的战略规划以及近年来关于"中华文化'走出去'"的战略思考，为本书研究提供必要的理论支持。

第四章，讲好中国文化故事之河南"中国节日"系列节目。一是对河南"中国节日"系列节目进行概述；二是从内容创新、形式创新、技术创新三个方面研究河南"中国节日"系列节目制作的创新；三是概述河南"中国节日"系列节目文化记忆符号，如节日性符号、地域性符号、民族性符号、新潮性符号、分众化符号等；四是进行河南"中国节日"系列节目文化记忆现时构建，围绕故事化讲述呈现文化记忆、情景化再现历史文化、人格化塑造历史文物等方面进行论述；五是河南"中国节日"系列节目文化记忆建构启示，总结相关成功经验。

第五章，讲好中国文化故事之河南"奇妙游"系列节目。首先对河南"奇妙游"系列节目进行概述，然后分析河南"奇妙游"系列节目符号化传播流程、传播效果、传播价值以及传播启示。

第六章，新媒体语境下讲好中国文化故事的困境与策略。一方面剖析新媒体语境下讲好中国文化故事面临的困境，另一方面提出了新媒体语境下讲好中国文化故事的河南策略，旨在为讲好中国文化故事提供助力。

最后是结语部分。指出"讲好中国故事"并非可以一蹴而就，而是需要我们锲而不舍，久久为功。

第二章　讲好中国文化故事的概念

　　"讲好中国文化故事"的概念，包括理论意蕴、内生动力、话语体系与目标任务，以及叙事范式与语境。讲好中国文化故事不仅要求故事内容具有文化深度和广度，还要求讲述方式具有吸引力和感染力。讲好中国文化故事对于提高民族自豪感、促进文化传承和发展、推动中外文化交流与合作等方面都具有重要意义。其内生动力包括全球化治理和构建人类命运共同体的需要、中国式现代化发展的必然要求、培育爱国情怀的重要依托、树立文化自信的关键以及践行中国特色社会主义核心价值观的需要。建立话语体系和明确目标任务是讲好中国文化故事的重要内容，同时还要根据不同的受众和场合选择合适的叙事范式和语境，以更好地实现文化传播的效果。

第一节　讲好中国文化故事的理论意蕴

一、何谓"中国文化故事"

(一)中国文化故事的定义和内涵

　　中国文化故事是如诗如画的历史见证，是一幅从远古到当代的珍贵画卷。它既是民间传说、史诗、传奇小说等文学作品的总称，也是对数千年来一直延续的中华文明的总述。在这个定义下，中国文化故事包括了源远流长的五千年历史中产生的脍炙人口的古代神话、史传、民间故事等诸多内容。概括地说，其涵盖了民间信仰、礼仪制度、家族伦理、道德观念、审美情趣等多个领域。

中国文化故事的最早形态可以追溯到原始社会，那时人们试图通过神话来解释自然现象、社会现象和人类起源等不为人知的事物。这些神话故事不但描绘了一个个丰富多彩的传说，更向后人展示了一种精神性的世界观。如女娲补天、精卫填海这类古代神话，凝聚着民间的智慧，蕴藏着人们对生活的思考、对人生命运的解读。从某种程度上讲，这些不朽的神话故事早已融入了中华民族的集体记忆和精神家园中，并成为一代代中国人共同的文化基因。

中国史传、传奇小说等历史文学作品则是中国文化故事的另一个重要载体。从《史记》《汉书》到《资治通鉴》，从《古镜记》到《明史》等，这些历史文学作品以其生动、细腻的文风，向世人展现了中国古代的社会面貌、风俗习惯、民众生活。这些作品涉及领域广泛，如《明史·卷二百九十九·列传第一百八十七》就记录了"药圣"李时珍的传奇人生，称其"穷搜博采，芟烦补阙，历三十年，阅书八百余家，稿三易而成书，曰《本草纲目》"，描绘了用毕生精力躬亲实践、救死扶伤的医者形象；而《水浒传》作为一本英雄传奇类章回体长篇白话小说，则通过描绘以宋江为首的农民起义军从起义发生、发展直至失败的全过程，深刻揭示了起义的社会根源，满腔热情地歌颂了起义英雄的反抗斗争和他们的社会理想。可见，中国文化故事具有丰富的内容，反映了中华民族的智慧和创造力。

在这些文化故事中，民间信仰和宗教信仰占据了重要地位，包括神话传说、民间故事、历史传奇和寓言等，旨在传播中国思想、道德观念和价值理念。与其他文化中所反映的不同国家和民族的故事不同，中国文化故事源于中国独特的地理环境、风土人情、政治制度和社会观念，具有鲜明的地域特色和民族特征。中国文化故事在内涵上体现了中华民族五千年的文明传承。中国文化故事在中国乃至世界上都具有特殊的地位。例如，明代古典神魔小说《封神演义》以姜子牙执掌宝物封神，分封天庭八部三百六十五位正神为主线，小说强调了道德、正义、忠诚、孝顺、仁爱等中国传统文化价值观的重要性。故事中的许多角色有高尚的品德和强烈的道德信念，他们在面对各种困境和挑战时，坚守自己的信仰和原则，展现了人性的光辉和传统美德的力量。

在漫长的发展过程中，中国文化从历史中汲取了丰富的思想资源，可谓博大精深。在这些文化故事中，东方哲学的核心理念如仁、义、礼、智、信等得以凸显，明确表达了对古代文化价值的尊重和传承。此外，中国文化故事还强调对道德品质的关注与对和谐社会的追求。古人以"穷则独善其身，达则兼善天下"为人生理想，崇尚"忠孝节义"的观念，使中国人民得以在社会中保持团结互助、宽容博爱的品质。他们还视礼为名教宗旨，认为只有遵循礼教、守住道德规范，才能使国家、家庭和个人以有序的方式运行，获得共建共享的幸福生活。另外，中国文化故事中的家族观念颇为重要，"家和万事兴"的理念成为中国家庭的美好愿望。

中国文化故事中的情感内涵丰富多彩。这些故事既含有深挚的爱情，如《梁山伯与祝英台》等感人至深的古典爱情故事；也包括充满浪漫色彩的传奇故事和令人陶醉的诗篇，如《红楼梦》等；还有振奋精神、充满正义感的英雄传说，如《隋唐演义》《三国演义》等。这些故事通过描述各种情感纠葛、家族纷争、权谋斗争等，反映了人性的光辉与阴暗面，并以生动的场景描绘了人类在悲欢离合间的抉择过程。这些情感是中国文化故事传播的重要根基。需要强调的是，中国文化故事主张多元包容。从古至今，中国深厚的历史文化承载了大量的社会群体智慧和宗教信仰内容，其中，佛教、道教等宗教文化相互交融，衍生出丰富多彩的民间文化。这些故事无论是形式还是内容都具有鲜明的多元性，如《西游记》中的齐天大圣孙悟空和《聊斋志异》中的狐仙、山神等角色，都体现了中国人民对多元文化的包容。不仅如此，中国文化故事在传承过程中，对于外来文化也秉持容纳借鉴的态度，如佛教经典的汉译。

总之，中国文化故事作为中华文化的重要组成部分，无论是类型、内涵还是价值观念都具有鲜明的特色和意义。中国文化故事是中华民族传统智慧、道德观念和价值理念的载体与传播媒介，在传播中华优秀传统文化、推动国家发展、增强民族凝聚力、建立内省的文化自觉等方面，都具有深远的历史价值和现实意义。① 随着时代的发展，中国文化故事将续写传承篇章，用智慧建设社会主义现代化国家的美好未来。

---

① 高红波，王宝奕，陈鸿叶."中国节日"国潮文化建构的四个关键点［J］. 传媒，2023（3）：18-20.

(二)中国文化故事的主要分类及特点

中国文化故事是源自中国悠久历史、体现中华民族文明特征的一种文化表现形式。在宗教信仰、民间习俗、哲学思想等领域，留下了丰富的文化故事资源。这些故事或以华美的诗词、典故光彩夺目，或以寓言、童话等形式寄托着中国人民寻求幸福生活的美好憧憬与道德情感。

1. 中国文化故事主要分类

第一，神话传说是中国文化故事的重要组成部分。在神话传说中，时间、空间与人物常常超越现实，充满奇幻色彩。如在《山海经》《淮南子》等古籍中，便出现了大量关于神仙、巫术、妖怪、瑞兽等的神话传说。中国的神话故事与其他国家和民族的神话故事都包含了反映人们的世界观、宇宙观、人生观的内容。此外，中国的许多神话故事还具有精神与道义的启示，如《山海经》中的"女娲补天""精卫填海"等传说，展现出人与神、善与恶的多重面貌，暗含了对人生与命运的思考。

第二，民间故事是中国文化故事的又一重要类别。与神话传说不同，民间故事更偏重于反映现实生活中普通百姓的情感世界。这些故事富有地域特色，刻画了来自不同地区、不同族群的民众的精彩人生，凸显了中华民族的多元性。如"木兰从军""铁杵成针""滥竽充数""揠苗助长"等民间传说，对社会风俗、道德观念、人际交往进行深刻剖析，提升了人的道德素养和审美品格。[①] 此外，民间故事在传播过程中，形成了独特的艺术表现形式，如儿歌、谜语、楹联等，这些都极大地丰富了中国文化故事的内涵和形式。

第三，在中国文化故事的庞大宝库中，历史传说无疑占据着举足轻重的地位。历史传说尤其注重史实传播，挖掘历史背景下的人物风貌，道出中华五千年的荣辱兴衰。一些传说以戏剧、韵文、散文等为载体广为流传，如《孔雀东南飞》《卧冰求鲤》《白娘子传奇》等，给后人留下了深刻的记忆。此外，历史作品如《东周列国志》《资治通鉴》等，文情并茂，场面宏大，既重现了历史事件发生时的壮丽画卷，又抒发了人与国家、民族、家庭之间的纷繁情感，对于中华民族历史传统价值观的传承

---

① 张珊珊，孙宗芹."讲好中国故事"背景下中国文化英语表达教学现状研究及启示[J].
湖北开放职业学院学报，2023，36(1)：185-187.

具有重要意义。

第四，在中国文化故事宝库中，文学名著是无可争议的佼佼者。以四大名著《红楼梦》《西游记》《三国演义》《水浒传》为例，这些著作具有广泛的历史、文化背景，涉及政治、经济、文化等众多领域，阐释丰富多样的人生哲理。此外，《济公全传》《聊斋志异》《儒林外史》等优秀文学著作通过运用纪实、剪辑、变形、理想化等方法，以新颖独特的故事内容、特色鲜明的人物形象，在实现社会公正、达成个人追求等方面起到了醒世作用，蕴含着鼓励人们不断进取与追求的现实意义。

第五，诗词歌赋在中国文化故事中也独具特色。从先秦时期的《诗经》《楚辞》到两汉时期《古诗十九首》，再到唐宋时期以诗人李白、杜甫、白居易，词人苏轼、辛弃疾为代表的诗词大家所筑就的诗词辉煌，借诗词歌赋力求表达传统道德观念或修身齐家治国平天下等观点的人不胜枚举。这些诗文的宏大气象、宏伟思想，使其跳脱出传统的叙事故事框架，是中国文化故事的大成者之一。

综上所述，中国文化故事是中华民族基于历史史实、宗教信仰、民间传说、风俗习惯、哲学思想等内容形成的故事体系。这些故事仿佛一颗颗璀璨的明珠，串联起来便形成了中华文明的无价珍宝。从神话传说到民间故事，从历史传说到文学名著，再到诗词歌赋，无一不为中华文化赋予深厚的历史底蕴，在传承与创新中绽放异彩。这些故事反映了民族智慧，是中华儿女共同的精神家园，在当今世界将延续中华文明的脉络，在世界潮流中展现中华文化魅力。

中国文化故事是中华文化的重要组成部分，它不仅体现了中华优秀传统文化的精髓，也反映了中国人民的智慧和人文情怀。随着时代的变迁，中国文化故事也在不断更新和发展，但其精神内核仍然属于博大精深的中华文化。

2. 中国文化故事的特点

(1)浓厚的历史和传统文化氛围

中华文化源远流长，历史悠久。中国文化故事反映了中华民族悠久的历史和传统文化，它们流传了世世代代，记录和传承了中国的文化历程、社会经验和国民智慧。在这些故事中，我们可以感受到中国人对于人性、伦理、文化等方面的理解和追求，这些理念也贯穿于中华文化的其他方面。例如，《红楼梦》中对于贾宝玉与林黛玉人生的描写，不仅有文化、心理等方面的表现，也涉及婚姻、家庭等社会议题。

（2）清晰的哲学思维和逻辑

中国文化故事多以寓言、伦理故事、神话、传说等方式呈现，它们以简单明了、贴近生活的语言表达丰富的哲学思想和深刻的道德理念，让人们对生活有更深入的思考。其中的语言和思想内涵，有着独特的哲学思维，例如：①韶华易逝。《论语·子罕》中"逝者如斯夫，不舍昼夜"就直接体现了"韶华易逝"的人生感叹，让人想到日月运行，昼夜更始，便是往一日即去一日；俯察地理，想到花开叶落，四时变迁，便是往一年即去一年。天地如此，生在天地间的人亦不例外。②矛盾的对立与统一。中华文化中另一个重要的哲学思想就是矛盾的对立与统一，即认为世界上的事物都是由矛盾，即相反的两个方面构成的，只有在矛盾对立统一的情况下，事物才能发展和进步。在许多文化故事中，这种哲学思想得到了体现，西汉淮南王刘安所著的《淮南子·卷四·原道训》中"塞翁失马，焉知非福"的故事，便体现了矛盾对立统一的哲学观点。"塞翁失马，焉知非福"的故事告诉我们，矛盾双方在一定条件下可以相互转化，好事可能会变成坏事，坏事也可能会变成好事。这种转化就是矛盾的对立统一。在故事中，塞翁失马是矛盾的对立性，表现为马的丢失和儿子的摔断腿；而焉知非福则是矛盾的统一性，表现为塞翁失马后带来的幸运。这种矛盾双方既对立又统一的体现，也让我们认识到事物的复杂性和多样性，引导我们在生活中以更全面、客观的态度看待问题。这个故事通过矛盾对立统一的哲学思想，提醒人们理解事物的辩证关系和矛盾对立统一的关系，避免简单的二元对立和冲突。③知足常乐。《道德经》中的"咎莫憯于欲得，祸莫大于不知足。故知足之足，常足矣"告诉我们，人真正的快乐来自内心的平静与知足。所以，老子所说的"知足常乐"，意在倡导人们从内心找到真正的快乐，不要盲目追求外在物质。

（3）强调人性的内在价值

中国文化故事强调人性的内在价值，人的精神富足是人生最宝贵的财富。在这些故事中，人们不仅可以感受到中国人对于人性的尊重和关注，也可以从其中汲取人生智慧和精神支持。例如，《孟子》中的"仁爱之心"，《道德经》中的"知人者智，自知者明"，《周易·象传》中的"天行健，君子以自强不息；地势坤，君子以厚德载物"等，都体现了人应该丰富自己的精神生活，追求人性的内在价值。

（4）平易近人的语言和亲和的情感表达

中国文化故事的语言平易近人，可以轻松传递更丰富的信息。这些故事不仅便于阅读，还让人产生亲切感和共鸣。在中国文化故事中，人的情感表达也是非常温暖和亲切的，传达出人间真情和心灵相应。《三字经》是中国古代儿童的启蒙读物，其中很多语句非常平实。例如，"父母呼，应勿缓；父母命，行勿懒"就非常贴近生活。《诗经》作为中国最早的诗歌总集，其中的诗歌形式简单、语言直白，情感表达十分真挚。如《关雎》《蒹葭》等作品，因其优美的语言和深刻的情感表达深受读者喜爱。

（5）独特的和平思想与文化自信

中国文化故事的创作和传承始终蕴藏和平思想与文化自信，这些故事形象地描绘了人民的日常生活、文化传统、风土民情等。故事中不存在浓厚的战争和暴力元素，反而以道德、家庭等为主题，充分展现了中华民族崇尚和平的精神与价值观念。[①] 例如，《孙子兵法》作为中国古代的一部军事经典著作，除了讲述军事技法，还特别强调利用非军事手段实现目的的重要参考，提出"上兵伐谋，其次伐交，其次伐兵，其下攻城"的思想，即主张以智谋和外交手段解决争端，尽量避免使用武力。这种思想体现了对和平的追求和尊重；《资治通鉴》作为中国古代的一部重要史书，通过对历史事件的分析和评价，提出了"鉴前世之兴衰，考当今之得失"的主张。这种思想强调了历史对政治决策的重要性，体现了对文化智慧的自信和尊重。

综上所述，中国文化故事具有深厚的历史和传统文化氛围、清晰的哲学思维和逻辑、强调人性的内在价值、平实的语言、深刻的情感表达以及独特的和平思想与文化自信。这些特点，使中国文化故事成为中华民族文化遗产的重要组成部分，也是中国文化在全球传播中的重要资源。

二、何谓"讲好中国文化故事"

"讲好中国文化故事"是指通过讲述中华优秀传统文化的故事和传说，来传承和

---

① 祝传鹏．讲好中国文化故事，展示民族精神气质[N]．中国社会科学报，2022-11-22（5）．

弘扬中华文化的精髓，同时也是一种有效的文化传播方式。① 中华文化是一个历史悠久的文化体系，具有深厚的历史底蕴和丰富的内涵，其价值观念、道德准则、艺术表现等方面都具有鲜明的特点和独特的魅力。通过讲述这些文化故事，可以让更多的人了解中华文化，进而对其产生兴趣。在讲述中国文化故事的过程中，需要注重讲述内容的准确性和深度，同时也要注重讲述的生动性和趣味性，让听众能够感受文化的内在魅力和思想的深邃意义。讲好中国文化故事可以促进中华文化的传承和发展，同时也可以增进不同文化之间的相互了解和交流，推动文化多样性发展和人类文明的共同进步。

（一）讲好的含义

讲好中国文化故事是一项重要的文化传承工作，对于弘扬中华优秀传统文化、传承中华民族的文化基因具有重要意义。但是，要想真正讲好中国文化故事，并不是一件容易的事情。要想讲好中国文化故事，需要具备一定的知识储备、文化素养和讲述技巧。本小节将从多个方面详细阐述怎样才算把中国文化故事给讲好了。

1. 深入了解故事内涵和文化背景

讲好中国文化故事，首先需要深入了解故事的内涵和文化背景，只有对故事的内涵和文化背景有深入的了解，才能更好地理解故事的含义和价值。例如，讲述《孙子兵法》时，需要深入了解中国古代的兵法思想和战争方式，才能更好地传达故事的价值和内涵。此外，深入了解故事的文化背景也是讲好中国文化故事的一个关键点。中国是一个拥有五千年文明历史的国家，每个时代都有其独特的文化背景和历史背景，深入了解故事所处的时代背景，就可以更好地理解故事的文化内涵和历史意义。例如，讲述《儒林外史》时，需要了解清代社会的文化背景和历史背景，才能更好地传达故事的情感和价值。

2. 体现中华文化的特色

讲好中国文化故事，需要体现中华文化的特色。中华文化是独具特色的，具有鲜明的民族文化特点以及重要历史文化传承意义。讲述中国文化故事时，要注意体

---

① 陈志莹，王楠．从"中国节日"系列节目看媒体融合下传统文化"出圈"路径[J]．新闻传播，2022（24）：25-28．

现中华文化的特色，以突出其独特魅力。例如，在讲述传统节日故事时，要突出节日的文化内涵和传统习俗，强调中华优秀传统文化的独特魅力。在讲述中国文化故事时，还要注意体现其历史传承和文化积淀意义。我国是一个拥有悠久历史的文明古国，文化积淀丰厚。讲述中国文化故事时，要注意突出其历史传承和文化积淀，让听众更好地了解中华优秀传统文化的深度和广度，增强对中华优秀传统文化的了解。例如，在讲述中国古代文学作品时，可以详细介绍该作品的创作背景和文学价值，让听众更好地理解和感受中华优秀传统文化的深度和广度。

3. 注重语言表达和情感表达

讲好中国文化故事，需要注重语言表达和情感表达。语言是传达故事的重要工具，语言的表述方式和韵律都会影响听众的收听效果。因此，讲述中国文化故事时，要注意语言表达的准确性和美感，运用恰当的文字和表达方式，以增强听众的接受能力和理解能力。同时，在讲述中国文化故事时，情感表达也是非常重要的。情感是人类交流和沟通中的核心要素，也是传达故事内涵和价值的重要手段。讲述中国文化故事时，可以通过情感表达来传达故事中的情感和价值观，激发听众的情感共鸣和认同感。例如，在讲述《孔子》时，可以通过情感表达来传达孔子的思想和品德，增加听众对孔子思想的认知。

4. 寓教于乐，注重趣味性和互动性

讲好中国文化故事，要寓教于乐，注重趣味性和互动性。故事不仅是一种传递知识的形式，更是一种传递情感的形式。讲述中国文化故事时，可以通过加强趣味性和互动性来促进听众的参与和理解。例如，在讲述中国传统节日故事时，可以通过游戏和互动活动来增加受众的体验感和参与感，从而让受众更好地理解节日的文化内涵。此外，要注重趣味性和互动性，就要注意讲述方式的多样性和灵活性。可以通过讲故事、讲笑话、演示、展示等方式来讲述中国文化故事，以提升听众的兴趣和参与感。

5. 重视传承和创新

讲好中国文化故事，需要重视传承和创新。中华优秀传统文化是历史的、继承的，也是当代的、创新的。在讲述中国文化故事时，要注重传承和发扬传统文化，也要注重创造性地将传统文化与现代生活结合，使之更好地适应当今社会的需要。

传承是讲好中国文化故事的重要基础。在讲述中国文化故事时，要注重传承和弘扬优秀传统文化的精髓和价值观念，让听众更好地了解和体验传统文化的独特魅力和深刻内涵。同时，也要注重创造性地将传统文化与现代生活结合。例如，在讲述中国传统节日春节的故事时，可以通过创新的方式来展现春节的传统习俗，如制作灯笼、剪纸等，让听众更好地体验中华优秀传统文化的魅力。在创新的同时，也要注重保持传统文化的原有特点和传统魅力。在讲述中国文化故事时，要注重传统文化的内涵和精神，避免过于追求时尚和潮流而失去传统文化的独特性和深刻内涵。

6. 适应不同的受众和场景

讲好中国文化故事，需要适应不同的受众和场景。不同的受众和场景有不同的需求和关注点，因此，在讲述中国文化故事时，需要根据不同的受众和场景进行灵活调整和适应。① 例如，在向外国友人介绍中国文化时，需要注重对文化差异的解释和引导，帮助他们理解中国文化的内涵和特点。而在向国内年轻人介绍中国文化时，需要注重与年轻人的沟通和互动，注重趣味性和生动性，以提升听众的兴趣和参与感。在不同的场景中，也需要灵活地调整讲述方式和手段。例如，在学校讲述中国文化故事时，可以通过课堂讲解、游戏互动等方式来提升学生的学习兴趣和参与感；而在博物馆讲述中国文化故事时，可以通过文物展示、讲解等方式来使听众更好地了解和感受文物的历史和文化内涵。

7. 注重语言表达和演讲技巧

讲好中国文化故事，除了要具备深厚的文化知识和宏大的文化视野，还需要注重语言表达和演讲技巧的训练和提升。② 一个好的故事讲述者，需要具备流畅的语言表达能力和生动的演讲技巧，这样才能更好地将故事呈现给听众。语言表达方面，要注重词汇的准确和丰富，语言的流畅和连贯，以及语调和语气的适度控制。在讲述故事时，可以运用一些比喻、排比、双关等修辞手法，使故事更加生动有趣，增强听众的体验感。演讲技巧方面，要注重对声音的控制，包括语速、音量、语调、停顿等方面的调节。同时，还要注重运用肢体语言和眼神交流，通过体态、

---

① 周正红，宫慧，曹庆慧. 固本拓源：向留学生讲好中国故事[J]. 辽宁师范大学学报（社会科学版），2022，45（6）：26-30.

② 徐翠. 向儿童观众讲好中国故事：论当代儿童戏剧创作[J]. 当代戏剧，2022（6）：14-17.

手势、面部表情来增强演讲的表现力和感染力。

(二) 讲好中国文化故事的标准

1. 准确性

讲好中国文化故事首要的标准是准确性。要求故事的内容准确无误，符合历史事实和文化内涵，不能出现虚假内容或者偏离主题的情况。特别是在国际文化交流中，准确性尤为重要，要避免因为文化差异导致对故事的误解。

2. 生动性

讲好中国文化故事还需要注重讲述的生动性和趣味性。生动的故事更容易引起听众的兴趣和共鸣，从而更好地传递文化内涵和价值观。通过丰富的语言表达和适当的表情动作，可以使故事更加形象和生动，吸引听众的注意力，增强听众的记忆效果和体验感。

3. 视觉化

要讲好中国文化故事，注重视觉化也是很重要的一个方面。通过图片、视频、漫画等多种形式的视觉表达，可以更好地展现故事的情节和主题，增强听众的体验感，让听众更好地理解中华故事。同时，视觉化也可以使故事更加生动有趣，从而更好地引发听众的共鸣。

4. 个性化

要讲好中国文化故事，注重个性化也是一个很重要的方面。不同的听众具有不同的文化背景和经历，因此在讲述故事时需要考虑听众的个性化特点和需求。可以根据听众的年龄、性别、文化背景等因素，灵活选择故事的内容和讲述方式，使故事更贴近听众的生活和情感，增加听众的参与感和共鸣。

5. 创新性

讲好中国文化故事还需要具备创新性。文化是社会和历史的产物，随着社会和历史的发展，文化也需要不断创新以适应新的时代需求。创新是文化适应时代发展的必然要求，通过创新，文化可以更好地反映时代特征，满足人们不断变化的文化需求。在讲述故事时，可以通过重新组织情节、改变人物角色、添加情感元素等方式，使中国文化故事更具时代性和现代性，从而做到更好地适应当代人的文化需求和审美，更具吸引力和感染力。

三、为何要"讲好中国文化故事"

中华文化是中华民族几千年文明的结晶，是世界上最古老、最丰富多彩的文化之一。作为中华民族的一分子，讲好中国文化故事既是弘扬中华文化、传承文化遗产的重要任务，也是加强中外交流、促进文化交流的必要手段。本书将从国内和国际两个角度，详细阐述讲好中国文化故事的重要性。

（一）国内角度：讲好中国文化故事的重要性

1. 弘扬中华文化、传承文化遗产

讲好中国文化故事可以帮助人们更好地了解中华优秀传统文化。我国是一个历史悠久的文明古国，有着丰富的历史和文化遗产，这些遗产包括传说、神话、寓言、诗歌等。通过讲解这些文化故事，人们可以更好地了解中国古人的思想、道德、信仰等方面的内涵，深刻感受中华文化的博大精深。这样可以帮助人们更加热爱和珍视中华文化，增强民族自豪感和文化认同感。在当今世界文化多元化的背景下，加深对中华优秀传统文化的认知是非常重要的，因为只有了解并尊重不同的文化，才能实现文化的和谐共存。中华文化历史悠久，传承着丰富的文化遗产，这些文化遗产是中华文化的重要组成部分，不仅代表着中华民族的智慧和精神，更是历史的见证和积淀。讲好中国文化故事，可以弘扬中华文化、传承文化遗产，使其在当代焕发出新的生机和活力。

一方面，讲好中国文化故事可以弘扬中华文化。中华文化是中国五千年历史的积淀，包括丰富的文学、哲学、艺术、科学、社会制度等内容。这些文化元素，既是中国历史和民族精神的体现，更是中华民族和世界互通的桥梁。通过讲好中国文化故事，可以向国内外的受众展示中华文化的独特魅力和内在精神，弘扬中华文化的人文价值和道德理念，提高中华文化在国内外的知名度和影响力。另一方面，讲好中国文化故事可以传承文化遗产。我国拥有悠久的历史和深厚的文化积淀，这些文化积淀蕴含着中华民族的智慧和精神，是我国的瑰宝和珍品。传承文化遗产需要一代又一代人的努力，让中华文化在当代社会得以继承和发扬。讲好中国文化故

事，可以让人们了解中华文化的发展历程和演变脉络，理解中华文化的核心理念和价值观，进而认识到自己的文化根源和历史渊源，从而激发人们的爱国之情和文化自信心。

2. 推动文化创新和创意产业的发展

在当今世界多元化的文化环境中，文化创意产业已成为国家和地区经济发展的重要支柱之一。中华文化源远流长，蕴含着丰富的文化元素和创意资源，这些资源不仅可以成为文化产业的原材料，更可以成为文化创新的源头和灵感之源。通过讲好中国文化故事，可以激发人们对文化创意的热情和兴趣，推动文化创意产业的发展和繁荣，为国家和地区的经济和社会发展提供新的动力和支持。

3. 增强文化自信

讲好中国文化故事还可以增强人们的文化自信。我国作为一个文化大国，拥有悠久的文化传统和深厚的文化底蕴。通过讲好中国文化故事，可以让人们更加深入地了解和认识中华文化的独特魅力和价值，增强人们对于中华文化的自信心和自豪感。中国文化故事越是讲得好，越能够被认同和理解，就越能够在实践中说明中国文化的优秀。因此，讲好中国文化故事，对于激发人们的民族自豪感和增强文化自信心有着重要作用。

4. 提升文化教育水平和人文道德素养

中国文化故事是中华文化的精髓和载体，具有浓郁的历史、文化、民俗和道德内涵，是我们传承和弘扬中华文化的重要资源。① 讲好中国文化故事不仅可以丰富人们的文化生活，提升人们的文化素养，也可以帮助人们提高道德修养。中国文化故事中很多故事具有深刻的道德教育作用，这些故事既富有启示性，又有很强的感染力。例如，《孟母三迁》中的母爱精神、《鹬蚌相争》中的和谐共生、《钟馗捉妖》中的正义勇气等，这些故事都可以帮助人们树立正确的人生观、价值观和道德观，提升人们的人文素养和道德修养，使人更好地面对人生中的各种问题和挑战。

5. 提高文化教育水平

讲好中国文化故事还可以提高人们的文化教育水平。文化教育是提升人们综合

---

① 周梦琴. 文化传播视域下对外讲好中国故事的策略研究[J]. 新闻文化建设, 2022(21): 12-14.

素质的重要手段，通过文化教育可以让人们更好地了解自己的文化水平，提高文化教育水平，同时也可以培养人们的爱国精神和文化自信。讲好中国文化故事可以为文化教育提供更多的内容和资源，丰富文化教育的形式和内容，增加文化教育的趣味性和互动性。同时，讲好中国文化故事还可以促进文化教育与其他教育的融合与发展，为人们的全面发展提供更多的机会和资源。

6. 促进地方文化和旅游发展

中国文化故事具有地域特色和历史渊源，讲好中国文化故事可以促进地方文化和旅游发展，这是因为中国拥有丰富多彩的地域文化和旅游资源，讲好这些文化故事不仅可以吸引更多的游客前来参观，还可以提升地方的知名度和形象，推动地方经济的发展和繁荣。

其一，讲好中国文化故事可以丰富旅游产品和资源。中国地域广阔，拥有众多的历史遗迹、文化景观和民俗风情，这些都是非常宝贵的旅游资源。通过讲好这些文化故事，可以更好地展示这些旅游资源的历史和文化内涵，为游客提供更加丰富、多样的旅游体验。同时，通过将文化故事融入旅游活动，可以为游客提供更加深入、具体的体验，让游客更加全面地了解当地的历史、文化和风土人情，增加游客对当地的认同感。

其二，讲好中国文化故事可以提升地方的知名度和形象。随着人们旅游需求的不断增加，旅游业已成为推动当地经济发展和社会进步的重要产业。通过讲好中国文化故事，可以吸引更多的游客前来参观，增加当地的旅游收入，提升当地的知名度和形象。同时，通过将文化故事和当地旅游资源结合，可以为游客提供更加有特色的旅游产品，进一步提升当地的竞争力和吸引力，增加游客的满意度和忠诚度。

其三，讲好中国文化故事可以推动地方经济的发展和繁荣。在旅游业的带动下，当地的交通、住宿、餐饮、购物等服务业也会得到相应的发展和提升。同时，讲好中国文化故事也为当地的文化创意产业的发展提供了新的机遇和动力。通过开发和推广文化产品和旅游纪念品，可以为当地创造更多的经济价值，带动当地的文化创意产业的发展和繁荣，为地方经济的发展和社会进步作出贡献。

其四，讲好中国文化故事可以促进对文化遗产的保护和传承。中国拥有丰富的文化遗产，这些文化遗产代表着中华民族的历史、文化和智慧，对于推动中华文化的传承和发展具有不可替代的重要作用。通过讲好中国文化故事，可以加深人们对于文化遗产的认识和理解，提高人们的文化素养，增强人们的文化自信心，进一步推动对文化遗产的保护和传承。讲好中国文化故事可以让人们更加深入地了解文化遗产的历史背景、文化内涵和社会价值，进一步强化人们对文化遗产的认同感和自豪感。① 同时，通过将文化故事融入文化遗产保护传承过程中，可以为文化遗产注入新的活力，推动文化遗产的传承和创新。

其五，讲好中国文化故事还可以促进文化遗产与旅游业的有机结合，推动文化旅游的发展和繁荣。通过将文化故事融入旅游产品，可以让游客更加深入地了解文化遗产的历史和文化内涵，增加游客对文化遗产的认同感和兴趣，进一步推动文化遗产的传承。

综上所述，讲好中国文化故事可以促进地方文化和旅游的发展，推动文化遗产的保护和传承，促进地方经济的发展和繁荣，增强人们对于中华文化的自信心和自豪感，促进文化交流和对话，推动和谐世界的建设。因此，讲好中国文化故事是推动中华文化的传承和发展、提升中国在国际文化舞台的影响力、促进地方经济和文化发展的重要手段和途径。

(二)国际角度：讲好中国文化故事的重要性

1. 增进中外文化的交流和互鉴，促进和谐世界的建设，提升人类文明的整体水平

首先，讲好中国文化故事可以增进中外文化的交流和互鉴。中国文化故事是传递文化价值观和认知模式的重要手段，通过讲述中国文化故事，可以让外国人更好地了解中华文化，增进中外文化的交流和互鉴。② 同时，中国文化故事可以跨越时间和空间的限制，让外国人更好地理解中华文化的历史演变和发展脉络，了解中华文化背后的深层次含义和文化价值。通过讲好中国文化故事，可以加深中外文化交

---

① 梁笛. 运用大提琴演奏表达中国文化情怀，用大提琴讲好中国文化的故事[J]. 艺术品鉴，2022(29)：185-188.

② 孙芳. 中国文化英语表达教学的意义刍探：基于"讲好中国故事"视角[J]. 成才之路，2022(28)：45-48.

流和互鉴的深度和广度，促进不同文化之间的沟通和理解。其次，讲好中国文化故事可以促进和谐世界的建设。文化是一个国家和民族的精神和灵魂，文化交流是国际关系和平稳定的重要基础。讲好中国文化故事可以增进不同文化之间的理解和尊重，减少文化冲突和误解，增进各国人民的友谊，推动各国人民的合作，促进和谐世界的建设。最后，中国文化故事中所蕴含的智慧和道德准则，可以为当今世界借鉴和参考，有助于提升人类文明的整体水平。

2. 提升中国在国际舞台上的文化影响力和产业竞争力

中华文化具有深厚的历史和文化底蕴，是人类文明的重要组成部分。讲好中国文化故事可以对外展示中华文化的独特魅力和文化内涵，让世界各国更好地了解中华文化，提高对中华文化的认知。通过讲好中国文化故事，可以让更多的人感受中华文化的独特魅力，从而提升中国在国际舞台上的文化声誉。同时，讲好中国文化故事可以传递中华文化的价值观和精神内涵，引领全球文化潮流。价值观和精神内涵是中华文化的重要组成部分，也是中华文化的独特魅力所在。通过讲好中国文化故事，可以传递中华文化的价值观和精神内涵，如修齐治平、奋发向上、求同存异、仁者爱人等，引领全球文化潮流，推动世界文明的进步。在当前全球文化多样化和文化交流不断加深的情况下，中华文化价值观和精神内涵的传播，对促进全球文化交流与融合具有重要的意义。讲好中国文化故事可以提升中国文化产业的影响力和竞争力。文化产业已经成为一个国家软实力的重要组成部分。通过讲好中国文化故事，可以推广中华优秀传统文化、民族文化和地方文化，提升中华文化产业的影响力和竞争力。在国际市场上，中华文化产业将成为一个更加重要的角色，通过讲好中国文化故事，可以扩大中华文化产业在国际市场上的影响力，为中华文化产业在国际市场上提供更加广阔的空间。另外，讲好中国文化故事可以促进中外文化产业的合作与交流，实现互惠共赢。中国文化故事中所蕴含的传统文化智慧和道德准则，不仅可以为当今社会提供借鉴，也能够引发跨文化的思考与探索。中外文化的交流与融合，既能丰富中华文化产业的内涵，也能为世界文化的发展带来新的视角和思路。同时，中外文化产业的合作，还能够带动其他相关产业的发展，为全球经济的增长与发展作出贡献。

总之，讲好中国文化故事对提升中国在国际舞台上的文化影响力具有重要的意义。通过讲好中国文化故事，可以展示中华文化的独特魅力，传递中华文化的价值观和精神内涵，提升中华文化产业的竞争力，促进中外文化产业的合作与交流，实现互惠共赢。在当前世界多元化的文化环境下，讲好中国文化故事，不仅是一个重要的任务，更是一项重要的历史使命，为中华文化的传承与发展作出应有的贡献。

3. 推广中华文化，建设中国品牌

讲好中国文化故事，可以为中华文化的传播和推广提供有力支持，建设中国品牌。中华文化是中国最具有代表性的文化，通过讲好中国文化故事，可以让世界各地的人们更深入地了解中华文化的内涵和价值，增强人们对中华文化的认知和信任，进而促进中华文化在国际上的传播，打造更具影响力的中国品牌。

在当前全球化的背景下，文化交流和互鉴越来越重要，讲述文化故事是实现文化交流和互鉴的重要手段。讲好中国文化故事不仅可以增进国际社会对中国的了解，也可以促进中外文化的交流和互鉴，促进和谐世界的建设。同时，讲好中国文化故事还可以推广中华文化，建设中国品牌，促进中华文化在国际上的传播，提升中国在国际舞台上的文化影响力和话语权。因此，讲好中国文化故事不仅是中华民族文化传承的重要任务，也是中国参与国际竞争和合作的必要举措。

第二节　讲好中国文化故事的内生动力

讲好中国文化故事的内生动力源于对中华文化的热爱与自信，以及对传承和弘扬中华文化的使命感。这种动力植根于每个中国人的内心深处，是对中华文化的自豪和认同，也是对中国未来发展的信心和期望。它推动着我们用生动的故事、形象的语言向世界展示中华文化的魅力和价值，增强中国的文化软实力和国际影响力。

一、是中国积极参与全球治理、推动构建人类命运共同体的需要

近年来，中国在全球事务中的地位与影响力日益上升。作为世界上最大的发展中国家，中国积极参与全球治理，并通过讲好中国故事来推动构建人类命运共同

体。这不仅是中国的需要，也是全球的需要。

首先，中国积极参与全球治理体现了其责任担当。中国的发展与全球发展息息相关，在全球化进程中，中国积极参与全球治理的各个领域，包括国际贸易、金融体系、气候变化、全球卫生等。在参与全球治理的过程中，中国可以通过讲好中国文化故事，推动不同文化之间的交流和互动，促进各国相互理解和合作，从而实现全球治理的公正、平等、合作。中国坚定支持多边主义和自由贸易，推动全球经济繁荣发展。中国积极加入国际组织，如联合国、世界贸易组织等，为全球治理提供多元的声音。中国还倡导构建人类命运共同体，提出了共商、共建、共享的全球治理观，通过互利共赢的方式推动全球合作。这些努力都体现了中国积极参与全球治理的责任担当。

其次，讲好中国故事有助于增进全球理解与合作。中国拥有悠久的历史和灿烂的文化，具有丰富的故事资源。通过讲好中国文化故事，可以向世界展示中国的多样性、包容性和创新力。这有助于消除误解和偏见，增进各国间的相互理解与尊重。同时，通过讲好中国文化故事，可以促进国际合作。中国积极参与全球事务，推动共建"一带一路"倡议、气候变化合作等重大国际合作项目，通过讲好中国文化故事，向世界传递中国的发展理念和经验，鼓励更多国家参与合作，共同应对全球挑战。[①]

再次，讲好中国故事有助于塑造中国的国际形象。中国的崛起速度和发展规模令国际社会对中国的关注度不断增加。通过讲好中国文化故事，可以向世界传递中国积极参与全球治理的决心和努力。中国的发展经验和成功故事是全球发展的重要参考。通过讲好中国文化故事，可以向世界展示中国坚持和平发展、互利共赢的原则，树立中国负责任的大国形象，这有助于增强国际社会对中国的信任和支持，为中国参与全球治理提供更广阔的空间。

最后，讲好中国文化故事也是中国自身发展的需要。中国正处于实现中华民族伟大复兴的关键阶段，需要更加积极地参与全球治理，为实现国家发展的战略目标提供有利的外部环境。通过讲好中国文化故事，可以吸引更多国家和国际组织的合

---

① 孙赛．高校网络思想政治教育讲好中国故事研究［D］．兰州：兰州理工大学，2022.

作与支持，为中国的发展开辟更广阔的道路。同时，讲好中国文化故事也有助于推动中国自身的改革与创新，激发全社会的创造力和活力。

综上所述，要充分展示中国在全球治理中的积极参与和推动构建人类命运共同体的努力，就需要讲好中国文化故事。通过积极参与全球事务、增进全球理解与合作、塑造良好国际形象和推动国内发展，中国可以为全球治理提供多元声音，推动构建更加公正、合作、共赢的国际秩序。让我们共同努力，讲好中国文化故事，为构建人类命运共同体作出更大的贡献。

二、是中国式现代化建设的必然要求，是中华民族实现伟大复兴的历史使命

随着中国在国际舞台上崛起，讲好中国文化故事成为一项重要任务。这不仅是因为需要更好地向世界展示中国式现代化建设，更是因为新时代赋予中华民族实现伟大复兴的历史使命需要通过讲好中国文化故事来实现。笔者将从中国式现代化建设的必然要求和实现中华民族伟大复兴的历史使命两个方面进行探讨。

讲好中国文化故事是中国式现代化建设的必然要求。中国式现代化强调以中国特色社会主义为指导，坚持中国道路、中国理论、中国制度，充分发挥社会主义制度的优势。中国的发展实践和经验具有特殊性和普遍性，通过讲好中国文化故事，可以向世界介绍中国的发展理念和模式。中国文化故事包括经济快速增长、减贫成就、科技创新、生态文明建设等方面的成功经验，展现了中国式现代化的内涵和价值。通过讲好中国文化故事，可以增进国际社会对中国发展的了解和认同，促进中国与世界的交流与合作。

讲好中国文化故事是新时代赋予中华民族实现伟大复兴的历史使命。实现中华民族伟大复兴是中华民族近代以来最伟大的梦想。新时代赋予中华民族实现伟大复兴的历史使命，要求我们传承中华优秀传统文化，树立正确的历史观和国家观，提高全民族文化自信。通过讲好中国文化故事，可以向世界展示中华文明的博大精深，弘扬中华文化的独特魅力。中国文化故事中的历史人物、传统价值观念、文化传统等都是中华民族伟大复兴的重要元素。讲好中国文化故事有助于激发民族自豪感和凝聚力，使全体中华儿女共同为实现中华民族伟大复兴的中国梦而努力。

讲好中国文化故事还有助于扩大中国的国际影响力。中国正处于实现现代化的关键时期，通过讲好中国文化故事，可以向世界传递中国的发展成就和发展愿景，提升中国的国际声誉和影响力。中国在减贫、环境保护、科技创新等领域取得了显著成就，这些都是中国文化故事中的亮点。讲好中国故事可以让世界更好地了解中国的发展路径和取得的成就，为其他国家提供借鉴和合作的机会。同时，通过讲好中国文化故事，还可以加强与其他国家的文化交流，增进友谊和互信。

讲好中国文化故事不仅需要政府的支持和引导，更需要广大媒体、学者、艺术家、企业家和社会各界的共同努力。媒体应当充分发挥传播平台的作用，讲好中国文化故事的同时要注意选择适合国际受众的语言和方式，提高故事的可理解性和吸引力。① 学者和艺术家可以通过研究和创作，挖掘中国文化故事中的深层次内涵，展现更加丰富多彩的中国形象。企业家可以积极参与国际合作，通过商业合作的方式向世界传递中国的发展理念和价值观。

在讲好中国故事的过程中，也需要注意与国际社会的对话和交流。中国应当虚心倾听国际社会的意见和建议，理解和尊重不同文化的差异，提高对外交流的开放性和包容性。通过与国际社会的对话，可以使中国文化故事更加贴近国际社会的需求，实现双向互动和共赢。

总而言之，讲好中国文化故事既是中国式现代化建设的必然要求，也是新时代赋予中华民族实现伟大复兴的历史使命。通过讲好中国义化故事，可以向世界展示中国式现代化的成就和价值，弘扬中华文化的魅力，提升中国的国际影响力和软实力。让我们共同努力，讲好中国文化故事，为实现中华民族伟大复兴的中国梦而努力。

三、是培育爱国情怀的重要依托

中华文化源远流长，有着悠久的历史和深厚的底蕴。作为中华儿女，爱国情怀是内心最深处的情感。中国文化故事是中华民族传承和弘扬中华优秀传统文化的重要方式，也是展现国家形象和文化自信的重要途径。

---

① 于洪菲. 国际中文教育背景下文化类课程讲好中国故事的路径研究［D］. 沈阳：沈阳师范大学，2022.

　　中国文化故事是中华优秀传统文化的重要组成部分，它不仅有着独特的文化内涵，也承载着深厚的爱国情怀。爱国情怀是人们对祖国深深的情感，是保卫祖国、振兴中华的精神力量。中国文化故事中蕴含的爱国情怀不仅体现在故事的内容上，也反映在人们的创作、传播和接受过程中。

　　中国文化故事与爱国情怀的内在联系具体体现在以下几方面。

　　第一，传承中华优秀传统文化。中国文化故事不仅能够让人们了解中华文化的发展历程，也能够让人们体会到中华民族的文化自信和自豪感。首先，讲好中国文化故事不仅能够传承和弘扬中华优秀传统文化，也能够激发人们的爱国情怀，让人们更加热爱祖国。其次，讲好中国文化故事可以弘扬中华民族精神。中国文化故事中的主人公多是中国历史上的名人、英雄，他们不仅是历史的见证人，更是中华民族精神的代表。例如，《孔子家语》中的孔子、《三国演义》中的关羽，他们的故事不仅让人们了解历史，更能够激发人们的爱国情怀，让人们更加热爱祖国。最后，讲好中国文化故事可以展示中华文化的独特魅力。中国文化故事的主题和情节为中华文化的独特魅力提供了重要的载体和表现形式。例如，《红楼梦》中描述荣国府所呈现的华美细腻、精致瑰丽的建筑风格，以及各种礼仪习俗和娱乐活动，都是中华文化的独特体现。这些故事的魅力不仅来自书中的情节和人物，更体现在书中所展示的各种细节。

　　第二，中国文化故事能激发人们的爱国情怀。①通过文化认同激发人们的爱国情怀。中国文化故事中所表现的文化元素是中华民族的独特标识，这些元素所代表的文化价值和精神是中华民族的精神财富。中国文化故事通过展示这些文化元素，激发人们对中华文化的认同和自豪感，从而激发人们的爱国情怀。②通过情节表现激发人们的爱国情怀。中国文化故事中的情节不仅是故事的基本组成部分，更是激发人们爱国情怀的重要载体。这些情节所传达的人物形象、情感体验和价值观念，都能引发人们的共鸣，从而激发人们的爱国情怀。③通过英雄形象激发人们的爱国情怀。中国文化故事中的英雄形象是中华民族精神的代表，他们的事迹和形象是中华民族的精神财富。这些英雄形象不仅展示了中华民族的优秀品质和精神风貌，更激发了人们的爱国情怀。

　　第三，爱国情怀是讲好中国文化故事的内生动力。一是爱国情怀是文化传承的精神动力。爱国情怀作为文化传承的精神动力，具有深远的意义和重要的作用。它代表人们对国家的热爱和忠诚，承载着对民族文化的认同和传承的责任。中国文化故事的讲述和传承需要精神动力的支撑，而爱国情怀是最强大的精神动力之一。通过激发人们的爱国情怀，能够引导人们关注和热爱中华文化，从而推动文化传承和发展。二是爱国情怀是弘扬中华民族精神的内在驱动力。中国文化故事所展示的民族精神，是中华民族的独特标识和精神财富，而爱国情怀是弘扬民族精神的内在驱动力。将爱国情怀作为讲好中国文化故事的内生动力，可以更好地弘扬民族精神，传承中华文化。爱国情怀培养了人们的国家认同与集体意识。国家是一个共同体，中华儿女具有共同的价值观、信仰和文化认同。爱国情怀将个人的利益与国家的利益结合，使人们意识到自己是国家的一部分，个人承担着保护、传承和发展国家文化的责任。这种国家认同感和集体意识的培养，促使人们团结一心，为讲好中国文化故事贡献力量。三是爱国情怀是中国文化故事传播的重要保障。中国文化故事的传播需要强大的传播力量和保障，而爱国情怀可以成为中国文化故事传播的重要保障。爱国情怀还具有激励和鼓舞人心的作用。在文化传承的过程中，面对困难和挑战，爱国情怀能够激发人们的斗志和奋进精神。历史上许多爱国英雄和伟人以他们的爱国情怀为动力，为国家的独立、发展和繁荣作出了巨大的贡献。他们的事迹和精神激励着后人，使人们感受到自己的责任和使命，以更加积极的态度讲好中国文化故事。此外，爱国情怀可以引导人们关注和热爱中华文化，从而增强人们对中国文化故事的接受度。

四、是树立文化自信的关键

文化自信是指一个国家或民族对自己的文化传统、文化价值观和文化成就的信心和自豪感。它是一种对自身文化特色的认知和认同，体现了一个国家或民族的文化自觉和文化自主性，是文化自我表达和文化自我创造的动力。文化自信是文化软实力的重要组成部分，是国家文化竞争力的重要体现。在漫长的岁月里，我国人民积淀了丰富的文化遗产，形成了独特的文化传统和价值观念。如今，随着我国的崛起，树立文化自信成为当代中国人的重要任务，而讲好中国文化故事则是实现这一目标的关键途径之一。

讲好中国文化故事是树立文化自信的关键，对于每个中国人来说，传承和弘扬中华优秀传统文化是一项重要的责任，通过讲述优秀的中国文化故事，我们可以激发人们对传统文化的热爱和认同感，增强文化自信心。① 这种自信心是建立在对中华文化的了解和认同上，让每个人都能够为中华文化遗产感到自豪，并积极参与传承和发展。

中华文化源远流长，拥有丰富的历史底蕴和独特的价值观念。通过讲好中国文化故事，将这些宝贵的文化财富展示出来，让更多人有机会了解中华文化的深厚底蕴，从而更好地继承和弘扬中华文化。中国的文化遗产包括诗词、传统戏曲、绘画、音乐、哲学思想等各个方面，每个方面都有其独特的形式和意义。通过讲述中国文化故事，我们可以让人们深入了解中华文化的精髓，感受其独特的审美和智慧。

讲好中国文化故事可以增强人们的文化自觉性和文化自信心。只有通过自己的理解和诠释，才能真正理解中华文化的内涵和精髓。通过讲好中国文化故事，我们可以激发人们对文化的思考和理解，培养他们对中华文化的认同感和自信心。这种文化自觉和自信不仅体现在个人层面，也体现在整个社会的价值观念和文化认同上，推动着社会的发展和进步。

在全球化的背景下，各种文化的交流和融合已经成为一种趋势。通过讲好中国文化故事，以中华优秀传统文化作为坚实的文化基石，不仅是增强文化多样性的有效途径，也是面对外来文化入侵时保持文化自信的重要手段。这种文化交流和融合不仅能丰富中华文化本身，也能促进各种文化的相互尊重和共存，为构建和谐的世界文化作出重要贡献。

总之，讲好中国文化故事是树立文化自信的关键。通过讲述中国文化故事，我们可以激发人们对传统文化的热爱和认同感，增强文化自信心；可以让人们更好地了解和认识中华文化的深厚底蕴，从而更好地继承和弘扬中华文化；可以增强人们的文化自觉性和文化自信心，推动社会的发展和进步；可以促进不同文化的交流与融合，增强文化多样性。通过这些努力，我们可以为构建充满自信和包容的世界文

---

① 陈伟，陈白璧. 讲好中国科学文化故事的双重逻辑［N］. 中国社会科学报，2022-05-05（8）.

化作出积极贡献。

五、是践行中国特色社会主义核心价值观的需要

践行中国特色社会主义核心价值观需要讲好中国文化故事，原因如下。

第一，讲好中国故事可以传承和弘扬中国特色社会主义核心价值观。社会主义核心价值观是中国特色社会主义建设中的重要理论思想和核心价值体系。通过讲好中国文化故事，可以将中国特色社会主义核心价值观融入故事情节中，使人们更加深入地理解和领悟中国特色社会主义核心价值观的内涵和实践意义。这有助于传承和弘扬中国特色社会主义核心价值观，引导人们在日常生活中践行中国特色社会主义核心价值观。

第二，讲好中国故事可以塑造价值观认同。通过讲好中国文化故事，可以引起人们对中华优秀传统文化的关注和认同。中华文化具有悠久的历史和丰富的内涵，蕴含着许多与中国特色社会主义核心价值观相契合的思想和道德观念。通过讲述中国文化故事，可以激发人们对中华文化的认同和热爱，进而增强对中国特色社会主义核心价值观的认同和坚守。

第三，讲好中国故事可以培养正确的价值取向。中国特色社会主义核心价值观倡导自由平等、公正法治、爱国敬业、诚信友善等。讲好中国文化故事，可以通过故事情节和人物形象向人们展示中国特色社会主义核心价值观的重要性，引导人们树立正确的价值观念，并在实际生活中践行中国特色社会主义核心价值观。

第四，讲好中国故事可以促进文化传承和创新。中华文化源远流长，具有丰富的历史底蕴和鲜明的特点。讲好中国文化故事不仅有助于传承和保护中华优秀传统文化，还可以通过创新和演绎使其更好地与现代社会结合。这种传承和创新的过程能够让中国特色社会主义核心价值观与时俱进，使其更具现实意义和引导作用。

综上所述，讲好中国文化故事有助于传承和弘扬中国特色社会主义核心价值观，塑造价值观认同，培养正确的价值取向，促进文化传承和创新。通过这样的行动，人们能够更加深入地理解和践行中国特色社会主义核心价值观，为实现中国特色社会主义事业作出积极贡献。

以中国特色社会主义核心价值观作为讲好中国文化故事的内生动力，具有以下

四个方面的重要意义。

其一，引导思考，更好地理解和欣赏故事。中国文化故事中往往蕴含着深刻的人生哲理和价值观念，这些价值观念是经过千百年的历史积淀和生活实践所孕育而成的，包含人类智慧的结晶和对人性的探索。然而，对这些价值观念的理解往往需要在特定的文化背景、历史背景下进行。因此，在讲述中国文化故事时，通过中国特色社会主义核心价值观的引领，可以帮助听众更好地理解和思考中国文化故事中蕴含的价值观念，从而更好地理解和欣赏故事。[①] 例如，《孟子·梁惠王章句上》中讲述了孟子与梁惠王的对话，孟子在对话中阐述了仁义道德的重要性，并引用了诸多生动的比喻和实例。在讲述这个故事时，以"仁者爱人"等价值观念为引领，可以帮助听众更好地理解故事中的道德内涵，从而更好地感受孟子的思想精髓。

其二，培养情感，与故事产生共鸣。价值观是人类行为和思想的基础，往往涉及人类的生存、发展和幸福等多方面。通过中国特色社会主义核心价值观的引领，可以帮助听众更好地理解和感受中国文化故事中的情感表达，从而与故事产生共鸣。中国文化故事中，往往通过情节、人物、场景等多方面来表达情感和思想，如《红楼梦》中的宝黛情缘、贾宝玉的性情和境遇等，都是表达情感和价值观念的重要元素。以中国特色社会主义核心价值观为引领，可以帮助听众更好地理解和感受这些情感和价值观念，从而与故事产生共鸣。例如，讲述"孙悟空三打白骨精"这个故事时，可以以"仁义礼智信"等价值观念为引领，帮助听众更好地理解和感受孙悟空为人勇敢、正义、仁慈的品质，从而与孙悟空这个角色产生情感共鸣。

其三，增强文化自信，弘扬中华文化。中华文化源远流长，形成了独具特色的文化体系，包含了丰富的思想、文学、艺术等方面的成果，以及深刻的价值观念。通过讲述中国文化故事中所蕴含的中国特色社会主义核心价值观，可以增强听众对中华优秀传统文化的认同感和自豪感，从而提高文化自信心。当前，世界文化多元化、全球化发展的趋势日益明显，中华文化也在积极融入和影响着世界文化。讲好中国文化故事，传递中华文化的精髓和魅力，对于推广中华文化、增强中华文化在

---

① 黄昶芳．基于"中国故事"表达的李子柒对外传播现象研究［D］．上海：上海外国语大学，2022．

世界上的影响力和竞争力具有重要意义。例如，《三字经》中的"人之初，性本善"、《千字文》中的"学优登仕"等内容，反映了中国传统文化中关于人性和教育的重要思想。通过讲述这些内容，可以帮助听众更好地了解中华文化，提高对中华文化和中国特色社会主义核心价值观的认同感和自豪感。

其四，塑造美好形象，提升文化影响力。中国文化故事中的优秀价值观念，可以帮助我们塑造中华文化的美好形象，增强中华文化的吸引力和影响力。例如，《左传》中的"国之兴也，视民如伤，是其福也。其亡也，以民为土芥，是其祸也""亲仁善邻，国之宝也"等思想观点，是中华文化中具有深刻内涵和重要价值观的代表。通过讲述这些故事，可以帮助外国人更好地了解中华文化，增进中外人民的相互理解和友谊，提高中华文化的国际影响力。同时，也可以帮助我们传递正能量，传播中国特色社会主义核心价值观。当前，社会发展中存在许多负面因素，人们对于积极向上的价值观需要更多的认同和宣传。通过讲述中国文化故事中所蕴含的正面价值观念，可以激励人们向上、向善，促进社会和谐发展。例如，《红楼梦》中的"赡养孝道"等情节，传递了崇尚家庭美德、弘扬人间真情的积极价值观，可以启迪人们珍视家庭、重视亲情，促进社会和谐稳定。

总之，践行中国特色社会主义核心价值观是讲好中国文化故事的内生动力，其重要意义不仅在于帮助听众更好地感受和理解中国文化故事中的情感和价值观念，增强听众对中华优秀传统文化的认同感和自豪感，更对推广中华文化、提高文化自信心、塑造美好形象、提升文化影响力等方面具有重要作用。在当前这个多元化、全球化的时代背景下，讲好中国文化故事，弘扬中华文化，对于推动中华文化在世界发展、提升中华文化软实力、增强中华文化的国际竞争力具有重要意义。

第三节　讲好中国文化故事的话语体系与目标任务

讲好中国文化故事的话语体系包括传统文化、现代文化、跨文化交流等多个方面，而目标任务则是要将中国文化故事传承下去、展现中华文化的魅力、促进跨文化交流等。通过深入挖掘中华文化资源、创新讲述方式、拓展传播渠道去讲好中国文化故事具有重要意义。不仅可以帮助我们更好地理解和传承中华文化，增强文化自信，同时也可以促进中外文化交流，推动文化多样性发展。因此，我们需要充分认识讲好中国文化故事的重要性，积极探索实践路径，为推动中华文化的发展作出贡献。

一、讲好中国文化故事的话语体系

为了向全球讲述中国文化故事，我们需要建立一个与之相关的全新话语体系，将政治、学术和大众话语有机地融合在一起。这样做的目的是更好地把握当代中国的现实情况，并通过选择具有代表性的中国案例来增强传播效果。改革开放以来，当代中国发生了翻天覆地的变化，生产力水平持续提高，综合国力不断增强，人民生活显著改善，国际影响力不断提高。这片古老的东方土地正创造出一个个令人惊叹而神奇的中国故事。那么，我们应建立怎样的话语体系来向世界讲好这些故事呢？

首先，我们需要建立一个与中国文化故事相关的全新话语体系，特别是中国特色社会主义的话语体系。要建立这样一个体系，我们需要准确、规范地解读中国道路、中国理论、中国制度的基本框架，以及中国特色社会主义的核心概念。只有这样，我们才能全面、清晰地认识中国特色社会主义，消除国际社会对中国文化故事的各种误解。

其次，我们需要实现政治话语、学术话语和大众话语的有机统一。构建对外话语体系、讲好中国文化故事，需要充分结合与统一政治话语、学术话语和大众话语。政治话语是对外话语体系的指南和方向，应体现改革开放以来中国领导集体不断探索的新理念、新思想和新战略。[①] 学术话语则侧重于从学理层面对中国特色社会主义进行研究，深入解析相关概念的内涵和外延，为对外话语体系的建构提供坚实的学理支持。大众话语是广大民众日常使用的语言，蕴含着丰富的民间智慧，是中国作风和气质的集中体现。通过采用人民群众喜闻乐见的话语元素和表达方式，我们可以实现信息的更好传达和吸引力的提升。

---

① 宫雪. 跨文化传播视阈下中国文化传播新路径：在日本媒体传播中国声音、讲好中国故事[J]. 中国记者，2022（4）：108-111.

再次，我们需要科学把握当代中国的实际情况。构建对外话语体系需要了解和研究中国的具体国情，要结合改革开放的实践经验，讲清楚当代中国发展变化的制度原因。同时，我们也要联系中国的历史和中华优秀传统文化，讲述中国发展进程中的文化逻辑和价值追求。这样，我们才能更好地展示中国的多样性、包容性和创新性，让世界更加全面地认识当代中国。

最后，我们需要借助多种形式和媒体渠道进行传播。一是借助新媒体渠道具有的广泛覆盖范围和快速传播的特点。随着互联网的普及和数字媒体的迅猛发展，人们可以通过各种社交媒体平台、在线视频平台、博客和论坛等渠道获取信息。这使得我们能够以更快的速度将中国文化故事传播给世界各地的受众。通过新媒体渠道，我们可以突破时空限制，与全球范围内的受众进行即时互动和交流，促进文化的交流与融合。二是新媒体渠道提供了多样化的传播形式和工具。除了传统的文字形式，我们可以利用图片、视频、音频等多种形式进行内容创作和传播。这些多样化的形式能够更好地吸引受众的注意力，提升内容的传播效果。例如，通过制作精美的插图和短视频，我们可以直观地展示中华文化的艺术之美；通过音频讲解，我们可以让受众感受中华文化的韵律之美。这样的多样化传播形式能够满足不同受众的需求，使得中国文化故事更易于被接受和理解。三是新媒体渠道具有高度互动性和参与性。与传统媒体相比，新媒体渠道更加注重用户的参与和互动。通过社交媒体平台，我们可以与受众进行即时互动，回答他们的问题、解释他们的疑惑，建立良好的沟通和互动关系。此外，通过发起话题讨论、举办在线活动等方式，我们可以让受众参与中国文化故事的创作和传播。这种互动性和参与性十足的互动可以增强受众的参与感和归属感，促进他们对中国文化故事的深入理解和传播。

综上所述，借助新媒体渠道进行传播，打造讲好中国文化故事的话语体系，是一种具有广泛影响力和良好互动性的传播策略。通过打造优质内容、故事化传播、内容形式多样化、社交媒体互动和多渠道传播等手段，我们可以吸引更多的目标受众，将中华文化的魅力向世界传播。然而，在实施过程中需要克服信息过载和内容碎片化等挑战，要注重内容的独特性和传播的深度，以提升传播效果和受众的参与度，实现讲好中国文化故事的目标。

总之，要向世界讲好中国文化故事，我们需要建立一个与之相配的全新话语体系，统一政治话语、学术话语和大众话语，科学把握当代中国的实际情况，并借助多种形式和媒体渠道进行传播。① 通过这样的努力，我们可以更好地向世界展示中国的发展进步和独特魅力，赢得国际社会对中国特色社会主义的理解和支持。

二、讲好中国文化故事的目标任务

中华文化源远流长，拥有悠久的历史、丰富的文化传统和深邃的思想。讲好中国文化故事，旨在向世界传播中国的独特魅力，增进不同文化之间的交流与理解，弘扬中华文化，培养国民自豪感，并为全球文化多样性的发展作出贡献。

讲好中国文化故事的任务是传播中国的历史文化。中国拥有五千年的文明史，拥有丰富的历史积淀和伟大的文化成就。通过讲述中国文化故事，可以向世界展示中国的历史发展轨迹、文化演变过程和价值观念。古代帝王、文人墨客和哲学家，每个历史人物都是一扇窗，能让世界更好地了解中国的文明成就，促进不同文化的交流与对话。

讲好中国文化故事的目的是增进理解与尊重。通过故事中的人物形象、传统习俗、艺术表达等，可以帮助外国人更好地了解中国的文化背景和价值观念，消除误解和偏见，建立友好的文化关系。通过创新故事的讲述方式，我们可以打破语言和文化的障碍，以感人的情节和深刻的内涵引发外国人的共鸣，促进外国人对中华文化的理解与尊重。

讲好中国文化故事的目标是弘扬中华文化。中华文化是世界文化宝库的重要组成部分，蕴含着丰富的人文精神和智慧。通过讲述中国文化故事，可以传承和弘扬中华优秀传统文化，使更多人受益于其中的价值观念和道德准则。同时，通过传播中国文化故事，可以传达中华文化的独特魅力，增强中华民族的自豪感和认同感。

讲好中国文化故事的任务还包括增强文化软实力。文化是一个国家软实力的重要组成部分。通过向世界讲述中国文化故事，可以吸引更多人关注和学习中国，促

---

① 邱冬．讲好中国故事语境下的跨文化传播［D］．上海：华东政法大学，2022.

进文化产业的发展，提升国家形象和品牌价值。良好的文化形象可以增强国家的影响力和竞争力，为国家的发展和对外交往提供有力支持。

讲好中国文化故事的目标还在于推动旅游业的发展。中国拥有众多世界级的文化遗产和旅游资源，这些资源与中国文化故事紧密相连。通过讲好中国文化故事，可以吸引更多国内外游客前来旅游观光。故事中的历史背景、传统建筑、风俗习惯等元素可以为旅游目的地增添独特的吸引力，推动旅游业的发展，促进经济增长和提供就业机会。

综上所述，讲好中国文化故事的目标任务是向世界传播中国的历史、文化和思想。讲好中国故事，可以促进文化的交流与融合，增进人文关怀与情感共鸣，传承与创新文化传统，培养国民的认同感与自豪感，推动全球文化多样性发展。这是一项充满挑战和机遇的重要工作，需要广大文化工作者和传媒从业者共同努力，以期带来更加广泛和深远的影响。

三、讲好中国文化故事话语体系的实践路径

讲好中国故事，无疑是一项系统而复杂的任务，涉及众多领域，我们必须从多个角度共同努力。在宏观的战略视角上，强化整体的策划和协调是至关重要的，这样可以确保信息的准确性和一致性。而在更具体的执行层面，我们则应聚焦于寻找那些能引发共鸣的切入点和重点，不断完善传播策略和方法，提升叙述的技巧和水平。这样，中国故事才能更为丰富、立体地展现给世界。

(一) 以中国梦为旗帜，强调中国梦与世界各国人民梦想的相通性

中国梦是习近平总书记提出的重要理念，它表达了中国人民追求国家富强、民族振兴、人民幸福的共同愿望。中国梦不仅是中国人民的梦想，更是与世界各国人民的梦想紧密相连。这个梦想强调国家富强、民族振兴、人民幸福，这与全球人民对美好生活的向往是高度一致的。在分享中国文化故事时，我们应高举中国梦的旗帜，实现与全球梦想的共鸣。这样，不仅可以增强国际社会对中国的理解，更能共同构建一个更加和谐、繁荣的世界。通过强调梦想的共通性，我们可以赢得更广泛的国际支持和认同，为中国的和平发展营造良好的国际环境。

1. 中国梦与世界各国人民梦想的相通性

中国梦是一个多层次、全方位的发展理念，涵盖了政治、经济、文化和社会等多个层面。其内涵丰富，其核心始终聚焦于人民的福祉和人民生活质量的提升，这与世界各国人民的期望是不谋而合的。在中国梦的引导下，中国人民正致力于实现经济繁荣、政治稳定、文化自信与社会和谐，这些同样也是全球各国人民的共同追求。值得一提的是，中国梦强调和平发展，秉持走和平发展道路的坚定决心，始终致力于推动全球和平与发展的事业。这一点与世界各国人民对和平稳定的渴望是一致的。在分享中国文化故事的过程中，我们应该突出中国梦与世界各国人民的梦想的共通之处，让世界更深入地理解中国梦并非孤立存在，而是与全球的梦想紧密相连，共同构建一个和平、繁荣的世界。

2. 以中国梦为旗帜讲好中国文化故事的策略

首先，我们要在讲述中国文化故事的过程中，把人民群众的地位和作用放在核心位置。中国梦，从根本上说是一个源于人民、为了人民的梦。这个梦想的最深刻根源，就是中国人民对更美好生活的不懈追求和无限憧憬。因此，我们要让全球各地的朋友们明白，中国梦的实现过程，其实就是中国人民群策群力、共同为自己创造更美好生活的过程。在这个过程中，每一个中国人都是梦想的见证者，更是梦想的推动者。

其次，我们要坚持走和平发展道路。中国的发展始终建立在和平、合作、共赢的基础上。我们坚信，只有具备和平的环境，才能有持续、健康的发展。我们希望通过自身的发展，更多地惠及世界各国人民。同时，我们也期待与世界各国人民一道，共同维护和促进世界的和平与发展。这一点，无疑也是中国梦与世界各国人民的梦想相通的一种重要体现。

再次，我们需要不断加强各国间的交流与合作。通过交流与合作，我们可以更好地向世界传递中国的文化和价值观，同时也可以更深入地了解其他国家的文化和发展历程。这种相互了解和理解的过程，有助于我们寻找和扩大中国梦与世界梦想的共通之处，从而增进与各国人民的友谊与合作。

最后，中国梦不仅是中国人民的梦想，还在很多方面与世界各国人民的梦想有深刻的共鸣。这个梦想源自对美好生活的向往，对民族复兴的期待，也包含了对和平、稳定、繁荣世界的深切渴望。因此，在讲述中国文化故事的过程中，我们必须不断强调人民群众的重要作用，阐述中国的和平发展理念，并积极推动国际交流与合作。这样，我们才能在全球范围内赢得更多的理解和支持，共同构建一个更加美好的未来世界。

（二）以提高道义感召力、构建人类命运共同体为取向，讲述中国与其他国家共同崛起的故事

在讲好中国文化故事的过程中，提高道义感召力和打造人类命运共同体是至关重要的。通过讲述中国与其他国家共同崛起的故事，我们可以向世界传达这样的信息：中国的繁荣和发展不仅有益于中国人民，也有益于全球各国人民。中国的发展不是独善其身的过程，而是与世界各国相互依存、共同发展的过程。

这种故事可以激发人们对美好未来的憧憬和向往，也可以增强人们的责任感和使命感。通过强调中国积极参与国际事务，为维护世界和平与发展作出贡献，让人们意识到自己的责任和义务，共同推动全球的发展与繁荣。

1. 提高道义感召力

强调文化交流与互鉴。在分享中国文化故事时，必须强调文化交流与互鉴的价值。要让其他国家的人明白，中华文化始终秉持开放和包容的态度，她不仅汲取各种外来文化的精髓，而且也在不断地丰富和发展自身。同时，我们的文化输出并非单向的，而是期望通过深度的文化交流与互鉴，与各国共同推动世界文化的进步和繁荣。

在这个过程中，文化自信和平等意识是关键。我们要让其他国家认识到，中华文化具有其独特性和深厚价值，我们必须坚决捍卫自己的文化特色。但同时，我们也深深地尊重其他国家的文化，坚守文化平等的原则，坚信这样的态度有助于推动世界文化的多元化与和谐共存。

2. 打造人类命运共同体

"人类命运共同体"这一理念，从根本上认识到全球各国、各民族都是紧密相连的命运共同体，都应当同心协力，为推动世界的发展和繁荣贡献自己的力量。而在这一宏大的愿景中，讲好中国文化的故事被赋予了特殊而重要的意义。

中华文化，历经数千年的沉淀与积累，早已成为中华民族的精神支柱和情感纽带。它不仅是中国的，也是世界的。因为文化的多样性是人类共同的财富，每一种文化都是人类文明不可或缺的一部分。通过分享中国文化故事，为世界提供一扇了解中国的窗，也是在为不同文化之间的对话和交流搭建一座桥梁。

在这个过程中，我们强调提高道义感召力，意味着我们要用文化的力量去感染人、去触动人心，让人们看到中国文化中的善良、正义和担当。我们追求的是通过文化来增进人与人之间的相互理解和信任，从而为构建人类命运共同体打下坚实的情感基础。

为了实现这一目标，我们必须秉持开放、包容、平等和自信的态度。文化没有高低之分，只有差异之美。我们应该尊重每一种文化，愿意学习和借鉴其他文化的优点，同时也坚定地为自己的文化发声。通过积极参与国际文化交流与合作，我们可以让更多的人听到中国的声音，了解中国的文化，从而增进彼此之间的友谊与合作。

这样，我们不仅能为中国的文化传承和发展作出贡献，更能为世界的文化多样性注入新的活力。当我们讲述中国与其他国家共同崛起的故事时，我们其实是在讲述一个关于合作、共赢和未来的美好故事。这个故事中，有中国的智慧，也有世界的共鸣。通过这样的讲述，我们可以增强中国在国际舞台上的话语权和影响力，同时也能为推动构建人类命运共同体贡献中国力量。

（三）以国际视角为主要特色，摒弃传统单向灌输思维，找准中国在世界中的位置

在讲述中国文化故事的过程中，强调从国际视角出发，打破以往单向灌输的思维方式，准确把握中国在全球中的地位和角色，是十分必要的。这意味着我们需要将中国故事放在全球背景下进行讲述，并考虑其他国家的历史、文化和社会背景。以下是几个具体的策略。

1. 了解受众的需求和兴趣，采用国际化的表达方式

不同地区和国家的受众，他们对中华文化的认知和兴趣是千差万别的。这就要求我们在传播中华文化时，要有针对性地去了解和研究他们的需求与喜好。我们需

要深入探讨目标受众对中华文化的熟悉程度、他们的文化背景和日常兴趣，从而确保我们的传播策略能够精准地触动他们的内心。例如，西方国家的人们可能对中国的哲学观念、文学艺术等领域抱有浓厚兴趣，因此，我们可以重点在这些领域展开分享。值得注意的是，尽管中华文化具有独树一帜的魅力和特色，但我们也需要借鉴国际化的叙述手法，确保中华文化的核心价值能够更加清晰和准确地传达给全球的朋友。例如，在探讨中国哲学思想时，我们可以尝试引入西方哲学的视角和表述方式，通过对比和交融，帮助受众更深入地领略中华文化的精髓。

2. 关注全球背景和主题，找准中国在世界的位置

在分享中国文化故事的时候，我们应当具备全球视野，把中国故事与全球的大背景、大主题紧密结合。这意味着，我们要在讲述时要关注全球性的政治、经济文化、社会议题，确保中国文化故事和这些议题有深度的互动。同时，对其他国家的文化和价值观，我们也要保持敏锐的洞察，从中吸取对我们有益的经验。在此过程中，明确中国在全球的定位至关重要。我们需要深入理解中国在世界舞台上的角色和影响，以及与其他国家的互动模式。我们不能以自我为中心，而应尊重他国的观点和利益诉求。这样的态度，有助于我们更深入地参与全球治理，共同推动构建人类命运共同体这一宏大目标的实现。

3. 加强国际传播能力建设

在全球化浪潮下，讲述中国文化故事不仅是一种文化输出，更是一种国家软实力的展现。为了实现这一目标，我们必须重视并加强国际传播能力建设。这不仅关乎媒体技术的发展，更涉及如何巧妙地借助各种渠道，让世界听到、看到并理解中国的声音和文化。

国际传播能力建设涵盖了许多层面，其核心目的是确保中国的文化、价值观和理念能够在全球范围内得到广泛的传播和认同。这既包括传统的传播方式，如广播、电视和报纸，也涵盖了现代的数字媒体，如网站、社交媒体和移动应用。通过这些平台，我们可以将中国的历史、文化和现代发展成就展示给全球受众，与他们共享我们的经验。

为了更有效地传递中国声音，我们需要采用一种更加包容和开放的方式。这意味着我们要摒弃过去那种单向的、宣传式的传播模式，转而采用互动和对话的方

式。我们可以利用文化外交、公共外交和媒体外交等手段，与其他国家展开深入的交流与合作，共同推动文化的交流与互鉴。

在这一过程中，国际视角至关重要。我们不能仅仅站在中国的立场上来讲述我们的故事，还要学会从其他国家的角度来看待问题，理解他们的关切和需求。只有这样，我们才能真正找到中国在全球的定位，确保我们的故事能够与世界人民产生共鸣。

与此同时，参与国际合作与交流也是关键所在。只有通过与其他国家的实际互动，我们才能真正地了解他们的文化和价值观，进而找到与他们沟通和合作的最佳方式。这不仅可以提高中国故事的全球传播效果，还可以为我们赢得更多的国际友谊与合作机会。

第四节　讲好中国文化故事的叙事范式与语境

习近平总书记指出："要采用贴近不同区域、不同国家、不同群体受众的精准传播方式，推进中国故事和中国声音的全球化表达、区域化表达、分众化表达，增强国际传播的亲和力和实效性。"①这为新时期的国际传播理论和实践创新提供了明确的方向。通过创造融通中外的新概念、新范畴和新表述来传播中国的声音和故事，将为保持和巩固中国在国际话语中的权威提供理论支持，是全面提升中国作为一个大国形象的有效途径。

特别是在当前西方世界普遍面临经济危机和民主困境之际，"一带一路"倡议和"构建人类命运共同体"等理念能够展示中国积极融入全球分工体系、推动东西方文明交流互鉴和共同治理的愿景，同时也对其他国家具有借鉴意义。将这些新理念转化为国际传播中的有效叙事，是讲好中国文化故事的主要途径。通过采用合适的叙事范式，在不同的语境下，以精心制定的国家叙事策略来改变西方民众的偏见，是讲好中国文化故事的重点。

---

① 共产党员网. 习近平在中共中央政治局第三十次集体学习时强调　加强和改进国际传播工作　展示真实立体全面的中国［EB/OL］.（2021-6-1）［2023-8-10］. https：//www.12371.cn/2021/06/01/ARTI16225311337255536.shtml.

一、讲好中国文化故事的叙事范式

(一)叙事范式

在过去的半个世纪中,中国叙事学逐渐形成了故事、话语、情境和文化这四种重要范式。这些范式能帮助我们更好地理解叙事现象,并研究叙事在不同文化和社会背景下的意义。总之,叙事学是一门研究叙事结构和意义的学科,它从微观叙事走向宏大文本叙事,并通过不同的派别和范式,为我们揭示了叙事的多个层面和维度。

1. 故事范式

在叙事学中,故事范式是指一种基本的叙事模式或模板,用于描述和分析故事的结构和元素。它是叙事研究中的一个重要概念,可以帮助我们了解和分析各种不同类型的故事。故事范式通常包含一系列共同的元素和特征,这些元素和特征在不同的故事中以不同的方式组织和呈现,但它们的存在使得故事具有一定的相似性和可辨识性。① 传统上,故事范式包括一些常见的情节结构和角色类型,如英雄的旅程、三段论结构、反转、冲突解决等。这些范式在叙事中起着重要的作用,帮助受众理解和跟随故事的发展。随着叙事学的发展,人们意识到故事范式可以更加多样化和复杂化。现代的故事范式理论不再局限于传统的模式,而是更加灵活地考虑了不同文化、历史和社会背景下的多样性和变化。

2. 话语范式

在叙事学中,话语范式是指在叙事过程中使用的特定语言和表达方式的模式或模板。它涉及叙事者如何选择、组织和呈现信息以构建一个完整的叙事。在国家叙事中,话语范式主要表现为怎样表述社会共识,促成社会经验的固化。故事是话语的题材,话语是故事的表达形式。

话语范式包括语言结构、语法规则、修辞手法、句式和词汇选择等方面,这些元素在叙事中被用来传达情感、塑造角色、描绘场景等。不同的话语范式可以

---

① 李麟凤,王红艳."讲好中国故事"背景下中国文化英语表达教学探究[J].英语广场,2021(27):105-107.

用来表达不同的情感、意图和风格，从而给予叙事以独特的声音和风格。话语范式还与叙事的文化和社会背景密切相关。不同的文化和社会群体可能有不同的话语范式，反映不同的价值观、传统和习惯用语。总的来说，话语范式帮助叙事者传达信息、塑造情节，并与文化和社会背景相互作用，赋予叙事以特定的声音、风格和意义。

3. 情境范式

情境范式是叙事学中的一个重要概念，指的是一部叙事作品中描述情节或事件所发生的环境或情境的模式。情境范式不是对情节的简单背景描述，而是对整个故事世界的构建和呈现。在叙事学中，情境范式通常分为不同的类型，包括线性、非线性、顺序、倒叙、并列等。不同的情境范式会对受众的理解和接受产生不同的影响，因此在叙事作品中，情境范式的选择和使用是非常重要的。此外，情境范式还涉及对故事世界的构建和呈现，包括对人物角色的设定以及对社会背景、文化背景、历史背景等方面的描述和呈现。情境范式的选择和使用可以影响整个故事的氛围，从而更好地传递作品的主题和意义。

4. 文化范式

文化范式是语境范式的一个重要分支，在叙事学语境范式中，文化范式是一个重要的概念。文化范式指的是一部叙事作品中与文化相关的背景、价值观、信仰、习俗等。叙事作品中的文化范式可以包括社会背景、历史背景、宗教信仰、文化传统等方面，这些因素会影响作品中人物的行为和思想，进而影响受众对作品的接受和理解。在文化范式中，不同的文化背景和价值观会影响作品的情节设置和角色设定。此外，文化范式还可以反映作品中所涉及的文化多样性，不同的文化范式可以为受众更加全面地理解作品中涉及的人物、事件和行为。同时，它也有助于拓宽受众的视野和认识，增强其文化交流和理解能力。在国家叙事中，文化范式侧重于从社会、历史、意识形态角度研究叙事。

(二) 讲好中国文化故事的叙事范式

1. 以故事范式作为讲好中国文化故事的内容与材料

借助故事范式来讲好中国文化故事，能够激发国际社会的兴趣和共鸣，促进文化交流与理解。故事作为一种古老而强大的传播形式，具有深远影响力，能够将抽象的文化概念转化为具体的情节，以引发听众的共鸣与思考。

在讲好中国文化故事的过程中，我们可以运用故事的结构和元素，将中华文化的核心价值观融入情节。例如，通过展现孝顺、仁爱、勤劳、诚信等价值观的人物形象和故事情节，强调中华文化对家庭、友情和社会关系的重视。同时，故事中的冲突与矛盾解决、人物的成长与奋斗，也能够反映中华文化中的智慧和价值观，引发听众的共鸣与思考。除了社会主义核心价值观，中华文化还拥有丰富多样的艺术形式和文化符号，也可以通过故事来展示和解读。例如，中国的传统绘画、音乐、舞蹈等艺术形式，都承载着深厚的文化内涵。通过将这些艺术形式与故事结合，我们能够以更直观、感性的方式向国际社会展示中华文化的独特魅力。

此外，在选择故事材料时，应该注意以真实性和多样性为原则。中国文化故事丰富多样，涵盖了不同的历史时期、地域文化和社会群体。通过选取真实可信的历史事件、传统习俗和人物故事，能够增加故事的说服力和可信度，让国际社会更好地了解和认识中华文化。故事的讲述方式也应当具有包容性和开放性，尊重不同文化背景和价值观的多样性，在讲述中国文化故事时，我们应该注重与国际社会的对话和交流，接受不同的解读。[①] 通过与国际社会的互动，我们能够更好地传递中华文化的价值观和意义，促进文化交流与理解。

综上所述，以故事范式为基础来讲好中国文化故事是一种有效的方式。通过运用故事的结构和元素，突出社会主义核心价值观，展示文化符号与艺术形式，传递传统节日和庆典的文化内涵，以及选择真实多样的故事材料，我们能够打造引人入胜的中国文化故事，促进国际社会对中华文化的认同、理解与欣赏。这种文化交流与叙事的方式，将有助于加强不同文化之间的沟通，促进世界各国的和谐发展。在国际社会中讲述中华优秀传统文化故事，打造故事的三大关键要素是：概念隐喻，即故事的修辞工具和叙事技巧；神话原型，即故事的品牌个性和人物特征；价值观，即故事的核心价值和诉求。这些要素有助于提高国际社会对中国故事的理解和认同度。

---

① 郑凌娟. 弘扬中国文化，讲好中国故事：探析李子柒短视频争议[J]. 传媒论坛，2021，4(17)：119-120.

2. 以话语、情境与文化范式作为讲好中国文化故事的功能框架

（1）依托话语范式消解国际社会的陌生疏离感，促进对异质性文化的包容

在讲好中国文化故事的过程中，国家层面的叙事发挥着重要作用。中国作为一个拥有悠久历史和丰富文化传统的国家，其文化故事中蕴含着独特的价值观、智慧和人文精神，这些元素为世界所共享，有助于构建人类命运共同体。

通过这些话语范式，可以将中华文化的精髓传递给世界，打破语言和文化的障碍。这种方式不仅能够吸引国际社会的注意，还能够为其提供一个了解中华文化的窗口。讲好中国文化故事不仅是为了展示中国的独特性，更重要的是通过中国文化故事传递中国人民的价值观念，同时体现对异质性文化的包容。中国历史上的各个朝代和地区都有不同的文化传统和民族特色，这些特色构成了中华文化的多样性。在讲述中国文化故事时，通过展示不同地域、不同民族的文化表达，体现其独特的魅力和价值。以包容多样性的故事，促进不同文化的交流和融合，建立更加和谐的国际社会秩序。

中国文化故事的讲述也可以通过与其他国家的文化进行对话，促进文化的交流和互鉴。世界上各个国家和地区都有自己独特的文化传统和故事，这些故事存在共通性和相互联系。通过与其他国家的文化进行对比和对话，我们可以更好地理解自己的文化，并从其他文化中汲取营养。这样的对话不仅能够消解陌生感，还能够加深人们对自身文化的认知和理解。

综上所述，在讲好中国文化故事的过程中，依托话语范式有助于消解国际社会的陌生疏离感，促进对异质文化的包容。通过展示中华文化的独特性和价值观，借助多样性的故事表达方式，与其他国家的文化进行对话，我们能够建立一个更加包容和谐的国际社会秩序。这样的努力将有助于加强文化交流与互鉴，推动人类文明的发展与繁荣。

（2）依托情境范式促进国际社会文化之间的交流

通过情境范式的运用，突出中国文化故事的核心价值观和智慧。通过合适的情境设定，能够更好地展现中华文化的价值观在故事中的体现。除了传递核心价值观，通过情境范式还可以促进国际社会文化之间的交流。情境的设定可以根据受众的文化背景和理解习惯进行调整，以便更好地传达故事的含义和情感。在讲述中国

文化故事时，我们可以选择那些具有普遍性的情节和主题，以便更好地与其他文化对话。通过将中国文化故事置于国际社会的情境中，我们能够促进不同文化之间的相互理解和尊重，推动文化交流和互鉴的进程。

此外，情境范式还可以通过翻译和适应性调整来满足不同文化背景下受众的需求。在将中国文化故事介绍给国际社会时，我们可以通过翻译和本土化工作，对故事的语言和表达方式进行调整以适应不同文化背景的受众。这样做可以提高故事的可理解性和亲近感，使故事更容易为国际社会所接受。

总之，依托情境范式可以促进国际社会文化之间的交流。通过适当的情境设置，打破语言和文化的障碍，让国际社会更好地理解和欣赏中华文化。通过突出中国特色社会主义核心价值观和智慧，引发听众的共鸣和思考。通过翻译和适应性调整，满足不同文化背景下听众的需求。这样的努力将有助于促进文化交流和互鉴，构建更加包容和谐的国际环境。

(3)借助文化范式引起国际社会的兴趣和共鸣

中国文化故事应该注重情感共鸣和普遍性。通过塑造鲜明的人物形象和生动的情节，让听众产生情感共鸣，与故事中的人物经历和情感连接起来。故事中的普遍性主题和冲突也可以引起国际社会的共鸣，使人们从中汲取智慧，得到启示。这种情感共鸣和普遍性的表达方式有助于超越文化差异，增进不同文化之间的理解。此外，文化符号、象征和隐喻的运用是讲好中国文化故事的重要手段，中华文化中有着丰富的符号，这些符号背后有着鲜明的象征意义，通过巧妙地运用这些符号和象征意义，我们可以传递中华文化的独特性和魅力。① 同时，隐喻的运用也能够使故事更具深度和启示性。通过隐喻的方式，我们可以探讨人生的意义、道德的选择以及人与自然、人与社会之间的关系，引发听众对于这些问题的思考和探索。

将中国文化故事与现代社会的问题和挑战相结合也是讲好中国文化故事的重要策略之一。通过将中国文化故事与当代社会的议题相联系，提供对当代社会问题的解决方案，这种对话式的叙事方式能够激发国际社会对于中华文化的关注和思考，

---

① 刘森，覃靖泽，杜雨欣，等. 高校设计类专业学生用英语讲好中国故事的能力培养研究[J]. 建筑与文化，2021(8)：58-59.

并为解决现实问题提供智慧和启发。① 另外，确保故事的真实性和逻辑连贯性是讲好中国文化故事的基本原则。故事应该基于真实的历史、传统和人物，并且逻辑清晰、内外呼应。通过真实而有序的叙述，增加故事的可信度和影响力，让国际社会更好地理解和欣赏中华文化的价值和意义。

综上所述，依托文化范式来讲好中国文化故事是非常重要的。通过突出核心价值观、情感共鸣和普遍性、文化符号和象征、结合现实问题、确保真实性和逻辑连贯性等手段，打造深入人心、引人思考的中国文化故事。这些故事将为国际社会提供独特的文化视角和理解框架，促进不同文化的交流、理解和包容，为世界和平与繁荣作出积极的贡献。

二、讲好中国文化故事的语境

(一)"三个中国"

中国人民大学国际关系学院知名学者王义桅教授在 2015 年提出了"三个中国"这一概念，用以描述中国的历史演变和全球地位的变化。② 以下是他主要观点的总结：一是传统中国。传统中国是指中国历史上的封建王朝，也称为"帝国中国"。这个时期的中国是一个封闭的国家，自给自足，注重内部稳定和道德伦理。传统中国的特点包括强调礼仪、儒家思想、等级制度以及重视农业和封建主义等。二是现代中国。现代中国是指近代以来的中国，特别是 20 世纪以来中国的发展和变革。这一时期包括清朝末年的封建王朝灭亡、辛亥革命、中国共产党的成立、中华人民共和国的成立等。现代中国的特点是经济的工业化和城市化、政治的现代化、社会的变革和国际地位的提升。在这一时期，中国经历了从封闭与落后到开放与崛起的转变。三是全球中国。全球中国是指当前中国的国际地位和全球影响力。随着中国的经济发展和对外开放，中国在全球事务中的地位日益提升。全球中国具有多个方面的特征，包括中国经济的全球化、中国的对外援助和投资、中国的外交政策和国际

---

① 沈婷婷."讲好中国故事"背景下中国文化融入高职英语教学探索[J].淮北职业技术学院学报，2021，20(4)：62-64.

② 王义桅.中国故事的传播之道[J].对外传播，2015(3)：51-53.

合作、中国在全球治理体系中的作用等。全球中国也意味着中国在全球问题上的责任和挑战。

总体而言，王义桅教授提出的"三个中国"概念旨在描述中国在不同历史阶段的演变和发展，并强调中国在全球舞台上的地位逐渐上升。这个概念帮助人们理解中国的历史和现状，并对中国的未来发展产生重要的启示作用。①

首先，传统中国是以"文明国家"为想象，以文化这个"意义之网"为纽带的中华古老文明国家，以几千年的中华文明构成其主线，讲述中华文明复兴与转型的五个元叙事故事，即中国五元传统故事。五元传统故事是由文化理念、文化仪式、文化符号、文化产品、文化信仰构成的五元故事。

其次，现代中国是以"民族国家"为想象，以民族独立、国家主权独立为核心的实现四个现代化的现代性国家，讲述中国从量、质两方面如何创造现代化奇迹，并开创人类现代化新模式的现代化故事。讲好中国现代化的五化创新故事，即工业现代化、农业现代化、科技现代化、军事现代化、国家治理现代化构成的五化故事。

最后，全球中国是以"人类命运共同体"为想象，以融入全球化、塑造全球化和摆脱全球化困境为发展目标的全球性国家，讲述从改革开放以来作为经济全球化的参与者转变为主要推动者的全球化中国故事，如"一带一路"的故事。讲好全球化中国五通故事，即由政策沟通、设施联通、贸易畅通、资金融通、民心相通构成的五通故事。

(二)"三个中国"国家叙事的语境

中华文化的吸引力来自三个方面：传统中国古老文明的文化感召力、现代中国现代化发展过程中的文化创造力和全球中国在国际治理中的文化公信力。根据中国文化故事不同来源的吸引力，可以从以下三个语境来讲好中国文化故事。

1. 在国际民间语境下讲好中国文化故事

在国际民间语境下，中国积淀了悠久的传统文化，拥有丰富的叙事资源，这些资源可被充分利用以构建国际民间话语体系，强化中华文化在国际上的影响力和吸

---

① 赵松，张维．刍论讲好中国故事与增强文化自信[J]．文化创新比较研究，2021，5（23）：29-32.

引力。通过深入挖掘独特的文化资源、注重跨文化交流与传播、强调文化多样性和包容性、加强与国际社会的互动和合作，逐步构建起具有中国特色的国际民间话语体系，提升中华文化价值观的国际话语权和文化感召力。

第一，应从中华优秀传统文化的丰富叙事资源出发，深入挖掘和整理经典文献、历史传记、神话传说等，以形成一个包容多元、全面反映中华文化的故事体系。这个故事体系应当融合中国历史、哲学、文学、艺术等各个方面的元素，展现中华文化的博大精深和独特魅力。

第二，通过多种渠道将这些故事传播到国际社会，包括利用国际媒体、文化交流活动、网络平台等多种手段，积极推广和宣传中华优秀传统文化的精华和价值观。同时，我们还应加强与国际机构、学术界和文化界的合作，共同策划和组织文化交流项目，加深国际社会对中华文化的了解和认同。

第三，注重故事的准确性和真实性。严谨对待历史事实和文化内涵，确保故事的真实性和权威性，避免过分夸大或歪曲故事内容，以免引发误解或负面影响。只有确保故事的准确性和真实性，我们才能赢得国际社会的认可和信任，提升中华文化的国际话语权和文化感召力。

总之，通过对外建构传统中国文化故事的国际民间话语体系，我们可以从中华优秀传统文化的叙事资源出发，提升中华文化的国际话语权和文化感召力。在这一过程中，应该注重故事的准确性和真实性，同时关注故事的传播方式和适应性。通过这些努力，以更好地传播和推广中华文化，加深国际社会对中华文化的认知和理解，为促进跨文化交流与合作作出积极贡献。

2. 在国际官方语境下讲好中国文化故事

构建现代中国发展故事，以此提升中国政治性国际话语权和中国文化创造力。我国作为世界上最大的发展中国家，改革开放以来取得了令人瞩目的成就。我们坚持以人民为中心的发展思想，推动了全面建设社会主义现代化强国的伟大事业。我国的现代化进程不仅为本国人民带来了福祉，也为世界作出了重要贡献。

一方面，我国在政治领域取得了显著进展。我国坚持走和平发展道路，坚定维护国家主权和领土完整。我国积极参与国际事务，推动构建人类命运共同体，主张国际关系民主化和多极化，致力于通过外交手段解决争端和冲突，倡导和平、稳定与繁荣的国际秩序。另一方面，我国的经济发展成就举世瞩目。坚持改革开放的政策，积极推进经济结构调整和转型升级。我国实现经济增长持续稳定，成为全球经济增长的主要引擎。我国致力于推动开放合作，加强与各国的互利合作，构建开放型世界经济。我国的创新驱动发展战略取得了显著成果，为世界科技创新注入了新动力。另外，我国在文化领域也展现了巨大的创造力。积极推动文化创新与融合。我国的电影、文学、音乐、舞蹈等艺术形式走向世界，丰富了人类文化。我们鼓励青年人才创新创业，努力培育具有国际影响力的文化创意产业，为世界文化繁荣贡献力量。

3. 在国际公共语境下讲好中国文化故事

作为一个具有悠久历史和伟大文化传统的国家，我国正在积极参与全球治理和文化交流，为构建人类命运共同体贡献中国智慧和力量。努力打造一个公正、合理、包容和有序的全球治理体系，推动国际关系向着更加民主、多元、平衡的方向发展。

我国积极参与全球治理体系的建设。主张通过国际合作解决全球性挑战，推动建立更加公正合理的国际新秩序，积极参与并推动联合国及其相关机构的工作，支持多边主义，维护联合国宪章宗旨和原则。倡导各国通过对话协商解决争端和冲突，反对单边主义和保护主义，维护多边贸易体制。

我国积极开展文化交流与对话，促进不同文明之间的相互尊重与理解，致力于通过推动文化交流项目、举办国际文化活动等方式，加强与各国的友好合作，推动文化多样性的发展，鼓励民间交流和人员往来，为不同文明之间的互鉴提供平台和机会。

我国坚持全球治理的公平正义原则。主张各国应在平等基础上相互尊重和平等对待，摒弃零和博弈的思维，推动构建合作共赢的国际关系。积极参与国际组织和机制的改革，呼吁加强发展中国家在国际事务中的代表性和发言权，提出"一带一路"倡议，促进全球互联互通和经济合作，为全球发展注入了新的动力。[1]

在建构全球中国文化故事的过程中，通过正面宣传中国在全球治理和文化交流

---

① 赖军芳. 挖掘中国典籍思政价值，讲好中国文化自信故事：以《了凡四训》为例[J]. 文教资料，2021(20)：32-33.

方面的成就，提升中国的全球治理国际话语权和中华文化的公信力。同时，我国倡导合作共赢、开放包容的合作理念，加强与其他国家的交流与合作，共同应对全球挑战。

　　总之，通过建构全球中国文化故事国际公共话语体系，可以提升中国的全球治理国际话语权和中华文化的公信力。在这一过程中，应坚持故事的准确性和权威性，倡导合作共赢和开放包容的理念。通过真实宣传中国在全球治理和文化交流方面的成就，赢得国际社会的认同与尊重，为推动全球发展与和平作出积极贡献。

第三章 讲好中国文化故事的思想理论基础

进入新世纪后，全球化使世界各国的经济联系日益紧密，与此同时，文化也逐渐交融，变成为全人类服务的精神产品。我国传统文化为讲好中国文化故事提供了深厚的历史积淀。中国博大精深的传统文化，包括儒家思想、道家哲学、佛教智慧等，为中华文化提供了丰富的题材和内涵，也为传达中华文化的深层次理念奠定了基础。不同时期，我国对外文化交流的形式不同、手段不同，内容也有一定差异，但不论何时，我国在弘扬传统文化时都必须坚持以传统文化的继承为基础，取其精华，弃其糟粕，使传统文化能够更好地为中国人民和世界各国人民服务。

第一节 "文化具有世界共享性"的文化观

文化作为精神产品，最主要的作用就是为人服务，为人和社会的发展提供精神力量，虽然不同地区和民族有不同的文化，但文化并不是只属于某个特定群体或地域，而是可以被广泛传播和分享的。马克思认识到了文化的重要性和对人的重要作用，并预见了文化全球化不可避免的趋势。我国在文化发展方面也一直秉持对外开放的做法，这既是为了我国的发展和国际影响力的提升，同时也是为了全球文化的共同发展。

一、马克思主义文化思想

马克思、恩格斯通过不断的理论研究和实践探索提出了共享理念，其中既包括生产资料和生活资料的平等共享，也包括文化精神生产资料的平等共享："一方面作为自然科学的对象，另一方面作为艺术的对象……是人必须事先进行加工以便享用和消化的精神食粮。"①生产力的发展意味着生产关系的变化，而这也将促使不同民族的文化逐渐向全球文化发展，这是必然趋势，每一种文化都不可能独立存在。资本主义工业的产生和发展使得世界各国开始产生联系，由此开创了世界新的历史，以往世界各国自给自足、独立发展的状态被打破，若想使经济得到迅速发展、人民的各种需求得到满足，则需要依赖整个世界。由于资本主义经济的发展，世界各国开始有了联系且联系逐渐频繁，以往各国自然形成的闭关自守的状态被逐渐打破，并且不会再回到原来的状态。这也说明了世界各个民族和国家将会向着一体化发展，各国的联系会越来越紧密，这是历史所趋，是必然的。不仅包括基础的物质生产，也包括更高层次的精神产出，即文明，都会向着一体化方向发展。马克思不止一次表示过民族文化将会逐步演化为世界的共享文化，各民族的文化将通过交流逐渐融合，互相学习，成为世界人民的公共财产："物质的生产是如此，精神的生产也是如此。各民族的精神产品成了公共的财产。民族的片面性和局限性日益成为不可能，于是由许多种民族的和地方的文学形成了一种世界的文学。"②文化共享也可以称为文化全球化，如今文化共享也在不断发展的过程中，而马克思早在百年前就已经预见到了这一趋势，除了对资本主义、社会主义等进行研究之外，马克思也对人类的精神文明做了研究。

　　文化的共享离不开经济和资本的发展，正如《德意志意识形态》中这样写道："不是意识决定生活，而是生活决定意识""思想、观念、意识的生产最初是直接与人们的物质活动，与人们的物质交往，与现实生活的语言交织在一起的"。③ 这意味着在某种程度上，经济的发展程度对文化的发展程度起着重要的作用，在物质资料的生产和发展过程中，精神文化也在不断发展。在这种情况下，国家将无法独立存在，而是在全球作为整体中的一部分而存在。在经济和政治全球化过程中必然会存在文化共享，这是不可避免的，这是由文化与经济、政治的紧密联系所决定的。全球化起源于经济，但最终将会超越经济、金融、市场、技术，甚至政治等多个领域，从而进入文化同一性领域，因此也可以说文化共享是全球化的最终目的。马克

---

① 马克思恩格斯选集(第1卷)[M]. 北京：人民出版社，1995：45.
② 马克思恩格斯选集(第1卷)[M]. 北京：人民出版社，1995：276.
③ 马克思，恩格斯. 德意志意识形态[M]. 北京：人民出版社，1961：19-20.

思主义认为文化是人的本质力量的展现，而文化的历史也就是人本质力量的展现史，同时也是社会的交流史，如马克思所说："一方面为了使人之感觉变成人的感觉，而另一方面为了创造与人的本质和自然本质的全部丰富性相适应的人的感觉，无论从理论方面来说还是从实践方面来说，人的本质的对象化都是必要的。"①文化并不是一成不变、静止封闭的，文化早已随着一次又一次的政治交流和经济交流紧密地联系在一起。如今文化共享仍然在发展过程中，文化的发展和交流也将在现代化和全球化浪潮中被唤醒，从而随着日益紧密的联系被彻底地实现。马克思认为文化本身具有历史性和现实性，文化继承于历史传统文化，又作用于现实实践。②文化并不是固定不变的，文化会随着社会的发展和历史的进程而发生变化，不同历史时期的文化具有不同的特点，因此文化具有历史性，可以通过对文化的研究了解整个民族和社会的历史发展。在不同的历史时期和不同的社会阶段，文化的表现形式以及内容也会有所不同，这也反映了不同社会和历史的发展阶段人民有不同的需求。文化是具有现实性的文化，因为文化在某种程度上也是人民自身的需求以及对社会现实的反映和表达，文化包容一切，也反映一切，包括经济、政治等，人们可以通过文化来认识社会现实，甚至将文化作为改造社会现实的一种工具和手段，从而满足自身的需求。

此外，马克思主义认为文化具有人民性和全球性，"人民历来就是什么样的作者'够资格'和什么样的作者'不够资格'的唯一判断者。"③"历史活动是群众的事业，随着历史活动的深入，必将是群众队伍的扩大。"④"无产阶级将取得公共权力，并且利用这个权力把脱离资产阶级掌握的社会化生产资料变为公共财产。"⑤这也正说明了文化具有共享性的特点，马克思认为文化是由人民群众共同创造的，因此具有人民性。文化并不是为王公贵族或者单独为某类人而服务的，文化是属于全人类的，文化来源于人民，服务于人民，又用于满足人民的某种需求，并反映某种社会现实，因此

---

① 马克思. 1844 年经济学哲学手稿[M]. 北京：人民出版社，1979：80.

② 张玉宏. 从"中国文化失语"到"用英语讲好中国故事"——英语专业中国文化教学（2000—2020）的现状与出路[J]. 语言与文化论坛，2021（2）：39-48.

③ 马克思恩格斯全集（第 1 卷）[M]. 北京：人民出版社，1995：195，196.

④ 马克思恩格斯全集（第 2 卷）[M]. 北京：人民出版社，1957：104.

⑤ 马克思恩格斯全集（第 19 卷）[M]. 北京：人民出版社，1963：566.

文化可以反映人民所需的利益和某种精神需求。此外，人民又可以为文化的发展提供灵感，从而使得文化在发展过程中不断地再创造和再发展，使之在不同的时代下都可以满足人民的需求，并具有更新的时代内涵。而文化的全球性则表现在文化是可以超越国界和民族的，因此具有全球性的特点，这与人民性有某种相似之处。所有的文化都是由人民群众共同创造的，而不论是哪个国家或哪个地区的人民群众，人民本身的需求都是存在共同点的，虽然不同地区有不同地域的特色文化，但是文化本身是可以超越民族界限和国界的。在人与人的交往过程中，不同国家和民族的文化必定会进行相互交流，而随着人与人之间的交流日益密切，文化与文化将会进一步融合，从而促进全人类的文化进步和发展。但这一过程并不是一帆风顺的，西方文明的出现势必会对地域文化和民族文化产生一定的冲击，但并不是所有的文化都会对西方文明产生认同，在文化共享和全球化的过程当中必然会遇到这种情况，因此在受到冲击之后，也需要将文化的重大问题放在全球层面上进行重新审视，将文化带到世界历史当中进行考察，如此才能够使文化随着共享的深入而不断深化、丰富和发展。

　　文化共享是必然趋势，但同时也是一项十分伟大的工程，具体而言，文化可以超越国家和民族之间的差异，超越不同群体之间存在的分歧，甚至可以超越不同阶级、不同种族、不同群体之间的利益冲突，而使得人人都可以享受极致的文化。文化共享就是不在乎群体，不在乎文化背景，不在乎国家民族，而使所有拥有不同文化背景的人都可以欣赏和享有全球性的文化，尽管在政治方面，每个人都有自己的立场，但在文化方面，每个人都可以欣赏并享受这样一种具有同一性的文化。正如马克思所说："以往的民族和地区闭关自守的状态将会不复存在，各民族人民之间的各种往来，包括经济方面、政治方面等各方面都将会代替原有的独立状态，从而使不同民族、不同国家开始相互依赖并如此生存。不仅物质生产如此，精神生产亦是如此。"①文化虽然是一个包容性极强的概念，但它本质上是一种精神产品，文化共享指的就是各民族的精神产品融合在一起，成为公共财产，成为共享物品。文化共享可以提高文化的利用效率，满足人们的不同需求，这也说明共享的文化符合人

①　马克思恩格斯选集(第 1 卷)［M］. 北京：人民出版社，1995：275-276.

类精神层面的取向。共享文化最大的特点是共享性，因此其没有阶级之分和成分之分，共享文化具有独特认同感，可以使不同种族、不同地区的人们共同分享，除此之外，共享文化还是构建社会主义社会的重要文化基础。

马克思表明文化共享并不是那么容易实现的，自然生产力的发展和生产关系的变化可以使文化共享变成现实，但这仅仅是一个开始，想要实现真正的文化共享，只能够通过社会主义才能够实现。马克思、恩格斯认为，文化起源于人类的生活和生产活动，"这些生产关系的总和构成社会的经济结构，即有法律的和政治的上层建筑竖立其上并有一定的社会意识形式与之相适应的现实基础。物质生活的生产方式制约着整个社会生活、政治生活和精神生活的过程。不是人们的意识决定人们的存在，相反，是人们的社会存在决定人们的意识。"[①]在劳动过程中，人类不仅创造出了丰富的物质产品，还可以创造出丰富的精神文明，即文化。因此，人是文化的主体，那么人也应当享有文化领域的发展成果，虽然生产力的发展可以促进文化共享的进程，但是工业技术的深入发展也会导致压迫和剥削的产生，因此会导致文化的创造者无法享用文化，而文化反而会成为统治阶级强化政治统治和掠夺社会财富的工具。因此只有社会形态不断更替发展，直到共产主义社会，阶级差别消失，物质财富更加丰富，人才可以得到更全面的自由和解放，至此，文化共享才可以成为现实。除此之外，马克思和恩格斯也提出了想要实现文化共享所需要的一些措施，例如，教育的全面普及。1845年恩格斯在爱北斐特的演说中明确提出："第一个措施是由国家出资对一切儿童毫无例外地实行普遍教育，这种教育对任何人都是一样的，一直进行到能够作为社会的独立成员的年龄为止。"[②]马克思、恩格斯在《共产党宣言》当中也进一步强调，无产阶级专政后所有的儿童都应该得到公共的、免费的教育。马克思、恩格斯认为，只有接受更加全面的教育，才能够获得更全面的知识，从而使人得到更自由和更全面的发展。

二、毛泽东文化理论

毛泽东文化理论是在继承马克思主义文化思想的基础上进行了发展而形成的。

---

① 马克思恩格斯全集(第13卷)[M].北京：人民出版社，1962：8.
② 马克思恩格斯全集(第2卷)[M].北京：人民出版社，1962：614.

毛泽东在对文化进行研究之后认识到了文化具有开放性，之后结合当时中国的发展需求以及当时的社会现状提出了建议，即应该对世界其他优秀文化进行借鉴和吸收，将不同的文化融会贯通，吸取其精华部分，将精华融入自己的传统文化，从而助力我国的发展。"中国应该大量吸收外国的进步文化，作为自己文化食粮的原料，这种工作过去还做得很不够。""这不但是当前的社会主义文化和新民主主义文化，还有外国的古代文化，例如各资本主义国家启蒙时代的文化，凡属我们今天用得着的东西，都应该吸收。""但是一切外国的东西，……把它分解为精华和糟粕两部分，然后排泄其糟粕，吸收其精华，才能对我们的身体有益，决不能生吞活剥地毫无批判地吸收。"①中国发展至今已经有数千年的历史，而中华文化更是源远流长、博大精深，有着深厚独特的历史底蕴，世界四大古文明发展至今，只有中华文化没有断裂，而是一直发展着，其中的原因之一就是中华文化的包容性。毛泽东也曾谈到"洋为中用"的话题，认为在继承和发扬先进文化遗产时也不能够拒绝外国的先进文化遗产，应该将其融合在一起，这样才能够助力本国发展。②此外，毛泽东也曾明确提出，我们在发展的过程当中应该学习其他民族和其他国家的长处，不能够关着门发展，对于其他地区和国家优秀的地方，不论是政治、经济、科学、技术还是文学、艺术，只要是真正的好的东西，我们都应该学习。

在学习其他国家长处的同时，我们也应该积极分享中华优秀传统文化以及中国文化故事，借此来表达中国的态度，文化也正是在不断交流的过程当中才能够得到发展，如果关起门来独自发展，文化吸收不到新的东西，也很难在新的时代立足。在延安时期，毛泽东就不止一次地接见来华记者和访问学者，为他们讲述中国故事，通过这些记者将中国的事情宣传到世界，这为世界人民了解中国作出了极大的贡献。这些来华记者和访问学者来自不同的国家和地区，具有不同的政治立场，但是在与毛泽东交谈的过程中，他们都给予了高度认同，这也说明了交谈本身就是文化的交流，而文化交流是不受国家和地区限制的，一些积极的、促进人类发展的文化是可以被所有人接受的。毛泽东在对外传播中国故事的过程中，不仅为来华记者在物质方面提供了极大的便利，使之充分了解根据地的实际情况，而且在交谈过程

① 毛泽东．新民主主义论[M]．北京：人民出版社，1952：60.
② 韩延，刘阳．用中国文化讲好中国故事[N]．人民日报，2021-02-18(11).

中也积极使用一些来华记者们可以接受的词语进行表达，包括自由、民主等，毛泽东借这些词语传达了中国共产党的战时理念以及方针政策。民主、自由是西方很多国家的追求和口号，但这并非西方国家的专属，在中国共产党的价值观念当中，民主和自由也占据着关键的位置，而当时的一系列战争，无论是抗日战争，还是解放战争，都是为了追求民主和自由，追求民族的独立解放和人民的平等自由，这些概念也是社会主义核心价值观的重要组成部分。

在所有的来华记者和访问学者当中，斯诺是一个重要的人物，也是很多人比较熟悉的人物，历史书上也出现过这个名字，而关于毛泽东的报道，斯诺也是十分重要的开拓者。毛泽东作为中国共产党第一代领袖，对他的报道无疑是中国抗战报道当中十分重要的组成部分，也是十分引人注目的部分。而来华记者对毛泽东的认识和评价，一定程度上也会影响到世界对于中国共产党人，甚至是中国的认识和评价。随着一个又一个的记者来华与毛泽东进行近距离接触，毛泽东的故事也越来越频繁地出现在国内外报刊上，到抗日战争后期，毛泽东更是被赋予了时代的内涵，成为中国共产党人的代表，同时也是智慧和力量的化身。而随着抗日战争的结束，中国共产党所代表的红色中国的崛起已经成为不可忽视的事实。重庆谈判期间，《纽约晚报》发表了关于毛泽东的印象记，里面有这样的内容："毛泽东是我们这个世纪伟大人物之一，我并不觉得这话有错，凡是见过他的人，包括在政治立场上完全反对他的人在内，都有着同样的印象。"而这也是美国报纸在 20 年来首次公开赞扬中国共产党的伟大领袖和领导人，这样的结果无疑是文化交流的结果，同时也代表着中国开始走上国际舞台，中华文化开始被世界其他国家接受。

毛泽东认为文化是由人民群众共同创造的，因此是属于所有人的共同财富，而非少数人的专利，由人民创造的财富自然应该由人民所享受。此外，毛泽东还强调文化的创造和传承必须以人民群众为中心，这样才能使文化具有时代的内涵，并且能够及时反映人民的需求。而在文化的传承过程中，也要充分发扬人民群众的创造精神，这样才能够使文化变得更加丰富。毛泽东认为，文化共享对于文化发展而言具有极大的影响作用，可以说文化共享是促进文化发展的一个重要手段，也是保证文化繁荣的一个必要条件。"对于外国文化，排外主义的方针是错误的，应当尽量吸收进步的外国文化，以为发展中国新文化的借镜。"①文化共享可以促进不同的文化交流，交流过程中会相互学习先进的地方，而人民群众在这一过程当中可以享受到文化共享所带来的成果，也可以享受到文化共享所带来的美好生活，要想使文化得到不断的丰富和发展，就必须打开交流之门，不能自给自足，不能独自发展，因此共享是必须的。毛泽东还认为，文化的存在就是为人民服务，文化的主要作用就是为人民所用，为人民群众提供足够的精神食粮。因此，文化工作者应该将人民群众作为自己的主要服务群体，将自己的才华和智慧全部贡献给人民群众，使人民群众享受到丰富的文化成果。"有出息的文学家艺术家，必须到群众中去……到唯一的最广大最丰富的源泉中去"，②"就是我们的文艺工作者的思想感情和工农兵大众的思想感情打成一片。而要打成一片，就应当认真学习群众的语言。"③"为什么人的问题，是一个根本的问题，原则的问题。"人民生活是"一切文学艺术的取之不尽、用之不竭的唯一源泉"。④另外，文化本身就是反映人民群众的利益和需求的，因此文化的创造和发展都不能够脱离人民群众的实际生活，文化从群众中来，自然也要到群众中去。因此，无论是文化的发展，还是文化工作者的文化工作，都应该深入人民群众，了解人民群众的实际生活，了解其需要和意愿，这样才能够为群众提供所需要的文化服务，满足群众的精神需求，而精神需求和物质生产又是紧密联系在一起的，精神需求得到满足之后，人民的幸福感也会大大提升，因此会更加全身心地投入物质生产，这也是当时物质匮乏但人民群众依然有较高幸福度的原因之一。

　　除了理论，毛泽东也提出了文化共享的具体措施，其中最重要的就是对于教育的普及。毛泽东认为应该普及教育，从而提高人民群众的文化素养，这样才能够使文化共享得以实现。"从百分之八十的人口中扫除文盲，是新中国的一项重要工作。""中国应当建立自己的民族的、科学的、人民大众的新文化和新教育。"⑤"我们的教育方针，应该使受教育者在德育、智育、体育几方面都得到发展，成为有社会

①　毛泽东. 论联合政府[M]. 北京：人民出版社，1975：73.
②　毛泽东选集(第3卷)[M]. 北京：人民出版社，1991：851.
③　毛泽东选集(第3卷)[M]. 北京：人民出版社，1991：857.
④　毛泽东选集(第3卷)[M]. 北京：人民出版社，1991：860.
⑤　毛泽东. 论联合政府[M]. 北京：人民出版社，1975：72，73.

主义觉悟的有文化的劳动者。"①群众的文化素养得到整体提升之后，其思想高度和理论知识都会得到丰富和提升，人民将会有更强大的动力进行创新和创造，因此，应该不断提高人民群众的科学文化素质和精神文化追求，只有这样才能使人民群众不落后于时代，在时代发展当中贡献自己的力量。经济和文化是有紧密联系的，二者的发展也相互促进，因而，经济发展可以为文化发展带来物质保障，为文化共享提供一定的物质基础，因此想要使文化共享得以实现，想要使文化得到创新和发展，经济是不能放弃的重要部分，而经济也是促进国家发展、提升国力的重要保障，只有物质文明和精神文明协调发展，才能实现真正的文化共享。毛泽东并没有直接将马克思主义运用在我国的发展当中，而是在继承的基础上与我国当时的国情进行了结合，从而找到了适合我国的发展方向和发展道路，毛泽东对我国当时的经济和文化的落后局面具有清醒认识，并且明确地指出，发展生产和发展文化教育将会成为我国一段时间的主要任务。因此，在抗日战争胜利后，我国制订了多个发展计划，其中包括三大改造，即由党领导的对农业、手工业和资本主义工商业所进行的社会主义改造，以及多个五年计划。五年计划使我国的重工业和经济得到了迅速发展，我国的社会主义工业化也初步完成，而经济的发展又促进了文化的发展。在文化发展方面，毛泽东批判了文化领域出现的片面化和绝对化的情况，提出了"百花齐放，百家争鸣"的方针(又被称为"双百"方针)，这一方针的实行使多种文化得到了繁荣与发展，促进了我国文化的整体繁荣发展。②"双百"方针在一定程度上也说明了文化的共同性、人民性以及共享性的特点，不同特色的文化具有自己的长处，而这些长处可以通过交流进行互相学习，这样才能够使得不同种类的文化繁荣与发展，才能够使人民享受到更丰富的文化成果。

三、改革开放后的文化观念

中华人民共和国成立后，我国在政治、经济、文化等各领域都得到了迅速发展，但是在发展过程中，由于发展速度较快，不可避免地出现了一些问题。随着社

① 毛泽东.关于正确处理人民内部矛盾的问题[N].人民日报，1957-06-19(001).
② 邓德林."讲好中国故事"视域下的传统体育文化国际传播[J].体育成人教育学刊，2020，36(4)：66-70.

会发展到了一定阶段，我国的经济和文化等各方面的发展速度都逐渐减缓，邓小平在此背景下提出了改革开放。1984 年，邓小平明确提出和使用了"改革开放"一词，之后"改革开放"写入了党的基本路线、党章和宪法，也成了全党共识。邓小平不仅提出了"改革开放"，更是在这一时代大背景下用自己独特的眼光认识到了如今的世界是开放的世界，正是由于这独特的眼光，邓小平才明确意识到任何一个国家想要发展起来，孤立发展和闭关自守是不可能的。① 世界各国的联系越来越紧密，要想使本国得到发展，必须和其他国家展开合作，以往的闭关发展已经无法再满足社会和人民的需求，而当时我国与世界发达国家在科技、教育、文化等各领域还存在明显的差距，因此，为了尽量缩小这些差距，使我国的综合国力提升，使我国的经济得到快速发展，邓小平提出："我们要把世界一切先进技术、先进成果作为我们发展的起点。"②"社会主义要赢得与资本主义相比较的优势，就必须大胆吸收和借鉴人类社会创造的一切文明成果，吸收和借鉴当今世界各国包括资本主义发达国家的一切反映现代社会化生产规律的先进经营方式、管理方法。"③此外，邓小平也明确说明了我们要向资本主义发达国家学习，虽然我们的政治立场和国家性质不同，但是应该保持虚心学习和接纳的心态，对于资本主义发达国家的先进科学技术、管理方法以及其他一切优秀且对我们有益的知识和文化，我们都应该虚心学习，以包容的心态面对。如果一味地闭关自守、故步自封，则是十分愚蠢的做法，只有打开国门才能和西方发达国家进行交流，并且学习借鉴西方发达国家的先进之处，这样才能使我国得到发展。

改革开放是一项十分重要的政策，而这 40 多年的发展实践也充分证明了邓小平这一政策的正确性，不论是坚持改革开放还是要求不断向西方发达国家学习，这些都为我国的发展带来了积极作用。邓小平在强调向西方国家学习的同时，也强调了不能奉行完全的"拿来主义"，而是应在坚持中国共产党的领导这一前提下，学习资本主义国家的先进技术和其他有益的东西。我国的社会发展过程中曾出现过全盘

① 黄海静. 构建人类命运共同体：讲好中国故事与文化自信[J]. 深圳职业技术学院学报，2020，19(4)：38-42.
② 邓小平文选(第二卷)[M]. 北京：人民出版社，1983：111.
③ 邓小平文选(第三卷)[M]. 北京：人民出版社，1993：373.

西化的错误思想，有很多人全盘接受西方国家的思想和文化，并彻底否定我国的传统民族文化，这种错误思潮绝对不能再出现。邓小平明确且坚定地指出，"我们要有计划、有选择地引进资本主义国家的先进技术和其他对我们有益的东西，但是我们决不学习和引进资本主义制度，决不学习和引进各种丑恶颓废的东西。"①在学习西方国家时，应该有计划且有选择地引进先进的和有益的方面，而资本主义制度和个人利己主义等是绝对不能够学习和引进的，所有丑恶和颓废的东西都是我们应该摒弃的，在学习过程中我们应该有底线、有原则，吸收精华部分，将其融于我国的优秀传统文化，丰富中华优秀传统文化的内容，而对于糟粕部分则应该摒弃，使人民群众可以享受到更丰富的文化成果。

在革命实践中，邓小平提出文化工作应服从于政治任务，同时强调要将文化工作作为政治工作的一部分，力求官兵平等、军民一体，与此同时也应该努力进行文化普及工作，使人民群众可以提升自我，并由此制定了七项基本的文化工作细则。1978年，我国开始实行改革开放政策，政治、经济、文化都发生了重大变化，得到了迅速发展，邓小平的文化工作思想也发生了明显的变化，改变了原来文化服务于政治的思想，他提出："我国古代的和外国的文艺作品、表演艺术中一切进步的和优秀的东西，都应当借鉴和学习。"②"文艺的路子要越走越宽。"③"要坚持辩证唯物主义的思想路线，从三十年来文艺发展的历史中，分析正反两方面的经验，摆脱各种条条框框的束缚。"④这一时期邓小平的文化工作思想在继承毛泽东文化理论的同时，加入了自己的独创性，因此具有了鲜明的时代性，在当时的时代背景下，邓小平的文化工作思想使我国的文化工作得到了迅速的发展。邓小平在谈论文化工作时强调解放思想，认为文化工作应该更加具有多样性，其次又强调了"两个文明"并重，即物质文明和精神文明应该共同发展、相互促进，在发展经济的同时也应该重视文化的发展。此外，邓小平又明确提出了发展的、开放的文化工作理论，认为文化建设应该是动态发展，而非静态发展，强调若想要使社会主义具有更明显的优

---

① 邓小平文选(第二卷)[M]. 北京：人民出版社，1983：168.

② 邓小平文选(第二卷)[M]. 北京：人民出版社，1983：210.

③ 邓小平文选(第二卷)[M]. 北京：人民出版社，1983：211.

④ 邓小平文选(第二卷)[M]. 北京：人民出版社，1983：213.

势，就必须发挥文化的作用，改变闭关自守的状态，利用文化的包容性大胆地吸收和借鉴人类在历史上所创造的文明成果。强调"社会主义要赢得与资本主义相比的优势，就必须大胆地吸收和借鉴人类社会创造的一切文明成果""我们决不能再长期闭关自守，把中国搞得贫穷落后，愚昧无知"。① 而文化想要得到发展，科教是其重要的基础，科学技术和教育的发展可以培养更多有理想、有道德、有文化的公民，也可以提高人民群众的思想道德素质和科学文化素养。除此之外，邓小平认为文化具有人民性，"我们的文艺属于人民。""人民是文艺工作者的母亲。一切进步文艺工作者的艺术生命，就在于他们同人民之间的血肉联系。忘记、忽略或是割断这种联系，艺术生命就会枯竭。"②"人民需要艺术，艺术更需要人民。"③文艺作品来源于人民群众的实际生活，又使人们享受文艺成果，又会根据人们的反馈和体验而进行修改，因此文化应该为人民服务，为社会主义服务，由此中国共产党以人为本的文艺观成功建立。

江泽民在十六大报告当中明确提出，要想全面建成小康社会，就必须大力发展社会主义文化，建设社会主义精神文明。江泽民强调先进文化的发展是必须的，想要发展先进文化就要面向现代化，面向世界，面向未来，发展民族的、科学的、大众的社会主义文化。江泽民以马克思列宁主义、毛泽东思想、邓小平理论为基础，认为要用"三个代表"重要思想来统领社会主义文化建设。先进文化是社会发展的重要基础，同时也是促进社会全面发展、全面进步的重要基础，物质文明与精神文明紧密联系在一起，两者不可分割，物质文明为精神文明提供了物质保障，精神文明又反作用于物质文明，促进经济和社会的发展，并为物质文明的发展指明方向。因此在任何时期，精神文明都应该是主要的发展内容，精神文明应与物质文明齐头并进，绝不能用精神文明的牺牲来换取经济的短暂发展。江泽民认为先进文化是凝聚了全国各族人民重要力量的，它起源于中华五千年文明，根植于当代的伟大实践，并吸收了世界其他优秀文明成果，才能最终成为具有中国特色社会主义的先进文化。江泽民认为想要发展先进文化，"大力发展教育和科学事业。教育是发展科学

---

① 邓小平文选(第三卷)[M]. 北京：人民出版社，1993：90.
② 邓小平文选(第二卷)[M]. 北京：人民出版社，1983：209.
③ 邓小平文选(第二卷)[M]. 北京：人民出版社，1983：211.

技术和培养人才的基础，在现代化建设中具有先导性全局性作用，必须摆在优先发展的战略地位。"只有全面推进素质教育，才能够培养更多的高素质劳动者和专业的创新人才，而教育的改革和创新又可以提升国民的文化素养，对于整个社会的发展具有重要作用。① 江泽民同志在党的十五大报告中指出："有中国特色社会主义的文化，是凝聚和激励全国各族人民的重要力量，是综合国力的重要标志。"改革开放之后，中国的经济、文化、政治都得到了迅速发展，但与此同时也面临新的危机，世界各国在竞争时已经不再只局限于经济和政治方面，文化方面的竞争也拉开了序幕。② 江泽民明确指出，"在当今世界，文化与经济、政治相互交融，在综合国力竞争中的地位和作用越来越突出。"③想要提升综合国力，文化的发展是不可忽视的，因此应该努力建设我国的先进文化，在与其他文化交流的过程中吸收更多的文明成果，从而使我国的文化对世界其他国家和人民具有更强大的吸引力，如此才能够不断提升我国的国家实力，才能使中华民族在国际舞台上具有更大的影响力。

胡锦涛在中国共产党第十七次全国代表大会上提出："要坚持社会主义先进文化前进方向，兴起社会主义文化建设新高潮，激发全民族文化创造活力，提高国家文化软实力。""弘扬中华文化，建设中华民族共有精神家园。"④进入新时代后，我国与世界其他国家在经济、政治、文化等多方面都产生了交流和合作，因此各国之间的联系也越来越紧密，很多国家也将文化输出作为重要的对外发展战略，因此胡锦涛明确指出了在当今时代，文化在综合国力竞争当中所起到的作用越来越大，人民对于精神文化方面的需求也越来越强烈。若想满足人民精神层面的需求，就需要不断发展中华优秀传统文化，丰富文化形式和文化内容，从而激发全民族的文化创造力，与此同时，我国的文化软实力也将得到进一步提升，这有助于我国拥有更大

---

① 江泽民在中国共产党第十六次全国代表大会上的报告·全面建设小康社会，开创中国特色社会主义事业新局面［EB/OL］.（2002-11-18）［2023-10-18］. http：//zqb. cyol. com/content/2002-11/18/content_565474. htm.

② 中共中央文献研究室. 江泽民论有中国特色社会主义［M］. 北京：中央文献出版社，2002.

③ 同①.

④ 胡锦涛在中国共产党第十七次全国代表大会上的报告［EB/OL］.（2007-10-25）［2023-10-18］. https：//www. cnr. cn/2007zt/sqdjs/wj/200711/t20071102_504610399_6. html.

的国际影响力。此外，在面对文化发展的问题时，胡锦涛也明确指出："中华文化是中华民族生生不息、团结奋进的不竭动力。要全面认识祖国传统文化，取其精华，去其糟粕，使之与当代社会相适应、与现代文明相协调，保持民族性，体现时代性。"在文化发展过程当中，应以中华文化为根本，在坚持传统文化的基础上学习其他文化的优秀之处，只有这样才能够在保持文化民族性的同时体现出文化的时代性，使中华优秀传统文化在新的时代下具有更加丰富的内涵。[1] 世界各国之间的交流不只是停留在经济方面和科技方面，对外文化交流也是塑造国家形象的重要方式，因此胡锦涛在报告中强调，要推动社会主义文化繁荣发展，就要"加强对外文化交流，吸收各国优秀文明成果，增强中华文化国际影响力"。[2] 在此过程中，我国文化不仅会吸收其他的优秀文明成果，中华优秀传统文化的优秀之处也会被其他国家及人民发现，在文化交流的过程当中，中华文化的国际影响力将会得到进一步提升，同时也有利于塑造我国的国家形象。

四、习近平文化思想

进入新时代后，各国之间的交流越来越密切，科技的发展使得文化传播的渠道变得更加多样化，文化之间的交流和融合也成为必然趋势。习近平认为，在文化发展过程中要"秉持开放包容"，"就是要更加积极主动地学习借鉴人类创造的一切优秀文明成果"。[3] 只有通过文化交流才能够互相借鉴，才能够促进不同文化的发展。在文化交流互鉴的过程当中，中国故事将会通过多样化的渠道出现在世界人民的视野当中，而在文化的良性互动当中，中国故事的内涵也会不断丰富，表述方式会更加多样化，不仅会促进我国文化的发展，也有利于世界文明的整体繁荣发展。习近平认为"中华文化既是历史的，也是当代的，既是民族的，也是世界的"。[4] 中华优

---

① 胡锦涛在中国共产党第十七次全国代表大会上的报告［EB/OL］.（2007-10-25）［2023-10-18］. https：//www. cnr. cn/2007zt/sqdjs/wj/200711/t20071102_504610399_6. html.

② 同①.

③ 习近平. 在文化传承发展座谈会上的讲话［EB/OL］.（2023-8-31）［2023-9-10］. http：//www. qstheory. cn/dukan/qs/2023-08/31/c_1129834700. htm.

④ 习近平在中国文联十大、中国作协九大开幕式上的讲话［EB/OL］.（2016-12-1）［2023-8-19］. http：//cpc. people. cn/n1/2016/1201/c64094-28915769. html.

秀传统文化固然经历了五千年的发展历史，也是中华民族能够传承至今的重要源泉，但是在如今的时代，文化早已不能单独存在，不同国家和地区的文化在人与人交往的过程中进行了融合和互鉴，因此文化虽然具有民族性，但同时也具有世界性，优秀的文化本就该被世界人民共享，中华文明也是人类文明的重要组成部分。发展到今天，四大古文明中只有中华文明传承至今，这也正说明了中华文明的包容性、民族性、世界性，而这正是"讲好中国故事"思想的重要出发点，也是重要的原则，"讲好中国故事"是在继承与发展马克思主义文化思想的基础上结合我国当前的实际情况和国际现状所得出的科学结论。

习近平总书记结合我国当前现状明确了新时代新的文化使命，"在新的起点上继续推动文化繁荣、建设文化强国、建设中华民族现代文明，是我们在新时代新的文化使命。"[①]随着时代的不断发展，文化对于国家的发展和综合国力的提升有着越来越重要的影响，因此对于我国文化的发展也应给予重视。文化是一个国家、一个民族的灵魂，是一个国家发展的重要源泉，一个国家的文化也象征着国家的软实力。想要使我国的竞争力进一步提升，就应该增强文化自信，在继承的基础上对文化进行创新，在中外文化交流的过程当中吸取其他文化的优秀之处，从而促进文化向着多元化的方向发展。习近平总书记认为："要弘扬和平、发展、公平、正义、民主、自由的全人类共同价值，倡导不同文明交流互鉴，促进人类文明发展。"[②]"一花独放不是春，百花齐放春满园。""如果世界上只有一种花朵，就算这种花朵再美，那也是单调的。""文明交流互鉴不应该以独尊某一种文明或者贬损某一种文明为前提。""文明因交流而多彩，文明因互鉴而丰富。文明交流互鉴，是推动人类文明进步和世界和平发展的重要动力。"[③]不同国家和地区的文化存在差异，这是必

---

①　习近平．在文化传承发展座谈会上的讲话［EB/OL］．（2023-8-31）［2023-9-10］．http：//www.qstheory.cn/dukan/qs/2023-08/31/c_1129834700.htm.

②　习近平．同舟共济克时艰，命运与共创未来——在博鳌亚洲论坛2021年年会开幕式上的视频主旨演讲［EB/OL］．（2021-4-21）［2023-9-16］．http：//politics.people.com.cn/n1/2021/0421/c1024-32083161.html.

③　习近平．在联合国教科文组织总部的演讲：文明交流互鉴是推动人类文明进步和世界和平发展的重要动力［EB/OL］．（2019-5-1）［2023-9-15］．http：//www.qstheory.cn/dukan/qs/2019-05/01/c_1124441540.htm？spm=zm5062-001.0.0.1.cftxT3.

然的，即使是在文化共享和文化全球化的过程当中，文化的独特性也是不能够丢弃的，因此，文化的同一性虽然会越来越明显，但与此同时，独特性和多样性也是必然存在的。这提示我们在文化交流的过程当中应该学习对方的长处，保持开放的心态，这样才能够使文化向着多样性的方向发展。另外，文化之间虽然存在差异，但是不同文化并没有优劣之分，文化是平等的，因此在文化交流过程当中，我们应该对其他的文化一视同仁，尊重对方的差异性，同时也应该坚决反对文化霸权和文化侵略。如今很多西方国家在实施文化渗入策略，想要通过输出文化来达到自己不可告人的目的，我国在积极推动文化交流与合作的同时，应该发挥大国力量，坚决反对文化侵略，支持文化的正常输出，这样才能够促进世界文化的发展。

习近平总书记指出："文化是民族生存和发展的重要力量。""为中华民族克服困难、生生不息提供了强大精神支撑。""没有中华文化繁荣兴盛，就没有中华民族伟大复兴。一个民族的复兴需要强大的物质力量，也需要强大的精神力量。"[①]进入新时代后，世界格局发生了重大变化，经济格局、文化格局、政治格局都发生了巨大变化，中国在国际社会已经成为不可忽视的存在，中国的影响力在不断提高，因此也成为许多国家关注的重点，因此在发展的过程中我们不光要抓住机遇，还会面临许多新的困难和挑战。在新时代，西方国家针对我国所采取的策略也在不断更新，除了在经济方面与我国进行竞争之外，一些西方国家妄图通过文化渗透的方式影响我国的发展。对此，习近平总书记提出："必须坚持正确的中华民族历史观，增强对中华民族的认同感和自豪感。""只有铸牢中华民族共同体意识，才能有效应对实现中华民族伟大复兴过程中民族领域可能发生的风险挑战……才能增进各民族对中华民族的自觉认同，夯实我国民族关系发展的思想基础，推动中华民族成为认同度更高、凝聚力更强的命运共同体。"[②]此外，在文化共享的过程当中，民族精神是不容放弃的，民族精神是中华文化的核心。中华文化由中华儿女创造，经历了五千年的发展历史，至今已经拥有了十分丰富的内容，而想要使中华文化一直继承并

① 习近平. 在文艺工作座谈会上的讲话［EB/OL］. （2015-10-14）［2023-9-15］. http：//www. xinhuanet. com/politics/2015-10/14/c_1116825558. htm.

② 习近平出席中央民族工作会议并发表重要讲话［EB/OL］. （2021-8-28）［2023-9-18］. https：//www. gov. cn/xinwen/2021-08/28/content_5633940. htm.

发扬下去，我们一定要坚持民族精神，包括爱国主义、集体主义、文化自信等，只有弘扬民族精神，才能够提高中华民族和中国人民的文化自觉性和文化认同感。民族精神对于文化共享具有十分重要的影响，虽然不同国家和不同地区的文化存在一定的差异，但是所有民族所有地区的人民都有自己的民族精神，爱国是人最重要的情感部分，因此只有具有民族精神，才能够帮助人们更好地理解其他民族和其他地区的文化，民族精神作为交流的一个桥梁，可以帮助消除不同文化之间所存在的隔阂，从而促进文化的交流和互相学习。

习近平总书记指出，"我们必须坚持马克思主义中国化时代化，传承发展中华优秀传统文化，促进外来文化本土化，不断培育和创造新时代中国特色社会主义文化。"①要使文化得到创新就需要有新的发展动力，而不同文化之间的交流可以使文化吸收其他文化的优秀之处，从而使传统文化得到拓展和丰富。全球化的发展使得世界各国之间的交流愈发频繁，旅游业的发展使得人们可以前往其他国家或者地区感受不同的文化，而想要向其他国家和人民传播中华优秀传统文化，就需要使其在继承的基础上不断进行创新，使文化具有时代性的特点，如此才可以使不同文化背景的人对中华优秀传统文化有更深入的了解。社会和经济的不断发展使得世界各国的文化产业得到了迅速发展，文化产业已经成为部分国家经济的重要组成部分，文化产业不仅是经济发展的重要支柱，也是促进文化共享的重要途径。文化产业可以提供更多的文化产品和文化服务，如音乐、电影、游戏等。韩国的 k-pop 文化流行于多个国家，也为韩国打开了与世界的交流之门；美国的英雄电影畅销多国，展现精彩画面的同时，电影内容也在潜移默化地为美国的文化进行宣传；中国的游戏产业得到了迅速的发展，一些知名游戏更是风靡多个国家，甚至有了属于自己的游戏竞赛，玩家在玩游戏的同时可以了解到相应的文化，另外我国的短视频风靡海外多个国家，我国的一些文化产品也可以通过网络传播到全球其他国家，这些都说明文化产业的发展是可以促进文化共享的。

习近平总书记还在不同场合多次强调推进不同国家、不同民族、不同文化间的交流互鉴，而想要加强文化交流和文化合作，就需要积极推进文化交流，如"一带

---

① 习近平. 在文化传承发展座谈会上的讲话［EB/OL］.（2021-8-31）［2023-9-10］. http：//www. qstheory. cn/dukan/qs/2023-08/31/c_1129834700. htm.

一路"倡议。在我国古代就已经存在"丝绸之路"，进入新时代，我国在古人智慧的基础上，结合当前国际形势和我国现状提出了"一带一路"倡议，这一倡议不仅可以促进我国自身的发展，还可以带动周边其他国家共同发展，旨在通过文化交流和经济交流加强与其他各国的交流和合作，从而达到相互促进、共同发展的目的。另外，习近平总书记对于中华优秀传统文化也给予了高度重视，曾多次对传统文化的继承和发展进行论述，他认为："中华优秀传统文化是中华民族的精神命脉，是涵养社会主义核心价值观的重要源泉。"①"中华优秀传统文化是中华文明的智慧结晶和精华所在，是中华民族的根和魂，是我们在世界文化激荡中站稳脚跟的根基。""对中华传统文化，不能一概否定，要坚持古为今用、推陈出新，继承和弘扬其中的优秀成分。"②另外，中华优秀传统文化虽然十分宝贵，但经过长时间的发展，里面并不全部都是精华部分，其中存在一些糟粕，习近平总书记曾明确指出："我们要对传统文化进行科学分析，对有益的东西、好的东西予以继承和发扬，对负面的、不好的东西加以抵御和克服，取其精华、去其糟粕，而不能采取全盘接受或者全盘抛弃的绝对主义态度。"③正是由于源远流长的中华文化，才为如今国家和民族的强盛提供了发展动力，想要使中国进一步发展，实现中华民族伟大复兴，就必须提高国家的文化软实力，努力展示中华文化的独特魅力。因此，我们应该继承并发扬传统文化中好的部分，其中的糟粕部分已经不能适应如今的社会发展，应该摒弃，采用批判继承的科学态度对待传统文化，不能够全盘继承，也不能够全盘否定，应该采取马克思主义历史唯物主义观点，坚持古为今用、洋为中用，坚持科学的态度对文化进行择取并为我所用，只有这样才能够促进中华文化健康发展。

①　习近平.在文艺工作座谈会上的讲话［EB/OL］.（2015-10-14）［2023-9-15］.http：//www.xinhuanet.com/politics/2015-10/14/c_1116825558.htm.

②　习近平.把中国文明历史研究引向深入　增强历史自觉坚定文化自信［EB/OL］.（2022-5-27）［2023-9-15］.http：//www.qstheory.cn/dukan/qs/2022-07/15/c_1128830256.htm.

③　习近平在中共中央政治局第十八次集体学习时强调　牢记历史经验历史教训历史警示为国家治理能力现代化提供有益借鉴［EB/OL］.（2014-10-13）［2023-9-18］.https：//www.gov.cn/xinwen/2014-10/13/content_2764226.htm.

第二节 "文化价值论"的相关观点

物质产品可以使人们在衣食住行等方面得到保障，文化具有物质产品不具备的重要作用，即强大的精神力量。文化可以为个体提供精神力量和情感支持，从而为人的自我发展保驾护航。另外，文化还可以促进社会和世界的发展。文化本身无形，但却可以化为有形产品，作为物质生产的重要推动力，促进生产力的发展和社会的进步，具有其他物质无法比拟的重要作用，也是文化本身所具有的独有价值。

一、马克思文化价值思想

文化与政治、经济和社会具有紧密联系，社会经济结构对政治文化具有决定性作用，马克思曾指出："他们之间的现实的纽带是市民生活，而不是政治生活。""只有政治上的迷信还会妄想，市民生活必须由国家来维系，其实恰恰相反，国家是由市民生活来维系的。"①"随着新生产力的获得，人们改变自己的生产方式，随着生产方式即谋生方式的改变，人们也就会改变自己的一切社会关系。"②文化虽然依赖于物质生产结构，但本身又具有一定的独立性，从而促进经济和社会的发展。正如马克思所说："人们自己创造自己的历史，但是他们并不是随心所欲地创造，并不是在他们自己选定的条件下创造，而是在直接碰到的、既定的、从过去承继下来的条件下创造。"③"经济状况是基础，但是对历史斗争的进程发生影响并且在许多情况下主要是决定着这一斗争的形式的，还有上层建筑的各种因素。"④马克思从人类社会的整体发展角度看待文化的作用，文化在人类历史发展中所起的作用是不可忽视的，对于社会的形成、发展和进步具有重要的影响。在革命运动中，马克思对于文化的价值功能给予了高度评价，无产阶级文化是一种可以"推翻那些使人成为被侮辱、被奴役、被遗弃和被蔑视的东西的一切关系"的"物质力量"。⑤ 由此，

---

① 马克思恩格斯文集(第1卷)[M]. 北京：人民出版社，2009：322.
② 马克思恩格斯文集(第1卷)[M]. 北京：人民出版社，2009：602.
③ 马克思恩格斯选集(第1卷)[M]. 北京：人民出版社，1995：669.
④ 马克思恩格斯全集(第37卷)[M]. 北京：人民出版社，1971：460.
⑤ 马克思恩格斯选集(第1卷)[M]. 北京：人民出版社，1995：10.

人类可以得到真正的自由和解放。但文化的作用并不仅限于此，包括意识、精神等在内的文化因素可以在很大程度上制约人的实践能力水平，也会制约客观现实世界的发展水平。与此同时，文化水平的发展虽然依赖于生产力的发展，但生产力的发展也依赖于文化水平，人在提升自身文化水平的过程当中也将会不断摆脱自然的限制和束缚，从而拥有认识自然甚至是改造自然的能力。马克思坚持从唯物主义立场出发来研究文化价值。意识是不可能脱离物质而凭空产生的，因此文化价值是由现实的个人所创造的，只有现实生活中的人才能够创造文化并且享受文化价值。正如马克思所说："动物和自己的生命活动是直接同一的。动物不把自己同自己的生命活动区别开来。它就是自己的生命活动。人则使自己的生命活动本身变成自己意志的和自己意识的对象。他具有有意识的生命活动。""有意识的生命活动把人同动物的生命活动直接区别开来。"①因此，文化是人所特有的精神活动的产物，而人与动物最重要的不同就是能否能动地进行文化创造活动，因此现实中的人才是文化创造活动的主体，因为人有了内在的精神诉求，所以才会创造出文化价值，而这也是文化创造、发展的原始动力。现实个人在创造文化价值、享受文化价值的同时，也将作为文化价值的载体而存在，文化价值属于精神活动的产物，与物质活动产物具有明显不同，最大的不同在于它不会以固定的形式存在，它可以表现在物品上，但又不只会表现在物品上，因此若要真正地感受文化价值，就必须在人与社会的发展过程中才能感受到。文化可以影响人的价值观念、思维模式以及行为习惯等，这些方面都可以体现文化价值，而文化价值本身就是由于现实的人有自身文化发展需求才创造出来的，当人有了自身发展需求时就会进行自觉的实践活动，因此可以创造出精彩的文化，反过来，文化价值的不断创造和发展又满足了人的精神需求，因此又会不断促进人的思想解放和自由发展。在历史发展过程中，评判文化先进与否的直接标准就是民族的兴衰，先进的国家和民族，它的文化也必然是先进的、能够顺应时代发展的，因此文化不会衰落，国家和民族也不会衰亡，而对于逐渐衰落的国家和民族而言，往往它自身的文化就已经无法再适应历史的发展潮流了，因此自然无法满足人们的精神需求，也无法再推进本民族的社会发展，最终文化也会衰落。正

---

① 马克思恩格斯文集(第1卷)[M].北京：人民出版社，2009：162.

如世界四大古文明当中的埃及文明、美索不达米亚文明、印度河文明均已衰落，发展至今，只有中华文明没有出现断代，而其他的三大古国，古代埃及、古代巴比伦和古代印度则出现了明显的断层。

马克思在提出价值创造的主体是现实的个人之后，又进一步提出了文化价值的产生是源于人改造自然的劳动实践活动，两者之间存在紧密联系。① 劳动即物质生产实践，通过劳动人们可以获得自己所需要的物质，而这也正是人生存和发展的重要基础，只有当人们的物质生活得到了满足，才会进一步产生精神层面的追求。文化是在人改造自然的实践活动当中产生的，因此在本质上也是人类实践活动的产物，只有通过不断实践，才能够创造出人所需要的文化。实践又推动着文化的不断创新和发展。实践是人有意识的活动，人们想要通过实践认识自然，提升自己的认知水平，因此会不断进行实践，通过社会实践所获得的内容又可以促进文化的创新和再发展，因此可以为文化的发展提供巨大的动力，推动文化的进步，这也正是中华文明能够发展至今，中华民族始终能够充满活力的关键原因。人们通过实践创造文化价值，并在实践活动中检验文化价值，反复如此，文化价值才可以在实践活动中得到深入发展，才能适应时代要求和人类需求，从而为人类和社会的发展服务。

马克思认为："这种共同活动方式本身就是'生产力'，由此可见，人们所达到的生产力的总和决定着社会状况。"②生产力的发展是物质价值产生的重要物质基础，文化价值在人的实践活动中产生，并随着实践不断发展，人的实践活动是依赖于客观现实的，是在自然中进行的，因此文化价值的产生和发展必然会受到自然条件的限制。生产力的发展可以不断地满足人们的物质生活需求，同时也可以为人的实践活动提供必要的物质基础，由此可以影响到人的文化创造活动，正如马克思所说："整个所谓世界历史不外是人通过人的劳动而诞生的过程，是自然界对人来说的生成过程。"③因此，若想要更好地发展文化，就必须在改造自然的劳动实践活动中解放社会生产力，从而更好地为文化生产和发展而服务。

文化价值可以影响人的发展，文化价值随着文化的发展而不断深化、丰富，并

---

① 刘雨思. 思想政治理论课"讲好中国故事"研究[D]. 重庆：西南大学，2019.
② 马克思恩格斯文集(第1卷)[M]. 北京：人民出版社，2009：532.
③ 马克思恩格斯文集(第1卷)[M]. 北京：人民出版社，2009：196.

满足人不断发展的精神需求。人在发展过程中既有最基本的生存需要，还有更高水平的发展需要，当基本的生存需要得到满足的时候，人们就会有更高层次的发展需要。在社会生活中，人们也渴望能够发挥自身的潜能，从而体现自身的社会价值。想要达到这一目的，就必须使文化得到不断发展，因为文化的发展能够提升人的认知层次，使人的价值观念、信念等各方面都受到影响，从而促进人的精神需求的提升，因此，文化的发展又能够为人的发展提供强大的精神动力，使人有更高层次的精神需要，在文化的影响下实现更高的精神追求。

文化具有强大的生命力，文化无处不在。在人与人的交往当中，在社会实践活动当中，在社会生活的方方面面，文化会融入人的生活，从而潜移默化地对人的思想观念和价值观念产生影响，进而对人的思想和行为进行规范和引导，可以帮助人们做出正确的价值判断和价值选择。优秀的文化是对人有益的，而人本身能够感受到这种益处，因此会逐渐接受优秀文化，并在优秀文化的指导下树立正确的观念。就像中世纪的基督教统治时期，一些科学理论的出现，如哥白尼的日心说等强烈地冲击了宗教的统治，也极大地解放了人们的思想。

文化的创造和发展能够使人增长知识，提升人的文化素养和思想道德水平，有助于人们形成良好的道德品质，个人的发展又可以不断影响到其他的人，进而带动整个人类的思想解放。正如马克思主义一样，中国共产党接受了马克思主义理论并不断进行学习，将其用于战争和社会活动当中，因此影响到越来越多的人，最终使人们认识到了封建文化的腐朽，感受到了先进文化的价值，如此才能够促进整个社会的发展和进步。[①]

文化的创造和发展都离不开社会实践活动，而文化又会反过来影响人们所进行的社会实践活动。文化能够引导人们如何进行生活，能够影响到人的思维模式和行为方式，文化的深入发展又可以建立社会规范和道德标准，人们在社会生活当中会受到相应的影响，从而按照相应标准开展各种文化活动。从某种程度上来说，文化使人们具有同一性，因此人与人在文化交往当中会由于文化的存在而变得更加和谐，有利于整个社会的和谐发展。人若想获得发展，就必然有文化的支撑，人若想

---

① 杨歆迪，杨卓凡.“看中国”如何讲好中国故事？——“当代与传统：中国文化国际影响力生成之‘看中国’的美学表达与国际影响力”研讨会综述[J]. 当代电影，2019（3）：175-176.

实现自由全面的发展，就必须大力发展先进文化，而这也是全体人类的共同诉求和社会发展的必然趋势。人的全面发展不是一蹴而就的，而是一个长期的过程，在此过程当中，文化对人的影响是巨大的，文化将会潜移默化且深远持久地影响人的思维方式和行为方式，而人的思维方式和行为方式又会反过来作用于文化，使文化得到深入发展，因此在文化创造过程中，人的能力将会不断得到锻炼和提升，而人的能力又会反过来促进文化的创造和发展，因此两者是相互促进、共同发展的。

文化价值不仅影响着人的发展，还影响着社会的发展，文化的产生和发展不仅依赖于物质基础，还会受到时代和当下社会生活的影响，因此文化也反映了一定时代的社会形态并塑造着一定的社会规范和道德标准，不同国家和不同地区的文化具有明显的差异性，不仅是由于经济方面的差异导致，而且是由于时代的不同导致。文化来源于人的实践活动，但也会作用于人的实践活动，若想要改造自然、改造客观世界，文化是重要的工具和手段，因此文化也是对社会发展阶段的一种能动反映，文化的发展史也可以看作人类社会的发展史。不同历史时期社会情况不同，所产生和流行的文化也会有所不同，因此对历史文化的研究也是人们了解自然和历史的重要手段。例如，人们可以通过文学作品了解当时的社会现实和政治情况，许多文学家也会通过文学作品宣传一些思想理论，促进人们解放思想，推进社会变革。文化可以推动社会变革，正如马克思所说："火药、指南针、印刷术是预告资产阶级社会到来的三大发明。"①这些来源于古老中国的发明蕴含着中华民族的智慧，而这些发明在传播到其他国家时，其中所蕴含的文化也会影响人。文化不仅可以反映社会现实，还可以影响社会的经济发展。随着时代的发展，文化产业在经济发展中的占比越来越突出，而且逐渐成为推动社会经济发展的重要支撑，文化的发展可以促进创新和创造力的发展，可以优化产业结构，提高产业竞争力。如今，文化旅游也越来越受人们欢迎，已经成为旅游业的重要组成部分，文化旅游不仅可以让人感受其他地区的风土人情，还可以近距离接触其他地区的文化，文化的发展也可以促进地方经济的发展。

文化价值与社会政治息息相关，对于统治阶级而言，巩固统治就是文化最重要

---

① 马克思恩格斯文集(第8卷)[M]. 北京：人民出版社，2009：338.

的价值，因此在经济社会当中，文化价值就表现为统治阶级为了维护自身的统治和利益，会将代表自身阶级利益的意识形态上升为国家意识形态，并要求全体社会成员共同遵守，让全体社会成员自觉维护阶级统治，从而推动社会的发展。但是社会若要发展就必须发展相应的文化，如果文化与当时的社会极不协调，那么是无法促进社会发展的，先进的文化可以促进社会发展，甚至可以产生社会变革，落后的文化不仅无法促进社会发展，还会阻碍社会发展，最终导致民族和国家的灭亡。若要改变落后的社会现状，就必须先改变落后的社会制度和陈腐的思想观念，正如文艺复兴运动一样，文艺复兴运动是在当时社会发展和文化发展都极度落后的情况下爆发的，人文主义和进步思想使人的思想得到了极大的解放。人们在脱离了愚昧状态之后才能有更深刻的思想认识，才能够促进社会发展。文化价值观念对于社会规范和道德标准的形成具有重要影响，如东西方国家的社会规范具有明显差异，正是由所盛行的文化以及文化所蕴含的价值观念不同所致，人们生活在社会中必然受到文化价值观念的影响，因此，先进的文化有利于建立良好的社会规范，有助于增强社会凝聚力和稳定性，从而促进社会和谐发展。

二、毛泽东有关文化价值的理论

毛泽东认为："一定的文化是一定社会的政治和经济的反映，又给予伟大影响和作用于一定社会的政治和经济；而经济是基础，政治则是经济的集中的表现。""那末，一定形态的政治和经济是首先决定那一定形态的文化的；然后，那一定形态的文化又才给予影响和作用于一定形态的政治和经济。"①毛泽东认识到了文化对于我国革命事业和社会发展的重要意义，并提出了应该建设文化军队，强调在为人民解放的斗争过程中，应该既有文又有武，既有文化战线又有军事战线，想要战胜敌人不能光靠军队和手里的枪，另外还要有文化，文化是团结人民群众、战胜敌人必不可少的武器。毛泽东指出："必须将古代封建统治阶级的一切腐朽的东西和古代优秀的人民文化即多少带有民主性和革命性的东西区别开来。"②从这一方面来看，文化的创造和发展必须具有革命性和进步性，必须反映出时代的特点和进步方

---

① 毛泽东．新民主主义论[M]．北京：人民出版社，1952：3．
② 毛泽东．新民主主义论[M]．北京：人民出版社，1952：61．

向。先进的文化也可以使人民群众获得思想上的解放，使人民群众的认识更加丰富，如此才能团结更强大的力量服务于革命和社会主义建设。文化价值可以满足人的精神需求，虽然文化依赖于社会实践而存在，但文化与社会实践是相互促进的。

毛泽东认为："文化是大众的，因而即是民主的。它应为全民族中百分之九十以上的工农劳苦民众服务，并逐渐成为他们的文化。""文化运动和实践运动，都是群众的。"①因此，文化应该紧密围绕人民群众而发展，文化的价值也应该围绕人民群众的利益。文化本身就是为人民大众所服务的，既反映人民的生活，也反映人民的思想，同时又反作用于人民的生活和思想，因此文化的创造和发展应该紧密结合人民群众的实际生活和需要。封建社会很多文化成果是统治阶级才能够享受的，统治者用文化来束缚人们的思想，制约人们的活动，用文化来使人们听从统治阶级的命令并维护统治阶级的利益。但这是不符合发展规律的，文化本身就是由人民群众创造的，文化的发展也离不开人民群众，因此文化的成果自然要由人民群众所共享，只有享受到文化成果才能够知道文化本身的益处和不足之处，才能在接下来的社会实践活动当中对文化进行深入改造和发展，只有这样才能够不断丰富文化的内涵，使文化具有巨大的活力，并作用于社会经济和政治，促进社会的发展。因此，文化必须坚持人民性，文化创作必须到群众中去，全心全意为人民群众服务，只有这样才能使文化具有最深厚的根基，才能够永垂不朽，持续发展。人民在文化发展中占据着主体地位，只有保持人民的主体性才能够使文化向着正确的方向发展，文化的发展可以使人的文化素养和道德品质得到进一步的提升，进而促使人类社会向着文明进步的方向发展，如果文化发展的成果无法被人民享受，那文化的益处也将无法展现出来，那么文化的发展会失去重要动力，受到极大的阻碍，没有人民群众作为推动力，文化将无法持续发展下去，长此以往必将阻碍社会进步和社会发展，甚至会影响到社会安定。

此外，文化应具有群众性和民主性，因为文化的创造和发展来源于人民的实践活动，也必须依靠群众的集体力量和智慧才能够产生优质的文化。因此，文化工作应该坚持"从群众中来，到群众中去"的原则，只有这样才能够了解人民群众精神方

---

① 毛泽东．新民主主义论[M]．北京：人民出版社，1952：62.

面的需求，才能引领人民群众创造更符合自身需求的文化。正如毛泽东所说："文化是大众的，因而即是民主的。""一切工作中都是如此；在改造群众思想的文化教育工作中尤其是如此。这里是两条原则：一条是群众的实际上的需要，而不是我们脑子里头幻想出来的需要；一条是群众的自愿，由群众自己下决心，而不是由我们代替群众下决心。"①另外，毛泽东认为："因为我们的文化是革命的民族文化。""民族的科学的大众的文化，就是人民大众反帝反封建的文化……就是中华民族的新文化。""文化是民族的。它是反对帝国主义压迫，主张中华民族的尊严和独立的。它是我们这个民族的，带有我们民族的特性。"②因此，文化的创造和发展必须坚持中国特色和民族精神，只有这样才能够增强文化自信，中华文化传承至今已经有五千年的发展历史，虽然在不同的历史阶段，文化的内涵和表现形式以及内容都存在明显的不同，但不论是什么样的文化，都在历史发展过程当中继承了原来的精华部分，吸收了其他优质的文明成果，如此才可以使文化与社会发展相适应，才能够使文化作用于社会发展，促进社会进步。因此，文化见证了民族的发展和传承，文化是人民的精神寄托，即使不同地区、不同民族的文化具有显著的差异，但文化本身就是人民群众创造出来的并为人民群众而服务，因此文化的发展成果最终将会被全人类共享，这也正是文化最大的价值。在文化发展过程中应该坚定文化自信，继承并弘扬中华优秀传统文化的精华部分，同时积极吸收借鉴国外的先进文化，从而促进文化的进步和发展，中华优秀传统文化本身就具有包容性和融合性，随着时代的发展和进步，科学技术也得到了迅速发展，文化在物质水平发展的基础上有了更多的宣传渠道和交流方式，通过与世界文化进行沟通和交流促进文化的多样化发展，有利于实现文化成果全人类共享，而这也正是文化发展的最终目标。

　　毛泽东深刻认识到文化的重要价值，同时也意识到了文化宣传的重要意义，在中华人民共和国成立后，毛泽东结合我国社会现状和国际形势，针对文化宣传工作作出了一系列指示。中华人民共和国成立初期，我国对外文化宣传工作并不顺利，存在思想保守和行动迟缓的情况，这直接影响到了我国文化的传播以及我国国际形象的塑造，对此，毛泽东认为："工人阶级必须有自己的技术干部的队伍，必须有

---

① 　毛泽东选集(第3卷)[M].北京：人民出版社，1991：1013.
② 　毛泽东.新民主主义论[M].北京：人民出版社，1952：59，62.

自己的教授、教员、科学家、新闻记者、文学家、艺术家和马克思主义理论家的队伍。""要有自己的马克思主义理论家，自己的科学家和技术人才，自己的文学家、艺术家和文艺理论家，要有自己的出色的报纸和刊物的编辑和记者。"①这样才能更好地在世界各地进行我国文化宣传和传播工作，让全世界听到我们的声音。我们应该积极主动地分享中国故事，想要使中国重新站上国际舞台，就必须打破敌人的信息封锁，提升中国的国际影响力。中华人民共和国成立后，在中国共产党的正确领导和马克思主义理论的正确指导下，我国的经济和社会发展都逐渐步入正轨并得到了迅速的发展，开始关注文化事业的发展，将文化建设和经济建设、政治建设提升到了同等重要地位。为此，我国采取了相应的措施来促进文化的发展，将马克思主义理论作为文化领域的指导理论。我国大力组织开展了关于马克思主义理论的学习，使众多青年学生和知识分子学习相关的知识，并编译出版了相关著作，目的是使人们得到思想上的解放，从而促进社会的发展。毛泽东提出："艺术作品要有内容，要适合时代的要求、大众的要求。"②"我们的文艺应当'为千千万万劳动人民服务'。""在我们，艺术不是为上述种种人，而是为人民的。"③"我们的文艺，第一是为工人的……第二是为农民的……第三是为武装起来了的工人农民……第四是为城市小资产阶级劳动群众和知识分子的……这四种人，就是中华民族的最大部分，就是最广大的人民大众。"④因此，政府根据人民群众对文化的需求发展人民群众需要的、喜好的舞台剧本，同时又开办了各类学校，教人民群众识字，完成扫盲工作，为文化的发展奠定了基础，这些措施使得我国的文化事业得到了迅速的发展。

三、习近平有关文化价值的理论

习近平总书记的文化观念贯穿于习近平新时代中国特色社会主义思想全过程。进入新时代后，我国面临许多机遇，同时面临许多挑战，近年国际局势也并不明朗，中国在发展过程当中不仅会遇到外界的挑战，社会内部也会出现一些问题，这

---

① 毛泽东. 一九五七年夏季的形势［EB/OL］.（2021-07-19）［2023-9-16］. https：//www. dswxyjy. org. cn/GB/434461/434468/434653/index. html.

② 毛泽东文集(第二卷)［M］. 北京：人民出版社，1999：122.

③ 毛泽东论艺术［M］. 北京：人民出版社，1992：42.

④ 毛泽东论艺术［M］. 北京：人民出版社，1992：43.

些问题都需要得到解决，习近平总书记的文化观念可以为文化的发展和社会的进步提供指导思想和行动方案。习近平总书记在考察三苏祠时曾指出："要加强对中华优秀传统文化的挖掘和阐发""要认真汲取中华优秀传统文化的思想精华和道德精髓""中华民族有着五千多年悠久文明历史的深厚底蕴，我们带领人民走的是中国特色社会主义道路。要善于从中华优秀传统文化中汲取治国理政的理念和思维。"①中华文化经历五千年的发展，其中的精华部分需要继承并弘扬，当前我国面临的一些现代性问题也可以通过文化得到解决。优秀的中华文化可以解答相应困惑，对于中华文化的继承可以增强人们对中华文化的理论自信，在现代化建设中可以为我们指明方向，还可以提供行之有效的行动方案来指导我们的社会实践活动。中华文化发展至今，其中富含精华内容，在漫长的历史发展当中也一直在吸收新的内容，丰富文化的内涵，只有这样中国才能发展至今，在国际舞台上拥有话语权，因此文化的价值本身就是为人民群众和社会发展而服务的，只有从时代出发，对文化进行再创造和再发展，才能够引领时代的发展，只有这样才能够进一步弘扬中华优秀传统文化，才能够实现中华民族伟大复兴的中国梦。

在步入新时代后，我国的经济、文化、政治等多方面都得到了迅速的发展，国际影响力和传播力也得到了提升，但是在发展方面我们仍然存在短板，那就是我们的文化软实力发展速度远远不如硬实力的发展速度，这种发展的不均衡会严重影响中华民族的伟大复兴。文化是重要的宝物，它可以满足人们的精神需求，丰富人们的认识，还可以促进社会的进步和发展，但文化并不是易碎的宝物，文化被创造出来之后就需要不断发展，只有这样才能够满足人民和社会的需要，才能够不断地促进社会的进步和发展，因此我们应该努力地去创造和发展文化，将文化用于现实当中，不能够将文化束之高阁，将其当成易碎的宝物。中华优秀传统文化经历了五千年的发展，传承至今自有其包容性，但这并不是可以忽视文化发展的理由，文化本身可以为社会的发展指明方向，是可以推动社会进步的强有力的力量，因此，应该坚持在党的领导下对文化进行创新和发展，促进文化进步，中国共产党人和中国人民有能力且必须担负起新的文化使命，在实践活动中进行文化创造，促进历史

---

① 以时代精神激活中华优秀传统文化的生命力 [EB/OL]．（2022-7-16）[2023-6-17]．http：//www.qstheory.cn/dukan/qs/2022-07/16/c_1128830631.htm.

进步。

新时代，文化已经成为综合国力竞争的重要因素，文化也是国家软实力的证明，因此文化的发展和进步对于我国在国际上话语权的提升具有重要的影响。中华文化具有悠久的历史，在发展过程中也对周围的许多国家产生了巨大的影响，包括日本、韩国、越南等许多国家，这使这些国家和我国文化具有一定的相似性，但在文化的传播方面我们所做的依然有限，东亚文化以中华文化为核心，但是世界上许多国家尤其是西方国家，对于中华文化并没有足够的了解，这十分不利于国家形象的塑造和国际话语权的提升。对此，习近平总书记以身作则，在国内外进行演说时都会加入中华优秀的文化思想，善于使用打比方、讲故事等方式，还会运用许多古典名句和俗文俚语，用中国话语阐述深刻道理，从而形成了鲜明的中国特色话语体系，这也彰显了文化自信的重要性。① 在发展中华优秀传统文化的同时，习近平总书记也不忘彰显大国力量带动其他国家的发展，习近平总书记提出，要"打造融通中外的新概念、新范畴、新表述"，② "建设开放包容、互联互通、共同发展的世界"，③ 为此提出了诸如"一带一路"倡议、构建人类命运共同体等新概念。这些倡议和理念的背后蕴含着中华优秀传统文化，而这也大大提升了中华文化的影响力，为我国的发展创造了更好的国际环境，习近平总书记的文化价值观念也有效增强了国际社会政界和理论界对中华优秀传统文化和中国特色社会主义思想的接受度和认可度。

习近平总书记对文化的价值给予了高度认可，强调了文化对民族和国家的价值和作用。在新时期，文化产业的发展可以使文化得到传播，如今文化产业在国家经济结构中的占比越来越大，其重要性也不言而喻，这是文化发展和社会发展的必然趋势。我国的社会经济发展良好，在全球发挥着举足轻重的作用，但是文化并没有起到应有的重要作用，从竞争力方面来看，我国的软实力和硬实力严重不匹配，硬实力得到了世界其他国家的认可，软实力却并不如此。当前"文化'走出去'"依旧

① 张洪. 如何讲好中国文化故事[J]. 对外传播，2017(4)：43-44.

② 习近平. 在中共中央政治局第三十次集体学习时的讲话[EB/OL]. (2021-6-1)[2023-6-17]. http：//www.qstheory.cn/yaowen/2021-06/01/c_1127517480.htm.

③ 习近平. 在第三届"一带一路"国际合作高峰论坛开幕式上的主旨演讲[EB/OL]. (2023-10-18)[2023-6-17]. http：//www.news.cn/2023-10/18/c_1129922670.htm.

是我国面临的一大难题，为了有效打破垄断，破除偏见，传播中华文化，增强国际影响力，习近平总书记思考了关于文化的发展方向和发展战略，明确提出了讲好中国故事，传播好中国声音，展示真实、立体、全面的中国，是加强我国国际传播能力建设的重要任务。① 如今我国也采取了许多措施来进行文化的传播和交流，我国与其他国家开展了广泛的文化教育交流，在海外许多国家设立了孔子学院，旨在传播中华文化，也举办了各种独具中国特色的文化节等活动，目的是向世界其他国家和人民展现中华文化，进而提升中华文化的传播力和国际影响力。除此之外，我国在发展自身经济时也不忘带动周边国家，特别是周边的发展中国家，一些西方国家总是戴着有色眼镜来看待我国的政策措施，但这其实正是中华优秀传统文化的一种表现，许多西方国家不了解中华文化，不理解中华文化中的"世界大同""以和为贵"等理念，因此会对我国持有错误的态度，这正是由巨大的文化差异所导致的。想要改变这种情况，只有不断传播中华文化，让其他国家和人民更加了解中华文化，才能够改变对中国的态度，促进不同国家之间的交流，从而达到共同发展的目的。

第三节　文化发展观

文化本身是为人服务的，因此不同的文化在本质上会有一定的相似性，这正是为人服务的部分，要想使自己变得更加强大，就必须与其他国家、地区进行交流，其中既包括物质产品交流也包括文化交流。另一方面，不同国家、地区、民族的文化具有差异性，要想使自己在发展过程中不消失于历史长河，就必须保留这种差异性，一味地学习外来文化并不会都是好处，本民族文化的丢失就是自我的丢失。因此，文化发展必须坚持以本民族为基础，吸收其他民族优秀成果的做法，如此才能使文化发展更具价值，更具普适性，从而为更多的人服务，成为历史长河中一颗璀璨的星。

---

① 习近平：讲好中国故事，传播好中国声音［EB/OL］.（2021-6-2）［2023-6-17］. http://www.qstheory.cn/laigao/ycjx/2021-06/02/c_1127522386.htm.

一、马克思、恩格斯的文化发展观

马克思和恩格斯坚持历史唯物主义的文化观，正如恩格斯所说："每一个时代的理论思维，包括我们这个时代的理论思维，都是一种历史的产物，它在不同的时代具有完全不同的形式，同时具有完全不同的内容。"①历史传统文化具有重要的价值，不同时代的文化具有一定的差异性，但同时又存在关联性，没有一个时代的文化是凭空产生的，必定是凝聚了人民群众的智慧并经历了历史的沉淀。虽然马克思、恩格斯承认传统文化的重要作用，但是马克思、恩格斯也认为传统文化并不全部都是积极的、有价值的，其中既有优秀的内容，也有许多消极的内容，因此需要对传统文化进行辩证分析，对其中的优质内容给予肯定，对消极内容给予否定，有选择性地选择其中的优质内容进行继承。马克思又创立了唯物辩证法，并将唯物辩证法运用到了认识文化方面，在认识资本主义文化时，马克思、恩格斯认为："资产阶级撕下了罩在家庭关系上的温情脉脉的面纱，把这种关系变成了纯粹的金钱关系。""抹去了一切向来受人尊崇和令人敬畏的职业的神圣光环。""把人的尊严变成了交换价值，用一种没有良心的贸易自由代替了无数特许的和自力挣得的自由。总而言之，它用公开的、无耻的、直接的、露骨的剥削代替了由宗教幻想和政治幻想掩盖着的剥削。"②因此，资本主义制度下的文化异化现象是不可取的，但与此同时资本主义文化又具有先进性，"在现代民族那里，工业和商业瓦解了封建的共同体，随着私有制和私法的产生，开始了一个能够进一步发展的新阶段。""古典派如亚当·斯密和李嘉图，他们代表着一个还在同封建社会的残余进行斗争、力图清洗经济关系上的封建残污、扩大生产力、使工商业具有新的规模的资产阶级。"③因此，在对待资本主义文化时应该汲取其中的有益成分，利用其发展社会主义文化。此外，文化在一定程度上反映当时的社会经济基础，文化的创造和发展会受制于当时社会的生产力和生产关系的发展，因此文化在发展过程中也同样遵循历史唯物主义的基本原则。

---

① 马克思恩格斯文集(第 9 卷)[M]. 北京：人民出版社，2009：436.
② 马克思恩格斯选集(第 1 卷)[M]. 北京：人民出版社，1995：402，403.
③ 马克思恩格斯文集(第 1 卷)[M]. 北京：人民出版社，2009：584，615.

马克思、恩格斯认为："历史活动是群众的活动，随着历史活动的深入，必将是群众队伍的扩大。"①因此，文化是由人民群众创造和发展的，在发展过程中自然也离不开人民群众，文化在一定程度上反映了人民的生活思想和精神需求，因此文化应该由人民群众享有，而不应该由少数人垄断。文化对于整个社会都具有重要意义，先进文化可以促进社会的进步和发展，而落后的文化将会阻碍社会的进步和发展，因此在文化发展的过程中应该加强宣传和教育，进行文化和意识形态建设。人具有意识和思想，人可以凭借自己的意识开展各种社会实践活动，又可以通过活动加深自己对客观世界的认识，甚至可以改造客观世界，这是由于人具有主观能动性。文化的本义就是文明化，文化既是一个不断发展和变化的过程，同时也是发展过程所产生的最终成果的表现形式，因此文化不仅指的是人在社会实践活动中所创造出来的用于满足自身精神方面需求的产品，更是文化自身的发展。马克思认为："不是意识决定生活，而是生活决定意识。"②由此可见，人类的实践活动可以对现实世界和自然进行改造，同时也可以对文化的发展起到重要的推动作用，社会发展的根本是人，人民群众不仅可以创造物质生活资料，还可以创造出各种各样的文化，因此文化发展的起点在于人民群众，终点也是人民群众，创造出来的文化应该为整个人类群体服务，从而促进人的全面发展。

文化并没有固定的表现形式，人在理解文化时会加入自己的主观因素，因此每个人对文化的理解会存在差异，文化的发展会受到物质文明和实践活动的影响，因此文化是以客观现实世界为基础的，而人们对文化的理解在某种程度上是人们对客观物质世界的主观反映，因此也会不可避免地出现一些问题，例如，人的主观认识是否以客观现实为基础、人的认识是否与现实相符等，因此文化发展的科学性也成了马克思关注的焦点。在认识客观世界时会有感性认识和理性认识，文化发展是否科学取决于是否对客观事物进行了正确的认识，文化发展的科学性正是强调了认识活动的真理性，也就是认识结果的正确性。文化的发展并不总是顺利的，在发展过程中会遇到许多挑战和挫折，甚至可能会向着错误的方向发展，但是这种发展依然是存在一定规律的。要使文化向着正确的方向发展，促进人的全面发展，就必须把

---

① 马克思恩格斯文集(第 1 卷)［M］. 北京：人民出版社，2009：287.
② 马克思恩格斯选集(第 1 卷)［M］. 北京：人民出版社，1995：73.

握和坚持真理，遵循客观规律。而要想使文化向着正确的方向发展，在发展过程中对文化进行批判是十分必要的，要对文化表象背后的潜在本质和阶级意识形态进行揭示，从而深入、全面、具体地对文化进行批判，吸收并弘扬文化中的优秀部分，摒弃文化当中的消极部分，只有这样才能够对文化进行全面的认识和改造。全球化的不断推进必然会使不同地区、不同民族的文化交流变得更加频繁，这也意味着文化将会向着同一性发展，正如马克思、恩格斯所说："随着资产阶级的发展，随着贸易自由的实现和世界市场的建立，随着工业生产以及与之相适应的生活条件的趋于一致，各国人民之间的民族分隔和对立日益消失。"[①]"资产阶级，由于开拓了世界市场，使一切国家的生产和消费都成为世界性的了。""物质的生产是如此，精神的生产也是如此。各民族的精神产品成了公共的财产。民族的片面性和局限性日益成为不可能，于是由许多种民族的和地方的文学形成了一种世界的文学。"[②]但是，不同种类之间的文化固然有相似性，但从本质上来说，文化和历史仍然是多元化的，是不可统一的，相比同一性来说，文化之间的差异性是更加明显的。"各个民族之所以不同，不仅在于它们的生活条件不同，而且在于表现在民族文化特点方面的精神面貌不同。"[③]因此，在文化发展过程中应该保持自身独有的特色，不能一味地吸收其他的文化，更不能放弃自己的文化特色。在文化交流过程中应该保持独立性，以自己的民族文化和特色文化为核心进行对外文化交流，不能受到文化霸权主义的影响和压制，文化是一个民族和国家发展的重要推动力，如果民族文化消亡，国家和民族最终会走向灭亡。

二、毛泽东文化建设理论

在认识传统文化时，毛泽东同样运用了历史唯物主义的思想对传统文化作出了阐释，毛泽东肯定了中华优秀传统文化的价值，认为："中国历史遗留给我们的东西中有很多好东西，这是千真万确的。我们必须把这些遗产变成自己的东西。"[④]想

---

① 马克思恩格斯文集(第2卷)[M]. 北京：人民出版社，2009：50.
② 马克思恩格斯文集(第2卷)[M]. 北京：人民出版社，2009：35.
③ 斯大林选集(上卷)[M]. 北京：人民出版社，1979：63.
④ 毛泽东文集(第三卷)[M]. 北京：人民出版社，1999：191.

要发展民族新文化，就要合理继承中国古代文化中的精华部分，以此为基础发展中华民族新文化是提高民族自信心的必要条件。在此基础上，毛泽东又指出："继承中国过去的思想和接受外来思想，并不意味着无条件地照搬，而必须根据具体条件加以采用，使之适合中国的实际。我们的态度是批判地接受我们自己的历史遗产和外国的思想。我们既反对盲目接收任何思想也反对盲目抵制任何思想。"①中华文化具有五千年的发展历史，但是在封建社会中，统治阶级运用文化来作为维护封建统治的工具，因此文化当中具有很多封建性的内容，而想要使中华优秀传统文化繁荣发展，焕发新的活力，就必须对文化进行清理，清除文化中所包含的封建糟粕，吸收其精华，只有这样才能够使传统文化焕发新的活力。此外，很多人在对待传统文化时采取了错误的态度，导致文化虚无主义和文化复古主义盛行，不仅影响到了文化的正常发展，也影响了许多年轻人的价值观念。毛泽东对此进行了坚决的、彻底的批判，坚决反对用唯心主义和保守主义来看待文化的发展，毛泽东认为在对待外来文化时应该坚持"剔除其封建性的糟粕，吸收其民主性的精华"的原则，并且不能全盘吸收，因为这样会对自己民族的文化产生重大的冲击，也不利于年轻人的健康发展。对待传统文化时也应该使用批判的眼光，传统文化固然有其宝贵之处，但其中也有糟粕部分，如果一味支持复古，反对西化，将一直处于闭关自守的状态，学习不到其他文化的先进之处，长此以往，必定会被淘汰。

文化具有重要的作用，既可以为人们提供精神动力，还可以影响社会进步，文化并不是一成不变的，而是会随着社会的发展而发展。因此，好的文化应该适应社会现状并能够促进社会的发展，为此，文化发展应该紧密结合革命和建设工作，从而为推动社会主义事业的发展提供文化支持和保障。在战争时期，社会动荡，人民生活艰难，当时的政治和经济都遭到了极大的破坏，社会极不稳定，因此想要以社会发展来促进文化发展是十分困难的，但是社会现状又必须改变，因此用先进的文化来推动社会发展、推动社会革命就成了一个重要途径。在抗日战争时期，毛泽东高度重视文化建设工作，明确提出："没有文化的军队是愚蠢的军队，而愚蠢的军队是不能战胜敌人的。"②"我们要战胜敌人，首先要依靠手里拿枪的军队。但是仅

---

① 毛泽东文集(第三卷)[M]. 北京：人民出版社，1999：192.
② 毛泽东论文艺[M]. 北京：人民出版社，1992：34.

仅有这种军队是不够的，我们还要有文化的军队，这是团结自己、战胜敌人必不可少的一支军队。"①武力可以打败敌人，保护人民安全，但是文化可以进行宣传教育，解放全国民众的思想，结合全国力量进行团结抗日。对此毛泽东也提出了相应的文化发展策略，首先要加强根据地的文化教育事业，改变人民群众文盲半文盲的现状，因此提出了必须发展学校教育，提高人民群众和干部的文化水平，提升其思想道德水准和科学文化素养，只有这样才能够深刻理解马克思主义理论，才能够凝聚人民的力量促进社会的发展和变革。② 这又体现出了文化的群众性，对此，毛泽东也同样强调："我们的文化是人民的文化，文化工作者必须有为人民服务的高度的热忱，必须联系群众，而不要脱离群众。要联系群众，就要按照群众的需要和自愿。一切为群众的工作都要从群众的需要出发，而不是从任何良好的个人愿望出发。"③这说明文化发展和文化工作必须坚持群众路线，文化应该从群众中来到群众中去，要依靠广大群众的力量和智慧发展文化，开展文化建设工作，文化在一定程度上也充分反映了人民的利益和精神层面的需求，因此文化在创造和发展过程中必须具有群众性、民主性和开放性。

除了群众性的特点外，文化的发展还应具有时代性和进步性，文化也是在不断变化的，文化自从诞生以来就为人民所用，在此过程中也会受到人民群众的影响而变化。虽然文化是一个抽象的概念，但文化并不是静止不变的，它是在不断发展的，不同的历史时期会产生特定的文化，因此文化的产生和发展又会受到时代背景的影响，也会受到社会、政治以及经济等因素的影响，因此文化具有一定的时代性。但不同时代的文化并不是完全独立存在的，新时代的文化与旧时代的文化之间会有一定的联系，因此在时代变迁的过程当中，文化也在不断地变化发展着，如此才能够适应时代的需求，促进社会的进步，满足人们精神方面的需求。以马克思主义思想为例，马克思主义在传入中国并被先贤接受后，先贤们并没有直接将其理论运用于我国的社会发展当中，而是将马克思主义与中国的实际情况进行了结合，从而诞生了更加适合中国发展的理论体系。马克思主义同中国革命的结合是第一次结

① 毛泽东论文艺[M]. 北京：人民出版社，1992：73.
② 刘阿平. 传承中国文化，讲好中国故事[J]. 新经济，2017(1)：12.
③ 毛泽东选集(第3卷)[M]. 北京：人民出版社，1991：1012.

合，中国共产党将马克思主义运用到了革命斗争当中，完成了新民主主义革命和社会主义革命，极大地促进了中国社会的发展。其中，毛泽东思想正是第一次结合的理论成果，是毛泽东在马克思主义的基础上加入了自己的理解，结合中国基本国情进行了创造，最终形成了毛泽东思想。第二次结合是马克思主义同中国特色社会主义建设的结合，毛泽东思想在第二次结合中得到了进一步的发展，还产生了中国特色社会主义理论，包括邓小平理论、"三个代表"重要思想等，这些都体现了文化发展的时代性和进步性。文化在发展过程当中会反映时代的特点和进步方向，因此在发展文化时也需要结合社会现实，使文化服务于社会主义事业的发展，只有这样才能使文化具有丰富的内涵，使文化成为促进社会进步和发展的重要推动力。

　　毛泽东认为，"中国的长期封建社会中，创造了灿烂的古代文化"，但在文化发展过程中，"决不能无批判地兼收并蓄"，要"剔除其封建性的糟粕，吸收其民主性的精华"。① 在文化发展过程中，应该注重与其他文化的交流和互相学习，面对西方文化时应该采取实事求是和辩证分析的态度，既不能全盘接受也不能完全否定，在文化发展过程中，应该坚持民族精神和文化，坚决反对洋奴主义和文化侵略，避免来自西方国家的文化渗透。对待其他文化中的优秀部分，我们应该吸收并借鉴，丰富传统文化的内涵，促进文化的交流和融合，但对于其他文化中的落后部分和腐朽部分，则应该坚决进行清除，不能被资产阶级思想和文化腐蚀，防止出现文化腐化和堕落的情况。在文化建设过程中必须结合思想改造和革命斗争，对文化展开深入全面的辨析和批判，使文化向着正确的方向发展，从而促进社会主义意识形态的形成和发展。在文化发展过程中，应该立足于中国社会现实，着眼于人民群众不断增长的精神文化的需求，在与其他文化进行交流时应汲取其他文化的长处，从而使传统文化的内容、题材、形式等得到充分的发展，创造具有中国特色的新文化。

三、改革开放后的文化发展理论

　　改革开放以来，我国的对外开放达到了新的高度，与其他各国的交流也愈发频

---

① 毛泽东. 新民主主义论[M]. 北京：人民出版社，1952：60.

繁，与此同时，我国与其他国家所开展的合作越来越多，经济和文化的发展速度不断加快。但是当时我国面临的国际形势并不乐观，尤其是在 20 世纪 90 年代初苏联解体之后，中国成为世界上发展速度最快、综合国力最强的社会主义国家，因此为许多西方国家所忌惮，对我国实行了经济和外交方面的封锁。对此，要想提升我国在国际社会的影响力和国际地位就必须发展我国的文化，使其他国家和人民通过了解中国的优秀文化改善对中国的看法，以此来塑造我国在国际上的良好形象。而在文化发展的过程中，要想取得优质成果，就必须坚持现代文化和传统文化并重的理念，继承并弘扬我国传统文化当中的优秀部分，同时也应该结合现代社会发展的需求和实践活动的需求，在继承传统的基础上满足我国社会主义现代化建设的需要。邓小平肯定了文化的发展对于我国经济发展的重要促进作用，同时也认为中国具有推动世界文明发展的重要责任，而中华文明也有能力承担起这样的重任。当时的对外开放使我国的经济发展速度加快，同时有很多人担心西方文化的输入会影响我国年轻人的发展和社会的发展，对此，邓小平提出："实事求是是马克思主义的精髓。"又多次强调，"要真正实行'双百'方针。""毫无疑问，我们仍然坚持'双百'方针。"因此，在文化发展过程中，也应该实事求是地对待传统文化和其他文化，对于传统文化中的精华部分应该全部继承，对于其中所蕴含的封建糟粕应该全部摒弃。正如邓小平所说："必须大胆吸收和借鉴人类社会创造的一切文明成果。"①而在面对西方先进文化时也应当保持实事求是的态度，对于先进的内容给予肯定，对于腐朽落后的内容予以否定。接收其他文化中的先进部分之后，不能将其直接用于我国的社会发展和文化发展中，而是应该将其与我国社会实践相结合，与马克思主义相融合，这样才能够使所吸收到的文化更加符合我国人民的需求，更能促进社会的进步和发展。

在江泽民同志提出的"三个代表"重要思想中，文化建设思想是其中的重要组成部分，江泽民对文化发展和文化建设在国家发展中起到的重要作用给予了肯定。江泽民同志指出："必须把社会主义精神文明建设提到更加突出的地位。要把物质文明建设和精神文明建设作为统一的奋斗目标，始终不渝地坚持两手抓、两手都要

---

① 邓小平文选(第三卷)[M]. 北京：人民出版社，1993：145.

硬。""社会主义现代化建设事业是物质文明和精神文明协调发展、相辅相成的事业，缺少任何一个方面，都不成其为有中国特色的社会主义。"①江泽民同志还指出："物质贫乏不是社会主义，精神空虚也不是社会主义。"②"在任何时候、任何情况下，发展物质文明都不应该以削弱甚至牺牲精神文明为代价，而应该积极促进精神文明发展，既满足人民的精神生活需要，又为发展物质文明不断提供精神动力和智力支持。"③因此，在文化发展过程中，必须与其他文化进行交流并不断进行创新。文化发展是具有一定规律的，不能违背这种规律，在发展过程中要尊重文艺创作者的劳动，鼓励其发挥创造精神，从而促进我国文化发展。此外，江泽民同志还提出，要"积极推进文化体制改革，完善文化事业的有关经济政策，繁荣社会主义文化。要重视社会效益，鼓励创作内容健康向上特别是讴歌改革开放和现代化建设的具有艺术魅力的精神产品。加强新闻、出版、广播、电视和文学艺术等方面的工作。发挥思想政治工作的优势，激发广大群众投身社会主义建设的积极性"④。因此，想要使文化得到发展就必须以人民的需求为主大力发展我国的文化产业，与此同时也应该做好对文化市场的监督和管理，保持市场的正常运行，不断为我国文化发展提供生机和活力。中华优秀传统文化具有悠久的历史和包容性的特点，但是由于清朝闭关锁国的政策，我国的文化发展和文化影响力与西方主要国家相比存在明显的差距，因此我们应该加快文化发展的步伐，但也要重视文化发展的质量，应该做到数量与质量齐头并进，生产更多优质的具有中国特色的文化产品，增加我国文化的影响力。

胡锦涛同志提出：要"大力发展先进文化，支持健康有益文化，努力改造落后文化，坚决抵制腐朽文化。"⑤"要坚持从我国国情出发，坚持以我为主、为我所用，

① 江泽民．在文艺工作座谈会上的讲话［EB/OL］．北京周报，（2008-12-19）［2023-6-17］．http：//www.beijingreview.com.cn/news/txt/2008-12/19/content_171031_4.htm.

② 江泽民文选（第一卷）［M］．北京：人民出版社，2006：381.

③ 江泽民文选（第一卷）［M］．北京：人民出版社，2006：621.

④ 江泽民文选（第一卷）［M］．北京：人民出版社，2006：238.

⑤ 胡锦涛．在全国宣传思想工作会议上的讲话［EB/OL］．新浪网，（2003-12-8）［2023-6-17］．http：//mil.news.sina.com.cn/2003-12-08/169258.html？from＝wap&from＝hao123_news_index_paihang_news&from＝wap.

辩证取舍、择善而从，积极吸收借鉴国外文化发展的有益成果，更好地推动我国文化的发展繁荣。"①不同民族的文化具有独特的民族色彩，因此具有民族性，而文化在发展过程中不可避免地会与其他民族的文化产生交流，交流过程中要学习其他文化的先进之处，但绝对不能够违背社会主义。胡锦涛表示："当今时代，文化越来越成为民族凝聚力和创造力的重要源泉、越来越成为综合国力竞争的重要因素。"②因此文化发展是必须的，但在发展过程中应该坚持正确的发展方向，坚持社会主义意识形态，要以马克思主义作为指导思想来发展传统文化，而文化在发展过程中也将会对马克思主义理论进行检验，从而使马克思主义与中华优秀传统文化和社会现实相结合，在促进我国文化发展的同时，文化也会反作用于理论的创新。此外，胡锦涛认为："要积极发展新闻出版、广播影视、文学艺术事业，坚持正确导向，弘扬社会正气。"另外，政府不应该过多插手文化的发展，应该使文化的生产更加具有原始的生命力和蓬勃生机与活力，"要充分发挥人民在文化建设中的主体作用，调动广大文化工作者的积极性，更加自觉、更加主动地推进文化大发展大繁荣。"③

四、习近平的文化发展理念

党的十八大以来，习近平总书记在对外交流中一直坚持传递中国的发展理念，展现中华文明的独特魅力，向世界其他国家和人民阐释了中华优秀传统文化中的"世界大同""以和为贵""以民为贵"等文化内涵，还提出了构建人类命运共同体等全人类共享的先进理念，这是中华文化从古至今一直包含的内容，同时随着时代的发展而不断创造。④习近平总书记认为："没有中华文化繁荣兴盛，就没有中华民

---

①　胡锦涛.在十六届中共中央政治局第七次集体学习时的讲话[N].人民日报，2003-08-12
(001).

②　胡锦涛.在中国共产党第十七次全国代表大会上的报告：推动社会主义文化大发展大繁荣[EB/OL].中国新闻网，（2007-10-15）[2023-6-17].https://www.chinanews.com.cn/cul/news/2007/10-15/1048966.shtml.

③　同②.

④　吴思锋."讲好中国故事"思想观照下中国文化外译研究[J].文化学刊，2016(12)：118-123.

族伟大复兴。"①"中华文明，不仅对中国发展产生了深刻影响，而且对人类文明进步作出了重大贡献。"②因此在文化发展过程当中应该立足于传统文化，不断对传统文化进行挖掘，在新的时代赋予其新的内涵，从而使传统文化和当代文化相适应，促进两者的共同发展。要使中华优秀传统文化在新时代焕发出新的活力，不断吸取其他优秀的文化成果，使得传统文化更加具有包容性和普适性，使传统文化可以成为跨越时空、超越国界的存在，从而促进社会发展，维护世界和平。此外，中华民族五千多年的文化传统不可忽视，因此在文化建设过程中，应立足于中国特色社会主义社会实践，梳理中华优秀传统文化的历史渊源，继承其精华部分，向正确的方向发展。中华优秀传统文化具有丰富的思想内涵和多样化的表现形式，进入新时代后，中华优秀传统文化又具有了独特的时代价值和精神理念，中华优秀传统文化的内容丰富，不仅包含哲学宗教思想，也包含着经济管理思想，还有治国理政思想和道德修养思想，体现了中华民族特有的文化基因和价值理念。习近平总书记说："中华民族在长期实践中培育和形成了独特的思想理念和道德规范，有崇仁爱、重民本、守诚信、讲辩证、尚和合、求大同等思想，有自强不息、敬业乐群、扶正扬善、扶危济困、见义勇为、孝老爱亲等传统美德。中华优秀传统文化中很多思想理念和道德规范，不论过去还是现在，都有其永不褪色的价值。"③这些优秀的文化价值观念有助于人们进一步认识和改造世界，既可以为国家治理提供帮助，也可以为人民的道德建设提供力量，是到了新时代也不能够放弃的部分。

进入新时代后，中华优秀传统文化承担起了新的历史重任，习近平总书记在讲话中指出："我们要对传统文化进行科学分析，对有益的东西、好的东西予以继承和发扬，对负面的、不好的东西加以抵御和克服，取其精华、去其糟粕，而不能采取全盘接受或者全盘抛弃的绝对主义态度。""同时，我们不是历史虚无主义者，也

---

① 习近平．在文艺工作座谈会上的讲话［EB/OL］．（2015-10-14）［2023-9-15］．http：//www.xinhuanet.com/politics/2015-10/14/c_1116825558.htm.

② 习近平．在纪念孔子诞辰2565周年国际学术研讨会暨国际儒学联合会第五届会员大会开幕会上的讲话［EB/OL］．新华网，（2014-9-24）［2023-6-17］．http：//www.xinhuanet.com//politics/2014-09/24/c_1112612018.htm.

③ 同①.

不是文化虚无主义者，不能数典忘祖、妄自菲薄。"①因此，想要更好发展文化，就应该深入挖掘中华优秀传统文化中的价值观念，应该对中华优秀传统文化具有更清晰、更全面的认识，应该对中华优秀传统文化进行辩证分析，同时要坚决反对肢解和误读传统文化的历史虚无主义，也要坚决反对全面"儒化中国"的文化复古主义。在文化发展过程中，应该以马克思主义文化理论为基础，为中华优秀传统文化未来的发展指明方向。习近平总书记多次指出，应该加强意识形态工作，提高国家文化软实力，推动文化强国的建设，要使传统文化繁荣发展，必须保证文化发展的质量，在进行文艺工作建设时必须坚持创作生产优秀的文艺作品。文化是一种精神力量，原创性是其存在发展的基础，而民族文化想要走出国门，提升传播力、辐射力、影响力，就必须走进人民生活，创造满足人民精神需求的文艺作品。② 目前我国的电视剧生产数量、电影生产数量、图书出版数量在全世界名列前茅，在一定程度上说明了我国文化建设所取得的成果。近年来，我国文化体制改革一直在深入推进，整体文化建设在繁荣发展，但是目前我国的文化发展依然存在一些问题，其中主要的问题是文化发展的整体质量较低，传播力和影响力较低，这也会影响我国的文化发展和软实力的提高。

习近平总书记说："我们说要坚定中国特色社会主义道路自信、理论自信、制度自信，说到底是要坚定文化自信。文化自信是更基本、更深沉、更持久的力量。"③"诗文随世运，无日不趋新。""创新是文艺的生命。""要把创新精神贯穿文艺创作生产全过程，增强文艺原创能力。"④因此，我们在文化发展过程中一定要坚定文化自信，坚决反对文化入侵和文化侵略，必须以传统文化为核心发展文化，在发展过程中应该吸收其他先进文化的长处，丰富中华优秀传统文化的内涵，推动中华

---

① 习近平在中共中央政治局第十八次集体学习时强调　牢记历史经验历史教训历史警示为国家治理能力现代化提供有益借鉴[EB/OL].（2014-10-13）[2023-9-18]. https：//www.gov.cn/xinwen/2014-10/13/content_2764226. htm.

② 陈宏. 讲好山西故事　传播中国文化[J]. 当代电视，2016(8)：74-75.

③ 习近平. 坚定文化自信，建设社会主义文化强国[EB/OL].（2019-6-15）[2023-6-17]. http：//www.qstheory. cn/dukan/qs/2019-06/15/c_1124626824. htm.

④ 习近平. 在文艺工作座谈会上的讲话[EB/OL].（2015-10-14）[2023-9-15]. http：//www.xinhuanet. com/politics/2015-10/14/c_1116825558. htm.

文化创新发展。此外，想要使文化得到繁荣发展，创新是必不可少的，在文化发展过程中也要重视人民精神方面的需求，应积极探索符合我国国情的文化发展道路。文化虽然具有极其丰富的内涵，但是并没有固定的存在形式，若想使其他国家和人民对中华文化具有更直接的认识，则需要重视我国文化产业和文化事业的发展。文化的发展本身会受到政治和经济的影响，文化又可以反作用于政治和经济，并为其发展提供巨大的推动力。经济全球化的不断发展使各国之间的交流日益密切，为了满足人民的需求和国家社会发展的需求，文化产业逐渐成了国家经济中的重要组成部分，更是获得了巨大的经济效益。因此，文化产业的发展本身就是文化发展的一种表现形式，文化产业的对外发展也可以提升中华优秀传统文化的影响力和传播力。

因此，在文化发展过程中应该注重文化产业的升级和创新，推动文化产业和文化服务走出国门。文化产业的升级与创新不仅能够成为宣传传统文化的重要渠道，也能够为我国社会创造更多的就业机会，收获巨大的经济效益，为我国的经济发展注入新的活力。此外，在文化发展过程中，应该坚持全民参与文化建设活动。人具有社会性，人必须生活在社会当中并与其他人产生交流，这是人身心健康发展和心灵情感方面的正常需求，因此，只有坚持全民参与，才能够使文化发展具有更强大的推动力和凝聚力。全球化的推进意味着各国之间的交流会日益频繁，其中既包括经济方面的交流，也包括政治和文化方面的交流，因此文化之间的交流是不可避免的。面对这种情况，我们应该积极地打开文化交流的大门，推动文化的多样性发展，在文化交流的过程当中也应该保持谦逊的态度，尊重不同文化之间的差异性，吸收其他文化的长处，进而使传统文化具有更丰富的内涵，如此才可以使中华优秀传统文化被更多的国家和人民接受，以此来扩大传统文化的影响力，塑造我国的良好形象，提升我国在国际上的话语权。

中国特色社会主义文化发展不仅是我国社会发展和国家发展的需求，也是人民精神文化方面和情感方面的需求，更是世界文化发展的需求。文化并不是单方面受制于经济和政治发展的，先进的文化拥有强大的力量来促进经济和社会的发展，因此在发展中华优秀传统文化时应该结合当今的时代条件，发展更加先进的面向世界、面向未来的社会主义文化。为此，我国为文化建设工作提供了基本思路和发展策略。首先，想要开展文化建设工作，就需要继续加强硬件建设，应该继续推进马克思主义理论研究，使文化发展具有科学的指导思想，进而为文化发展指明方向，同时也要培养宣传领域的杰出人才，集结力量对外传播好中国声音。其次，应该不断完善文化管理体制和文化生产经营机制，对文化服务体系和文化产业做好监督和管理工作，以此来推动社会主义文化的繁荣发展。最后，在文化发展过程当中应该努力借助各种方式、各种手段传播中华优秀传统文化，利用好各种时机和场所开展中华优秀传统文化宣传活动，使其他国家和人民可以从多渠道了解中华优秀传统文化，从而提升中华优秀传统文化的传播力和影响力。

第四节 "中华文化'走出去'"战略

随着中国的崛起和全球化发展，进入新时代后，中华文化"走出去"已具有重要的现实意义。这是中华文化与世界其他文明进行交流、对话和互鉴的重要途径，也是中华文化为促进世界多元文化发展作出的重要贡献。在中华文化"走出去"的过程中，我们需要注重文化的差异性和共通性。中华文化一直秉持开放、包容、平等的理念，尊重其他文化的独特性，与其进行平等对话和交流。同时，我国也在努力发挥中华文化的优势，希望通过传统文化的精髓、当代文化的创新，吸引并影响其他文化，从而促进全球文化的繁荣发展。我国加快中华文化走出国门的脚步是为了实现文化的共享、理解和尊重，希望通过推动文化交流和互鉴，促进不同文化之间的相互理解与和谐共存，为构建人类命运共同体作出积极贡献。

一、中华人民共和国成立后的对外文化交流

"中华文化'走出去'"战略是根据我国国家发展的需要所制定的国家战略，同时也是为了顺应全球化的发展，是我国"走出去"战略中的重要组成部分。中华文化必须"走出去"，而且是主动"走出去"，不能够重蹈覆辙，否则会严重影响社会的进步和发展。整体上来说，中华人民共和国成立之前的封建社会中，历代统治阶级对于文化的对外交流并不重视。对于统治阶级而言，文化的主要价值是作为其统治工具，以束缚人民思想，维护自身利益。虽然之前组织国家力量所实施的陆上丝绸

之路、海上丝绸之路以及郑和下西洋等对中华文化的传播作出了重要的贡献，但这些举措的初衷并不是为了向外传播中华文化，只是在客观上创造了对外交流的一个条件，不过这并不能阻止古代中华文化对周边国家甚至是世界产生巨大影响。除了民间自发的文化交流行为所起到的作用之外，很大程度上是由于中华文化自身就足够吸引人，中华文化博大精深、源远流长、内涵丰富，吸引了众多外国人不远万里来到中国，希望将中国的优秀文化传播到自己的国家和民族。从整体而言，古代中国在当时的整个世界属于高度文明的国家，社会发展相当完善，因此，历史上进行的对外文化交流不是从政治层面上进行的，更多的是自发性和非主观性的，并没有上升到国家战略的行为层面，但是中华文化所具有的优势和其开放性、包容性的特点也为世界文化和人类文明作出了卓越的贡献。

清朝灭亡后，为了使中国人民得到解放，使社会发展步入正途，中国的进步青年开始寻找可以使中国独立的方法。由于中国社会发展的需求，马克思主义一经传入就在中国迅速传播开来，之后中国共产党的诞生更是意味着中国历史进入了新的纪元，在经过抗日战争和解放战争之后，中华人民共和国于 1949 年正式成立，这也意味着中华民族在经历被侵略、被压迫之后重新屹立于世界的东方，中国将会重新站上国际舞台，中国的文化对外交流也步入了一个崭新的时代。中华人民共和国成立后，党和政府坚持以马克思主义作为指导思想，从当时中国所面临的国际形势出发，结合当下中国社会现状，提出了应坚持"引进来"与"走进去"的战略，也提出了要"让中国走向世界"与"让世界了解中国"的战略，希望可以使中国文化主动走出国门，走向世界，与其他各国文化进行交流，从而取长补短，相互促进，共同发展。① 而在对外交流的过程当中，中国也秉持着独立自主、互相尊重、平等互利、求同存异的原则，最大程度尊重对方，秉持"己所不欲，勿施于人"的原则，在开展外交工作和对外文化交流工作时一直保持着积极、尊重、开放的态度，因此也取得了重大成就。

中华人民共和国成立初期，国际局势并不明朗，甚至十分紧张，对我国不利，西方许多国家对我国进行了封锁，为了冲破外交封锁，对外文化交流成了我国外交

---

① 宋斌，熊润频. 安徽出版集团：向世界讲好中国文化故事[N]. 新华每日电讯，2009-07-08(8).

政策和外交工作当中的重要组成部分。文化本身就是外交中的重要部分，虽然不同民族、不同地区的文化具有差异性，但也具有一定的相似性，通过交流后仍然可以互相学习借鉴，因此在中华人民共和国成立初期对外文化交流为我国的外交工作作出了重要的贡献。我国的对外文化交流在政治外交当中起到了润滑剂的作用，取得了良好的效果，例如，"乒乓外交"打开了中美两国人民友好往来的大门，中日在建交之前就已经通过艺术团访问等文化交流方式建立了建交的基础。由于中华人民共和国成立初期面临不利国际形势，政府所进行的对外文化交流更多的是为政治服务的，并不单单是纯粹地进行文化交流，更多的是为了突破西方国家对我国所实行的外交封锁，与其他更多的国家建交，从而使我国重新站上国际舞台，重塑我国的国际形象。对外文化交流与正式外交不同，前者具有包容性的特点，通过对外文化交流可以使我国同一些国家暂时搁置领土和社会制度等历史遗留问题的争议，从而进行文化、经济、政治等多方面的交流。

中华人民共和国成立后，在中国共产党的正确领导下，我国的经济得到了迅速的发展，人民的生活得到了极大的改善。关于经济发展，毛泽东指出，经济的发展必会促进文化的发展，中国将会重新站在世界舞台上，让世界其他各国人民看到一个具有高度文化和高度文明的民族。周恩来早在1938年提出，中国不仅是对抗战文艺、民族文艺，即使是对世界文艺也负有重大的责任，我们的文艺一定要跟世界其他的进步文艺联系起来，相互交流，打开"走出去"的大门，从而使我们的文艺也在世界上具有辉煌的地位。因此，在中华人民共和国成立初期，文化外交也是我国外交工作当中的重要一翼。为了突破外交封锁，我国的对外文化交流对象主要是苏联、东欧的社会主义国家以及其他的亚非拉发展中国家，开展对外文化交流正是为了使世界其他国家看到全新的中国形象，使更多人了解到中国共产党领导的新中国所完成的建设成就。在当时，派遣文化代表团和艺术演出团进行友好访问是文化"走出去"的重要形式，在中华人民共和国成立前夕，我国就派遣了中国青年文工团前往匈牙利参加第二届世界青年与学生和平友谊联欢节，而这也拉开了中华人民共和国对外文化交流的序幕。之后中国又与苏联和东欧的社会主义国家在教育、科技、电影、戏剧、文学、艺术等各方面都进行了广泛且深入的交流与合作。除了将中华文化介绍给世界其他国家和人民之外，我国在文化交流过程当中也学习了其他国家的先进文化，如在与苏联等社会主义国家的文化交流过程当中，我国引进了西方的许多古典艺术门类，包括芭蕾舞、交响乐等，为国内培养了大批优秀的文艺人才，促进了我国文化艺术的繁荣发展。这些对外交流活动不仅使中国重新出现在世界其他国家和人民的视野当中，也增进了世界其他国家对中国的了解，扩大了中华人民共和国在国际舞台上的影响，对于中华人民共和国的形象塑造具有重大的作用。

二、改革开放后的战略规划

在十年"文化大革命"时期，我国的对外工作遭到了破坏，但是对外文化交流并没有完全停止，而是作为政府外交的一部分，在我国的外交当中发挥了重要的作用。当时我国主要是与一些友好的国家进行文化交流，组织了"中华人民共和国出土文物展览会"，前往美国、日本等10多个国家进行展出，并且受到了广泛的好评，被誉为"文物外交"。即便如此，我国的对外文化交流依然受到了严重影响，在改革开放政策实行之后，我国的对外文化交流工作立刻被提上日程，为了保障对外文化交流的顺利进行，避免再次出现类似情况，1982年第五届全国人民代表大会第五次会议把发展同各国文化交流的内容写入宪法，为我国的对外文化交流提供了法律保障。2002年，党的十六大报告中强调在步入对外开放的新阶段之后，为了加快我国的发展进程，应坚持实施"走出去"战略，其中也包括了对外的文化交流和文化建设工作，认为文化工作应该与我国改革开放的进程相符合，并且适应我国社会主义现代化的实践活动，如此才能够使中华优秀传统文化走在世界文化发展的前沿。另外，在对外文化交流和文化发展的过程中，也应该积极发挥中华优秀传统文化的包容性特点，学习吸收其他文化的优秀之处为我所用，使中华优秀传统文化在内容和形式上都得到进一步的创新和发展，从而增强中华优秀传统文化对其他国家和人民的吸引力。自此，文化"走出去"成了国家"走出去"战略当中的重要组成部分，目的是传播当代中华文化，增强中华文化的吸引力和感召力，提升我国在国际上的影响力和话语权。

改革开放政策实施之后，我国在经济、政治、文化等多方面都与其他国家展开了交流与合作，但是当时的国际形势对我国并不是很有利，西方许多国家对我国采取敌对态度，因此在对外文化发展过程中我国的发展对象更多的是发展中国家，在

1980年到1990年的10年间，我国与外国签订了79个文化合作协定，其中有71个是与发展中国家签订的。① 虽然与发展中国家的对外交流较为频繁，但是邓小平同志也十分关注我国同西方发达国家之间的文化往来，在面对现代西方国家的资产阶级文化时，我们应当保持谦逊的态度，虽然我们的政治立场不同，但在文化工作中我们不应该采取敌对的态度。邓小平认为："对于现代西方资产阶级文化，我们究竟应当采取什么态度呢？"②"我们要向资本主义发达国家学习先进的科学、技术、经营管理方法以及其他一切对我们有益的知识和文化，闭关自守、故步自封是愚蠢的。"③1979年，邓小平与沃尔特·弗雷德里克·蒙代尔签署了中美1980年和1981年的文化交流执行计划，在文化、科技等方面的合作和交流必然促进两国之间的友谊，也可以促进我国的发展。由于之前文化方面所产生的一些问题，很多人对文化的对外交流具有强烈的担心，对此邓小平作出了回应："属于文化领域的东西，一定要用马克思主义对它们的思想内容和表现方法进行分析、鉴别和批判。"④只有学习先进的文化，摒弃腐朽落后的文化，才能利用外国的文化资源促进我国的现代化建设，但又不会受其影响。到20世纪80年代末90年代初，我国已与世界上160多个国家和地区有不同形式的文化往来，与数千个外国文化组织保持着各种形式的联系，这些对外文化交流也为塑造我国形象、发展我国与其他各国的友好关系作出了积极的贡献。⑤

改革开放后，我国所面临的国际环境依然十分严峻，西方资本主义国家对我国进行了经济和外交上的封锁，并且在国际上对我国形象进行抹黑，这严重影响了我国的对外开放。此外，苏联解体后，国际舆论产生了"中国威胁论"，这也对我国的发展和国际形象的塑造造成了巨大的阻碍。因此，对外文化交流成了与世界沟通的

---

① 文化部对外文化联络局. 中国对外文化交流概览(1949—1991)[M]. 北京：光明日报出版社，1993：71.

② 邓小平文选(第三卷)[M]. 北京：人民出版社，1993：43.

③ 邓小平文选(第三卷)[M]. 北京：人民出版社，1993：44.

④ 同③.

⑤ 石善涛. 改革开放以来中国对外文化交流工作的开拓与创新[EB/OL]. 中华人民共和国国史网，(2011-10-18)[2023-6-17]. http：//www. hprc. org. cn/gsyj/yjjg/zggsyjxh＿1/gsnhlw＿1/baguoshixslwj/201110/t20111018_162333_1. html.

桥梁，政府希望能够通过对外文化交流在国际舞台上树立良好的中国形象。中华优秀传统文化是全人类文明的共同成果，原来的历史教训已经让我们知道文化不能关起门来独自发展，而是应该打开对外文化交流的大门。1997 年，江泽民在党的十五大上就明确指出："我国文化的发展，不能离开人类文明的共同成果。要坚持以我为主、为我所用的原则，开展多种形式的对外文化交流，博采各国文化之长，向世界展示中国文化建设的成就。"①1999 年江泽民同志在全国对外宣传工作会议上的讲话指出："在新的形势下，对外宣传工作的地位和作用更加重要。我们应该站在更高的起点上，分析形势，审时度势，把外宣工作做得更好，我们要在国际上形成同我国的地位和声望相称的强大宣传舆论力量，更好地为改革开放和现代化建设服务，为促进国家统一、世界和平和人类进步做出更大的贡献。"②2000 年 2 月，江泽民在广东考察工作期间提出了"三个代表"重要思想，指出要"不断地创造和推进有中国特色社会主义文化，使社会主义物质文明和精神文明协调发展，使社会全面进步"。因此，要努力建设我国的先进文化，在对外开放中体现中华优秀传统文化和伟大的民族精神，以此来提升中国的对外吸引力，重塑中国良好形象。③

进入 21 世纪之后，经济全球化、一体化深入发展，科学技术也得到了迅速发展，文化与政治、经济的联系也日益紧密，文化成了国家总体战略的重要组成部分。许多国家开始将发展国家文化纳入国家战略，面对新的国际形势，以胡锦涛为核心的中央领导对文化交流给予了高度重视，认为我们应该加强文化外交，深入开展对外文化交流工作。文化外交就是通过对外文化交流与世界其他国家和人民之间进行心理上的沟通和情感上的交流，不同国家和不同民族的文化具有差异性，但是也具有相似性，因此在沟通和了解的过程中应尽可能地达到理解与尊重。我国也希望能够通过对外文化交流的方式进行文化外交，与其他国家和人民进行友好交流，从而为促进世界和平与共同发展贡献自己的力量。经过不懈的努力，我国在文化外交方面获得了重大成就。2004 年我国在韩国首尔设立了海外第一所孔子学院，之后

---

① 中共中央文献研究室. 十五大以来重要文献选编（上）[M]. 北京：人民出版社，2000.

② 江泽民. 全国对外宣传工作会议上的讲话[N]. 人民日报，1999-2-27（001）.

③ 江泽民. 在广东省高州市领导干部"三讲"教育会议上的讲话[EB/OL]. 搜狐网，（2011-2-19）[2023-6-17]. https：//news. sohu. com/20110219/n279425181. shtml.

其规模和数量迅速增长。孔子学院的建立推动了我国"和为贵""和而不同"等理念的传播,为其他国家更好地理解中华文化奠定了良好的基础,英国的《经济学家》和德国的《法兰克福报》等西方主流媒体更是对中华优秀传统文化给予了积极的评价。此外,我国还开展了一系列"文化年"活动,"文化年"活动的开展不仅推动了我国与其他国家的文化交流和贸易往来,还提升了我国在国际上的影响力和国际形象。随着我国的不断发展,对外文化交流形式也变得更加多样化,例如,由政府组织的国际文化活动、其他国家所建设的文化中心,以及我国所开展的各种大众文化交流活动等,这些文化交流活动大大提升了我国的传播力,增强了我国在国际社会的话语权。

三、近年来关于"中华文化'走出去'"的战略思考

"中华文化'走出去'"是一个长期工程,是一个循序渐进、逐步积累的过程,相应策略也需要随着国情和国际形势的变化不断进行调整。党的十八大以来,习近平总书记多次强调在对外文化交流工作中应该不断进行创新,以此来提升中华优秀传统文化的影响力,要讲好中国故事,传播好中国声音,展示中国形象。进入21世纪以来,我国的对外交流工作取得了许多新的成就,但同时存在一定的不足,虽然中华文化一直在努力走出国门,但是世界其他国家和地区对中华优秀传统文化和价值理念仍然不够熟悉,其中还有一些国家对中华文化存在误解与偏见。目前我国的对外文化交流形式主要是政府主导,民间自发宣传渠道较少,主流媒体的对外宣传缺乏足够的吸引力,因此传播效果也会受到影响,这就导致直接输出的中华文化难以直接被其他国家和人民接受,这也是中华文化对外传播中一个较为明显的局限性。为了改善我国在国际舆论上处于弱势的局面,习近平总书记于2013年提出了"讲好中国故事"这一战略思考,之后又在多个重要场合提到过"讲好中国故事,传播好中国声音",这为我国文化"走出去"的工作指明了发展方向。另外,习近平总书记还指出:"提高国家文化软实力,关系我国在世界文化格局中的定位,关系我国国际地位和国际影响力,关系'两个一百年'奋斗目标和中华民族伟大复兴的中国梦的实现。"

在不同的历史时期,文化会受到社会、政治、经济等多方面的影响,因此文化

具有时代性的特点，文化的传播与交流也会受到时代背景的影响。当前，和平与发展仍然是不变的时代主题，同时，世界多极化和经济全球化也得到了深入的发展，目前信息技术革命和产业变革的发展速度进一步加快，而一些不稳定、不确定因素开始出现，国际环境更加复杂多变，各国在经济、政治等方面进行竞争的同时，也将文化作为了竞争的主要方面。进入 21 世纪后，世界各国的资源开始不断流动和扩散，文化重组和整合进一步加快，新一轮以文化软实力为核心的综合国力的竞争逐渐激烈。美国政府意图建立全球文化霸权，因此将文化传播作为对外政策的第四维，将美国的文化和价值观念通过可口可乐、好莱坞电影、美剧等向外输出，这使美国的影响力进一步扩大。韩国则一直十分重视文化输出，开发了韩剧、流行音乐、娱乐偶像等文化体系，这也使韩国文化吸引了众多国外年轻人，在国际舞台上拥有了独属于自己的位置。澳大利亚也想在国际社会推广澳大利亚文化，因此通过接收国际留学生来与其他国家建立友好关系，并想借此来提升自己的文化软实力。日本则确立了"文化立国"政策，不仅开发了动漫产业、和服、茶道等，还将开设的驻外企业作为传播日本文化产品的主要渠道。由此可见，世界各国在文化软实力方面的竞争日趋激烈。

为了进一步提升我国在国际上的影响力，重塑我国国际形象，实现中华民族伟大复兴。进入新时代后，以习近平同志为核心的党中央对我国对外文化交流工作高度重视，早在 2013 年习近平总书记就强调过"中华优秀传统文化是中华民族的突出优势，是我们最深厚的文化软实力"。因此，在之后的对外文化交流工作中，我国一直坚持立足本民族文化。同年习近平总书记在党的十八届三中全会上提出了"提高文化开放水平，扩大文化对外交流"，并将其作为我国文化领域改革的重点任务，这也是党的十八大后我国首次将"推动中华文化走出国门"提高到战略高度。经过多年的努力，我国已取得了全方位的历史成就。我国建立了全方位、多层次、立体化的外交布局，进入新时代的十年中，我国的建交国总数增加到了 181 个，同世界其他国家和地区组织建立伙伴关系的数量增加到了 113 对，这也意味着我国在国际上的影响力、感召力、塑造力得到了显著提升，在此过程中，中华文化对世界其他文化的影响力逐渐增强。当前，国际社会面临着一系列矛盾和冲突，包括难民问题、污染问题、地区战争等，诸多问题不断涌现，而曾长期在国际社会居于领导地位的西方文明却未能在全球性问题上给出令人满意的解决方案，甚至一些发达国家还提出了"中国威胁论""中国崩溃论""反全球化"等言论。在如此复杂的国际背景下，越来越多的国家逐渐认识到西方文明中所存在的严重弊端，并对其产生信任危机，于是更多国家开始将目光转向中国，期待一个有着5000年历史的大国能够站上世界舞台中央，在世界文化繁荣发展和解决全球性问题的过程中发挥中华文化的强大力量。

2013年，习近平总书记提出了共建丝绸之路经济带，"一带一路"这一伟大构想正式进入国际视野，截至2023年，全球已有150多个国家和30多个国际组织签署了200余份"一带一路"合作文件。"一带一路"本身已有2000余年的历史，如今的重建既是为了中华民族的伟大复兴，同时也是为了世界文化的繁荣发展。这一伟大畅想是古代丝绸之路在21世纪的升华，同时也是中华文化与其他文化交流的重要途径。此外，孔子学院为我国传统文化的传播和发展提供了巨大力量，从2004年我国在韩国首尔成立第一所孔子学院，截至2023年年底，全球已有154个国家建立了563所孔子学院(课堂)。如今孔子学院已经成为推广汉语、传播中华文化的重要途径，同时还起到了促进中外文化交流、推动多元文化共同发展的重要作用。习近平总书记曾说过："孔子学院属于中国，也属于世界。""中国政府和人民将一如既往支持孔子学院发展。""推动人类文明进步……共同创造人类更加美好的明天。"经过不懈努力，我国的对外文化交流取得了巨大成就，文化交流形式不断创新，我国在国际上的影响力也不断提升，如今，我国负责任大国的形象已经深入人心，俨然成为促进世界文化繁荣发展、和谐共生的中流砥柱。

进入新时代后，我国文化"走出去"战略的步伐逐渐加快，习近平总书记强调文化建设是全局工作的重要组成部分，中国政府面对当前的国际形势和中国当前的发展现状制定了一系列的方针政策，进一步加快了中华文化"走出去"的步伐，也为中华文化"走出去"指明了发展方向。习近平总书记提出了"一带一路"倡议，为中华文化"走出去"战略的实施构建了新的格局，"一带一路"的实施不仅为中国的对外文化交流工作提供了发展平台，也促进了各国之间的文化交流和合作。随着我国的不断发展，5G、云数据、人工智能等先进的科学技术得到了迅速发展，中国在新一轮的科技革命中占据了有利位置，为中华文化"走出去"提供了技术支撑，一定程度上可以扩大中华文化的影响力。党的十八大以来，习近平总书记对近代中国文化对外交流的封闭状态进行了反思，并指出了"开放带来进步，封闭导致落后"。过往的沉痛历史已经证明了任何一种文化都不能够关起门来发展，如果不打开对外交流的大门，文化终将灭亡，中华文化想要重新繁荣发展、散发出生动的色彩就绝对不能与世隔绝，我们必须与世界其他文化进行交流互动，也应该保持独立自主的姿态，反对西方国家的文化侵略和文化渗透，只有这样才能增强文化自信和民族认同感，才能实现中华民族的伟大复兴。

第四章　讲好中国文化故事之河南 "中国节日"系列节目

1983 年，中央电视台举办了第一届春节联欢晚会，这对我国电视晚会的发展具有里程碑意义，此后经过一段时间的发展，电视晚会的类型越来越多，也逐渐打破了中央电视台一家独大的局面。近年来，电视晚会虽然种类多样，但是其同质化严重、形式固化、缺乏文化内涵，在这样的背景下，2021 年河南广电（河南广播电视台简称，由原河南人民广播电台、河南电视台于 2017 年 5 月 27 日合并组建）打造的河南"中国节日"系列节目应运而生，其将中国传统文化与现代审美融合，将传统节日与现代社会协调，采用实景拍摄与棚拍结合的方式，利用高科技手段使虚拟与现实结合，在弘扬中华民族文化的基础上极大地激发了观众的兴趣。

第一节　河南"中国节日"系列节目概述

习近平总书记在党的十九大报告中指出，"没有高度的文化自信，没有文化的繁荣兴盛，就没有中华民族伟大复兴。"①随着我国改革开放的深入，我们要坚守自己的文化根基，传承和弘扬中华优秀传统文化，增强文化自信，实现中华民族的伟大复兴。

一、电视晚会的基本情况

20 世纪 50 年代末，电视作为一种新的传播媒介，是当时最重要的传播手段。

---

① 习近平：决胜全面建成小康社会　夺取新时代中国特色社会主义伟大胜利——在中国共产党第十九次全国代表大会上的报告［EB/OL］．（2017-10-18）［2023-10-27］．http://www.ccps.gov.cn/xxsxk/zyls/201812/t20181216_125667_5.shtml.

新时代，随着科技手段的不断更新，我国的传媒格局已经发生了翻天覆地的变化，新媒体不断的更新填补了旧媒体功能上的不足，但是这并不意味着新媒体能够完全地代替旧媒体，旧媒体依然在发挥其自身的功能。20世纪中期，中国的电视晚会开始发展，近年来，随着人民群众受教育水平的不断提高以及国内形势的变化，各地为了自身的发展，电视晚会呈现出多元的发展趋势，其主要分为两大类：第一，根据国内重大节日制作的文艺晚会，如春节联欢晚会、中秋节专题晚会等；第二，突出政治性和宣传性的电视专题晚会，如"3·15"晚会、体育活动的开幕或者闭幕晚会、颁奖晚会以及具有商业性质的晚会如"双十一"晚会等。

我国的电视晚会从1958年发展至今，基本上经历了以下三个阶段。

第一，1958年至1976年的萌芽起步阶段。这个阶段我国的电视晚会承担的功能比较单一，仅仅是把已经成形的节目搬上荧幕，让老百姓可以观看晚会而已。20世纪60年代初，一些地方电视台先后成立，如上海电视台、广东电视台、天津电视台等，一大批优秀的文艺节目被搬上荧屏，展现在观众面前。1959年2月7日，也就是农历腊月三十这一天，我国第一台综合性的电视春节联欢晚会在上海电视台诞生。当天，上海电视台的节目单上出现了"本台今天晚上特地举办了这样一个'春节晚会'"这样一句话。根据这个节目单，春节晚会从18点30分开始，节目内容涉及昆曲、淮剧、评弹、口技、小提琴演奏、话剧等多种节目样式。在这个时间段，还处于新生阶段的电视晚会远远谈不上对于镜头语言、声画运用等电视技术的成熟运用，文艺晚会所承担的是单一元素的艺术表现，将已有的成品节目搬上荧屏，让不同地区的观众都能够观看到晚会，观看到演出。1966年，"文化大革命"开始，这一时期，全国的文艺创作基本处于停滞状态，但技术还在发展，技术的进步不断改善着广播电视的传播条件。

第二，1976年至2009年我国电视晚会的复苏与成熟阶段。随着"文化大革命"的结束，我国迎来了改革开放，我国的电视技术在这个阶段获得了巨大的发展，1983年，中央电视台推出了真正意义上的第一届春晚，20世纪末，电视机走进千家万户的同时，受众的增加显现了当代媒体的巨大潜力，此刻各省级电视台出现了上星热潮，这标志着我国电视台迎来了百花齐放的局面，电视晚会走向成熟。

第三，2009年至今的电视晚会发展的新局面，这个阶段的中国老百姓审美水平在不断提升，因此对电视晚会提出了更高的要求，互联网时代的到来标志着流量成为各电视台获利的主要渠道，这个阶段的电视晚会不仅在内容上进行改革创新，在制作技术上也更加精致、成熟，获得了大多数年轻受众的喜爱。2008年，中共中央、国务院印发了《关于深化行政管理体制改革的意见》（以下简称《意见》），对推进事业单位的分类改革提出了指导方针，要求事业单位按照政事分开、事企分离和管办分离的原则分三类进行改革。在《意见》的指导下，广电总局在2009年8月下发《关于认真做好广播电视制播分离改革的意见》。因此，笔者以2009年来作为划分电视晚会发展新阶段的时间点。2009年以后，广播电视媒体积极改革创新，开始尝试与机构、资本合作。新媒体时代，电视晚会竞争愈发激烈，随着广播电视媒体的创新改革，电视晚会可提供的创作空间充沛、灵活性较高，各大电视台纷纷树立品牌。部分财力雄厚的省级卫视还将元旦、小年、元宵、中秋等时段收入囊中，制作跨年晚会、小年夜晚会、元宵晚会、中秋晚会等。在互联网时代，流量就是收益，电视晚会不断求变，大屏小屏无缝对接，拓宽了传统媒体的内容生产与传播渠道。2011年，北京电视台首次运用360度全景视频的拍摄方式，为观众提供了可以自由选择视角的电视晚会体验。此外，一些网站举办的网络晚会受到了年轻受众的好评，2019年12月31日，在全国各大卫视纷纷投身跨年晚会激烈竞争时，哔哩哔哩网站举办了"bilibili晚会：二零一九最美的夜"跨年联欢晚会，由于节目制作精美，吸引了众多年轻受众的视线，并最终以观看直播及关注观众突破八千万人、近七千万人次的回放量脱颖而出，为近年来仅靠大牌明星支撑的晚会现状带来一丝清风。

电视晚会承担了如下必不可少的功能：①政治宣传功能。电视晚会受众比较广泛，其在宣扬党的大政方针以及弘扬中华优秀传统文化等方面发挥着巨大的作用。②娱乐功能。进入21世纪，我国的经济持续高质量发展，全球化和城市化进程不断加快，人们在生活中的压力越来越大，对于精神层面的需求越来越多，回到家打开电视就希望能够通过文艺作品来满足自身的娱乐需求。因此，娱乐性是电视文艺晚会的重要功能之一，没有娱乐性质的晚会很难吸引观众的收看。每年的跨年晚会是娱乐性晚会的代表，跨年晚会泛指在12月31日晚举办的迎新年晚会，最早兴起于欧美国家，随后风靡台港澳地区。2005年12月31日，湖南卫视举办了内地第一场跨年晚会，随后，多家卫视加入竞争，跨年晚会逐渐成熟。跨年晚会阵容豪华，竞争激烈，具有极强的娱乐性，受众一般是年轻观众。③宣传知识的功能。我国的媒体具有政治和经济双重属性，这决定了社会效益与经济效益的对立统一要始终作用于媒体运行的全过程。因此，电视晚会也具备了一定的教化功能与知识性功能。竞赛类晚会是其中的代表，例如，传承古诗词文化的节目《中国诗词大会》，《中国成语大会》《汉字英雄》《成语英雄》等知识类节目也推动了文化的传承与发展。

电视晚会曾经很风光，元旦看跨年晚会、除夕看春晚仿佛已经成为广大观众的一种仪式。与此同时，随着各家媒体纷纷入局，传统电视晚会的数量飞速增长，呈现泛滥的趋势，各大电视台下重金请大牌明星，对于节目质量与内容反而不太重视，同质化严重。此外，随着中国老百姓审美水平的不断提升，传统的电视晚会已经不能满足观众的需求，民众的生活娱乐方式越来越丰富，社会生活越来越多姿多彩，而内涵肤浅、依赖明星效应、缺乏魅力的晚会自然就无法吸引观众，部分晚会所呈现的节目甚至被观众摒弃，一场节目下来，吐槽之言远多于赞美之词，因此电视晚会遭遇了极大的冲击和挑战。在这样的背景下，2021 年，河南广播电视台制作的"中国节日"系列节目横空出世、火爆全网。据主创人员介绍，"中国节日"系列节目全网阅读量超过了 300 亿人次，同时还带动了河南省的旅游以及文创产业的开发，可谓叫好又叫座。那为什么是河南卫视(前身是河南电视台第一套节目，1996 年 6 月 1 日改名河南卫视)呢？"中国节日"系列节目又进行了哪些创新促使了这一文化现象产生呢？笔者带着疑问开始了分析与研究。

二、河南"中国节日"系列节目的创作背景

2019 年 9 月 18 日，习近平总书记在河南郑州主持召开黄河流域生态保护和高质量发展座谈会并发表重要讲话，将黄河流域生态保护和高质量发展首次上升为重大国家战略，提出"要深入挖掘黄河文化蕴含的时代价值，讲好'黄河故事'，延续历史文脉，坚定文化自信，为实现中华民族伟大复兴的中国梦凝聚精神力量"。在贯彻落实习近平总书记相关讲话和指示精神方面，河南广播电视台一直在努力探索和实践。黄河文化，灿若星河。深入挖掘黄河文化蕴含的时代价值，讲好黄河故事，是河南广电人孜孜以求的目标。河南省第十一次党代会强调，要推动文化繁荣兴盛，提升发展软实力。如何把黄河文化的根和魂用现代化的制作方式和传播方式

进行全新的诠释，是河南广电人亟待解决的问题。河南是文化大省，"纵横三万里，上下五千年"都可以在这里寻找到文化痕迹。河南的洛阳、开封、安阳，这些古城、古都都有着深厚的文化渊源。躺在文化沃土上的河南广电人一直在思索，那么多的历史文化符号和韵脚，要从哪个故事开始讲起？近年来，河南广播电视台通过影视手法、线上宣推和线下活动等多种形式努力讲述黄河文化。如"黄帝故里拜祖大典"、2021年"黄河文化月"、仰韶文化考古大会等。纪录片《黄河人家》，在国家广播电视总局的协调指导下，河南广播电视台联合其他沿黄省（区）的媒体一起制作完成。其中，最突出的代表是"中国节日"系列节目。

2021年初，河南广播电视台按照往年惯例策划并制作了牛年春晚——"当潮不让·你好·牛"河南春节晚会。春晚紧扣"潮"这一主题，将中原的发展与黄河浪潮紧紧相连，河南建设在"十四五"勇立潮头的景象被展现得淋漓尽致。晚会以"潮"的表达方式，精彩展现了2020年河南的"牛人""牛事""牛精神"。晚会一经推出备受好评，节目《唐宫夜宴》将虚拟场景和现实舞台结合，唐朝少女们活泼明艳的形象打动了观众，这场唐朝少女的奇妙之旅在各大网站、论坛上刷屏，备受观众喜爱，河南广播电视台果断抓住机会，推翻原先已经录制好的元宵晚会，重新打造了一场《元宵奇妙夜》，自此拉开了"中国节日"系列节目的序幕。河南广播电视台以"中国节日"为IP所打造的一系列与传统节日相关的晚会被称为"中国节日"系列节目。2021年"中国节日"系列节目共包括《2021年河南春节晚会》《元宵奇妙夜》《清明奇妙游》《端午奇妙游》《七夕奇妙游》《中秋奇妙游》《重阳奇妙游》等七台晚会，均由河南广播电视台全媒体营销策划中心策划、执行。

河南"中国节日"系列节目的成功并非偶然，其不仅得益于河南自身深厚的文化底蕴，还与河南广播电视台整合资源，顺应国家的政策有很大的关系，笔者从以下几个方面进行详细说明。

第一，河南深厚的文化底蕴，为河南"中国节日"系列节目提供了文化背景，而河南"中国节日"系列节目的成功也不是偶然，其源自河南卫视对自身深厚文化资源的深度挖掘。首先，河南是中国古代文明的发源地之一，素有"天下之中"的美誉。河南地处中原，得益于得天独厚的地理优势，一直是中国的政治、文化、经济中心，其中安阳先后有6个朝代在此建都共126年；夏、商曾经建都郑州，春秋战国时期郑、韩曾在此建都长达 500 年；开封先后有 11 个王朝在此建都长达 592 年，一张《清明上河图》道述了其无尽繁华；洛阳更是拥有 4000 多年的城市史、1500 多年的建都史，在中国的五千年文明中留下了浓厚的色彩。另外，考古学家在河南发现了甲骨文、青铜器等，珍贵历史文物的出土也在宣示着中华文明的伟大辉煌。因此，河南"中国节日"系列节目是有深厚文化积淀的。其次，河南卫视在打造"中国节日"系列节目之前就根据自身的优势打造了几档传达河南深厚文化的优秀节目，例如，1994 年首度播出的《梨园春》，其将河南传统的戏剧资源搬上荧幕，至今已经开播 29 年，受到了广大豫剧戏迷的喜爱；登封少林功夫全国闻名，其武术表演多次登上春晚的舞台，2004 年河南卫视利用本地的少林功夫开设了《武林风》这一竞赛类的节目，给全国乃至世界带来了功夫潮；后来河南卫视推出的鉴宝类节目《华豫之门》以及与爱奇艺联合举办的《汉字英雄》和《成语英雄》也都取得了一定的成绩。因此河南"中国节日"系列节目的成功不是偶然，而是河南卫视立足于自身的文化优势并对其深度挖掘，打造出的一系列符合现代人审美的优秀节目。

第二，河南广播电视台重新整合资源，对晚会的举办权实行"全员参与，公开竞选"的制度，不断地培养年轻人才，对于有突出贡献的个人以及集体进行奖励，保证多劳多得，这在很大程度上激发了工作人员的积极性，也为河南"中国节日"系列节目奠定了人才基础。[①] 首先，河南广播电视台重新整合资源，广播电视台旗下的各个部门并入大象融媒体技术有限公司，并成立了河南广播电视台全媒体营销策划中心，这就相当于大部分人走出体制，激发了工作人员的工作积极性，让其放开手脚，释放潜能，进而生产出更多的优质节目。其次，河南卫视在举办大型节目的时候采用竞聘的方式，每一场晚会的制作都由各个工作室共同参与，经过公开的选拔之后决出优胜者，最终胜出的团队获得本场晚会的制作权，获胜的团队在统一管理的基础上有很大的自主权，如用人权、资金支配权等，另外，还增加了导演的权限，导演可以尽情地释放自身的才华，也激发了团队创造的激情，以竞争促进晚会水平的不断提升。再次，河南广播电视台不遗余力地选拔人才，加强对团队的培

---

① 解雪. 接受美学视域下的文化类节目创作浅析：以河南卫视"中国节日"系列节目为例 [J]. 新闻世界，2023(5)：81-84.

训,不仅保证整个团队的年轻化,也提升了团队的激情,同时又积极地引进人才,激发活跃年轻人的思维。最后,新体制的运行打破了传统的收入方式,实行"多劳多得"的方式,对节目有突出贡献的个人以及团队进行奖励,进一步激发了工作人员的工作热情,提升了工作效率。有了制度的支撑,河南"中国节日"系列节目才有了更多的人才保障,这也是其取得成功的重要因素。

第三,党的十八大以来,党和政府高度重视弘扬中华民族的传统文化,提升中华民族的文化软实力,河南广播电视台顺应党的政策,把中华民族的传统文化与时代发展趋势相结合。河南"中国节日"系列节目一改其他电视晚会依靠明星效应的特点,积极响应国家的政策,响应党和政府的号召,以民族文化为晚会的基调,利用现代技术,满足当代人的审美需求,河南"中国节日"系列节目做到老少皆宜,让观众眼前一亮,成了近年来一道独特的文化风景线。近年来,随着我国经济的高质量发展,消费文化的影响日益显露,媒介市场化、产业化进一步推进,电视晚会也开始呈现出商业化、泛娱乐化、同质化严重等问题,其艺术性与文化性却逐渐被消解,"重收视、轻节目",语言类节目浅显无趣、歌舞类节目假唱失真,整台晚会陷于流量大战、明星大战,难以沉下心来打磨作品,一方面晚会投资巨大,一方面又得不到观众的好评,一场晚会结束,往往关于节目的讨论没多少,大量的节目没有记忆点,很快就被观众遗忘,而网络上网友吐槽的段子却一个接一个。根据使用与满足理论,人们不是被媒介使用,而是使用与选择媒介来满足需求与愿望。在新媒休时代,受众采取更加主动的方式发布信息,自主地传出个人声音,观众的口味越来越挑剔,同时具有更高的审美水平和更高的欣赏要求,想要吸引观众的注意力、想要打动观众必须制作出以"内容为王"的精品。河南广电"中国节日"系列节目走出了传统电视晚会的旧模式,不走用流量艺人来带动晚会关注度、吸引观众的老路,而是抓住传统文化这一取之不尽的宝库大做文章,用优秀的中华文化底蕴打造了一台台审美高级、品位高雅的晚会,把传统文化节目与新媒体、新手段全面融合,与文创、文旅等深入融合,创造出了兼具"破圈""跨越"等效果的优秀作品,满足了受众从优秀传统文化中汲取营养的需求。使得"中国节日"系列节目在没有流量明星助阵的情况下,既叫好又叫座,引发了"国潮热",为电视荧屏带来了一股清新之风,成为2021年一道独特的文化风景线。

三、河南"中国节日"系列节目的基本情况

河南"中国节日"系列节目利用传统的广播电视技术，结合文艺晚会的特点，加上现代技术，采用综艺与晚会相结合的方式，由主持人进行串联，将中国的传统节日与娱乐结合在一起，整个"中国节日"系列节目在形式上做到了轻松活泼，在内容上做到了寓教于乐，并且丰富了观众的精神世界，满足了观众的审美需求，得到了老百姓的好评。

河南"中国节日"系列节目是河南广播电视台以中国的传统文化为立足点，结合现代科技打造的具有浓厚历史底蕴的视觉盛宴。其主要包括《2021年河南春节晚会》《元宵奇妙夜》《清明奇妙游》《端午奇妙游》《七夕奇妙游》《中秋奇妙游》《重阳奇妙游》等七台晚会。这七台晚会采用实景拍摄与棚拍结合的方式，把中原地区的发展、建设在镜头中刻画得淋漓尽致，精彩地展现了河南的精气神。节目《唐宫夜宴》采用虚实结合的手法，把唐朝少女明艳活泼的形象传达给观众，带给观众一场奇妙的旅行。节目一经播出就掀起了收视热潮，河南广播电视台趁着春晚的收视热潮，打造出了《元宵奇妙夜》，其拍摄地主要在九朝古都洛阳，元宵佳节，舞者身穿盛唐服饰，用绝美的袖舞以及南北舞狮展现出了中国人独有的浪漫和刻在骨子里的家国情怀，至此，河南"中国节日"系列节目正式拉开了序幕。杏花微雨的《清明奇妙游》，以歌曲《月亮》开头，照亮了我们回家的路，舞剧《纸扇书生》带我们领略了嵩山书院、少林寺、嵩岳寺塔、中岳庙以及老君山的风采，整个晚会采用画中画的形式，结尾更是让青铜器戴上耳机在摇摆说唱，不仅弘扬了中华民族的传统文化，还把节奏打在了观众的审美点上。《重阳奇妙游》以轻松的曲调，讲述了重阳节时唐小竹、唐小可找寻回家的路却意外激活了"孟嘉落帽""陶渊明白衣送酒""王勃作《滕王阁序》一鸣惊人"三个重阳典故的过程，这个节目以舞蹈、戏曲以及歌舞等作为表达形式，表达了重阳节的文化传统以及人们的情感。①

---

　　①　户明方. 将"观众"变成"游客"：河南卫视"中国节日"系列节目助推文旅融合［J］. 中国广播影视，2023(6)：69-71.

第二节　河南"中国节日"系列节目制作创新

改革开放以来，我国的经济发展在获得巨大成就的同时，外来的文化也随之进入中国市场，并受到年轻一代的追捧。党的十八大以来，党和政府确立了弘扬中华优秀传统文化，打造"文化自信"的大政方针，河南广播电视台顺应政府的号召，坚持以文化立台的方针，在内容、形式以及技术上不断地创新，用心讲好中国传统节日的故事，散发传统文化的魅力，为观众呈现现代化的视听盛宴。目前，电视晚会是一种受众较广的平台，但近年来随着竞争的加剧，各大卫视的晚会大量地邀请流量明星，过于重视娱乐性，导致其晚会缺乏内涵，已经让不少观众形成视觉疲劳。河南"中国节日"系列节目横空出世，在内容上以中华民族的传统文化为立足点，打破传统晚会直播的方式，采用实景拍摄与舞台相结合的方式，在形式上打破传统晚会的时长，整个"中国节日"系列节目在时长上不超过1个小时，采用了"网剧+网综"形式，更容易引起观众的兴趣，并设立了"唐小妹""宋小妹"等角色，增加了人物的黏性；在技术上，河南广播电视台大胆地创新，利用后期抠图、技术投射、后期特效制作等方式，用心讲述了中国传统节日背后的文化意义，进一步弘扬了中华民族的传统文化。中华民族的传统节日历经几千年的沉淀，河南"中国节日"系列节目的播出更易引起中国人的共鸣，激发年轻一代的文化自信，从而有利于传统文化的传承。

一、内容创新，传统文化焕发魅力

河南广播电视台贯彻党的政策，深度挖掘河南深厚的传统文化，打造河南自己的文化品牌，河南"中国节日"系列节目多采用实地取景，让观众体验到了河南的风土民俗，进一步地推动了河南旅游业的发展。下面从三个方面对"中国节日"系列节目的内容创新进行详细的阐述。

第一，河南广播电视台依托其丰厚的文化底蕴，打造了一系列满足观众审美的节目。改革开放以来，我国经济发展取得巨大进步，但传统文化遭受外来文化的挤压，国内的节目存在娱乐性过重、依靠明星效应来获取流量的问题，这对青少年的价值取向一定程度的负面影响，而随着国民教育水平的提高，娱乐性过重的节目由于缺乏内涵，已经满足不了观众的审美需求，在这样的大环境之下，弘扬中华民族的优秀传统文化并赋予其现代的审美刻不容缓。河南"中国节日"系列节目就是在这样的环境中应运而生。河南背靠黄河，是中华文明最早的发源地之一，具有深厚的传统文化底蕴，河南广播电视台积极响应政府"文化自信"的号召，充分发挥其文化优势，河南"中国节日"系列节目制作精良，做到了传统文化与现代审美的结合，用歌曲、舞蹈、戏剧、武术、书法等为表现手法，以河南的美景为幕布，生动地诠释了中华民族的传统文化及其背后的意义。例如，河南广播电视台制作的《中秋奇妙游》，讲述了唐朝的宫廷乐师之女唐小月在中秋佳节经过重重考验集齐信物，终于父女团圆的故事，整个晚会不仅讲述了中秋节的文化内涵，还展现了中华民族的太极、皮影、舞狮、唐三彩等非物质文化遗产，节目一经播出就收获了赞誉，赋予传统文化现代因素，满足了观众的审美需求。

第二，中国传统节日是我国五千年的情感积淀，更容易引发我们的民族情感共鸣，河南"中国节日"系列节目就是深挖中国传统节日，打造出属于自己的品牌并赋予了节日新的意义。中国传统节日是中华民族的文化品牌，是中国人的情感表达形式，古人通过诗词表达对传统节日的热爱，如今，春节、清明节、端午节、中秋节等，我们通过放假来引起大家对传统节日的重视，这也进一步体现了党和政府复兴中国传统节日的决心。① 中国传统节日历经几千年的传承，诞生了很多民俗，例如，春节要贴对联、放鞭炮、吃饺子，元宵节要猜字谜、点灯笼、吃汤圆，清明节要缅怀先人，端午节要赛龙舟、吃粽子，中秋节要全家一起赏月、吃月饼，等等，每一个传统节日都是一幅热闹非凡的画卷，而如今随着外来文化入侵，导致中国传统节日氛围淡薄，"圣诞节""万圣节"受到年轻人的追捧，因此，深度挖掘中国传统节日势在必行。河南广播电视台以电视和网络为传播媒介，在其他电视台还投身于娱乐晚会的情况下，另辟蹊径，深度开发中国传统节日，讲述属于中国人自己的故事，打造出一系列的节目品牌，传递具有现代色彩的节日情感，自然也就得到了中国人民的共情，这也从一定角度说明了中国年轻一代虽然对外来文化有一定的兴

---

① 宗苏泽. 传统文化现代表达的创新路径探析：以河南卫视"中国节日"系列节目为例[J]. 中国地市报人，2023（2）：27-29.

趣，但是外来文化仅仅提供了娱乐的作用，中国的传统节日才更容易引发我们的民族情感共鸣。

第三，河南"中国节日"系列节目打破传统的电视晚会采用直播的形式，其很多节目采用实地拍摄，做到了大舞台与实景相融合，让观众不仅领略到了河南的美景，也了解了河南的风土民情，在弘扬传统文化的同时促进了河南旅游业的发展。① 传统的电视晚会主要采用大舞台实时直播的方式，而河南"中国节日"系列节目打破了传统晚会的形式，其中很多节目采用实地取景拍摄，做到了大舞台与实景相融合，实地取景使得整台晚会精美大气，更能吸引观众的眼球，例如，《端午奇妙游》的开场舞《洛神水赋》是根据端午节大家会在水边祭祀的风俗而设计的，由于水下舞蹈拍摄过程要靠憋气完成，舞者大概50秒换一次气，还要避免眨眼，并控制好表情，所以在实景拍摄后通过剪辑的方式呈现在观众面前；《丽人行》的取景地是隋唐洛阳城国家遗址公园；《唐印》取景于开封的清明上河园；在《元宵奇妙夜》中，我们看到了河南博物院、玉米楼、洛阳的应天门、明堂以及开封的清明上河园；《七夕奇妙游》中的《龙门金刚》在洛阳的龙门石窟取景拍摄；《重阳奇妙游》中的《逍遥》取景于焦作的云台山，让观众梦回大唐见识了李白的风采。河南"中国节日"系列节目的播出让全国乃至全世界的观众领略到了大河南的美，郑州博物馆、清明上河园、云台山、白马寺、龙门石窟都受到了全国人民的关注，河南"中国节日"系列节目的播出促进了河南旅游业的发展。

第四，河南"中国节日"系列节目以"三个坐标"为主要创作内容。以历史坐标为 X 轴，从历史坐标的角度来看，"中国节日"系列节目是应时合势之举。深入挖掘传统文化内涵，打造兼具底蕴和传播力的文化作品，从传统文化的搬运工转为传统文化的二次加工者，用创意表达形式找到中国传统文化的韵脚，激发大众对传统文化的兴趣和热情，让更多人跟着节目去深挖文化背后更深刻的故事，从而更深入地展现文化全貌。在2022年河南春晚的《黄河泥娃》节目中，节目组找到郑州用黄河泥捏泥娃的"非遗"传承人，并通过现代技术把这些泥娃活化为一群可爱的小孩子。在节目里，孩子们用憨态可掬的形象进行了精彩表演，惟妙惟肖。节目播出后

---

① 胜夏. 河南卫视"中国节日"系列节目的符号建构与传播研究［J］. 西部广播电视，2023，44（4）：171-173.

广受欢迎，很多网友感叹找到了童年的回忆。创作者在创作节目的同时便考虑把这些黄河泥娃做成文创产品和网络表情包，让这些文化 IP 更深入地弘扬传播黄河文化。以未来坐标为 Y 轴，未来坐标就是从事件中找到那些缓慢而坚定的，能够推动未来发展的关键变量。科技赋能可以增强文化的科技感，如何将传统文化与现代艺术相结合，则是一个值得思考的问题。河南"中国节日"系列节目的创作目标就是把摸不着、看不见的东西，通过技术赋能实现"艺术点亮"，让节目概念化的东西呈现在观众眼前，让技术有思想，让视觉有灵魂，让优秀的传统文化成为新一代年轻人的新国潮。在《龙门金刚》创作中，除了唯美画面，节目还用了现在很多年轻人喜爱的电音来进行创作。理想照进现实，《龙门金刚》创作之际正逢神舟十三号即将发射，为此节目中出现了 13 位伎乐天，把当下文化跟未来世界做关联，都是"未来坐标"的影子。以系统坐标为 Z 轴，系统坐标是把孤立的文化元素、文旅项目放置到系统中去思考。"中国节日"系列节目与文旅、文创项目深入融合，通过系统思考，结合自身优势，挖掘黄河文化的新语态、新落点。"中国节日"系列节目已成为独特品牌，每到一处都能把当地的文旅项目再次"点燃"。如 2021 年《清明奇妙游》中的《精忠报国》，便展现出黄河儿女的一腔热血和激情。在节目创作之初，创作者选择黄河古道边作为拍摄地。伴着激昂的音乐，黄河之水，黄河的涛声、浪声和《精忠报国》的内容有机结合，让节目迸发出极大张力，将热血和激情通过人物和画面传达给观众。很多身在国外的观众看到之后惊叹滔滔壮观的黄河之水。2022 年《清明奇妙游》舞蹈节目《陇上踏歌行》在桂林进行实景拍摄，节目在短视频平台得到广泛传播，桂林的很多网友在"河南广电全媒体中心"视频号平台下面留言称赞"桂林山水甲天下，桂林又在河南广电的平台上火了一把"。

二、形式创新，全新表达文化内容

传统的电视晚会时长动辄四五个小时，为了吸引流量，节目往往以娱乐性为主，随着观众审美水平的提升，传统晚会已经满足不了观众的需求，而河南"中国节日"系列节目打破传统电视晚会的形式，大胆创新，以中华民族传统文化为切入点，设立了"唐小妹""宋小妹"等角色，增加人物的黏性。另外，节目时长较短，做到了短小精悍，使其更易传播。河南"中国节日"系列节目舞出了中国人的文化自信,向世界传达了中国人的审美以及理念,促进了中国传统文化的传播。

河南"中国节日"系列节目打破传统电视晚会的形式,大胆创新,开辟了电视晚会的新纪元。目前我国大部分的节日晚会以娱乐性为主,整场晚会由主持人进行串词,力邀各大明星加盟,内容以歌曲、现代舞蹈、小品为主,基本上没有讲述节日的内涵和意义,仅仅是为了吸引流量打造的视觉盛宴,而河南"中国节日"系列节目中,2021年的联欢晚会"当潮不让·你好·牛"在形式上保留了原始晚会主持人进行串词,在内容上由舞蹈、歌曲、小品等组成的形式,但是其加入了很多新元素,例如,讲述了中国抗疫、河南发展以及乡村振兴;整场春晚充满了传统文化的元素,向世界传递中华传统义化,例如,国乐演奏大师方锦龙表演的《新春国乐畅想曲》,还有歌曲《我根是炎黄》以及登封少林寺带来的太极表演《天地之间》等。晚会一经播出就引发了收视热潮,因此河南广播电视台果断地重新排练了元宵晚会,放弃了主持人串词这一形式,也没有邀请流量明星坐镇,整个节目的时长基本上不超过一个小时,节目以中华民族的传统文化为切入点,以河南当地的美景为大幕布,改变了传统晚会现场直播的形式,以全新的姿态让观众体会到了传统节日的魅力。

在河南"中国节日"系列节目中,从《清明奇妙游》开始采用"网剧+网综"的形式。节目以一则新闻播报开端,在河南博物院里,保安小哥带领一群文物进行报数开会,紧接着唐小妹出走,出现在了郑州街头,场景也切换到了舞台,跟随着唐小妹的脚步,观众来到了嵩山书院,《纸扇书生》带观众领略了北宋才子的文采风流,也让观众感受到了中华民族的文化自信,其取景地除了嵩山书院,还有少林塔林和二十四节气发源地的观星台。《清明奇妙游》以说唱《我们是一家人》结束,画面用现代的技术手段"包装"了河南出土的青铜器和三星堆,其形象以及表达形式贴近年轻人的喜好,整台晚会耗资少,但是传递了清明节的意义和内涵,并展示了河南的风土人情,这也为电视晚会的发展树立了榜样。

河南"中国节日"系列节目设立唐小妹、宋小妹等角色,增加了人物的黏性和节目的趣味性,促进了中华传统文化的传播。2021年河南"中国节日"系列节目设立了唐小妹这一角色,2022年河南广播电视台选用了宋小妹来串场,唐小妹和宋小妹形象亲民,符合现代人的审美,成了河南"中国节日"系列节目的代名词。河南春晚《唐宫夜宴》是由十四位"复活"的唐朝舞者完成的,她们身着唐装,形象憨掬可爱,满满的民族元素带观众梦回唐朝。《唐宫夜宴》一经播出就反响热烈，尤其是唐宫小姐姐迅速出圈，成了年度吉祥物。后来的《元宵奇妙夜》更是全程跟随唐小妹的步伐，游览河南博物院，探索其背后的文化意义。《清明奇妙游》中，河南广播电视台利用现代技术打造了一个二次元的唐小妹，以其出走为主线，解锁了郑州、登封、信阳、开封等城市，不仅带领观众领略了河南各地的美景，也让大家感受到了传统节日的氛围。《端午奇妙游》中设立了唐小玉、唐小彩、唐小可、唐小竹四个女性角色，并为她们打造了人设，其中唐小玉擅长游泳，唐小彩擅长音律，唐小可擅长戏曲，唐小竹擅长中医，四个女孩分别以不同的故事开启了端午畅游。《中秋奇妙游》以唐小月为主线，讲述其突破重重障碍与身为宫廷乐师的父亲相聚的故事。《重阳奇妙游》以唐小玖为主人公，通过唐小玖把整台晚会巧妙地串联在一起，传递了重阳节的人情风俗。另外，除了唐小妹以外，河南"中国节日"系列节目中《洛神水赋》以洛神为人物原型，《纸扇书生》以北宋时期在崇阳书院求学的书生为人物原型，也有以少林弟子、李白等为人物原型的节目，这一系列角色设置在增加人物黏性和节目趣味性的同时，也带领观众感受了传统文化的魅力，为传播中华优秀传统文化立下了汗马功劳。

近年来，由于人们的生活压力增大，生活节奏加快，不少人沉迷于刷短视频。短视频短小精悍，相较于图片、文字，短视频在表达上更全面、更有重点、更加准确，因此短视频平台拥有大量的用户。传统的电视晚会动辄就要四五个小时且缺乏内涵，已经耗尽了观众的耐心，而"中国节日"系列节目时长短，内容依托中华民族的传统文化，满足了观众的审美需求，一经播出就引发了播放狂潮。

《唐宫夜宴》时长仅仅 7 分钟，播放量却冲破 20 亿人次，也正是这次节目的出圈才让河南广播电视台下定决心把"中国节日"系列节目的"小屏"传播放在首位，节目组精准的定位促使"中国节日"系列节目每一期都有一个爆款节目，进一步弘扬了中华优秀传统文化，让更多的人认识了河南，了解了中国。《端午奇妙游》中的《洛神水赋》时长仅仅一分多钟，但其舞姿自信从容，配色大胆，画面唯美，不少观众称，就算是曹植在世也得称一句"翩若惊鸿，婉若游龙"，更有网友问"这样的大制作，什么时候会再次遇到"。《七夕奇妙游》中的《龙门金刚》节目时长 3 分半钟，但是其一出场就稳居中心，随着一道金光洒下来，佛像苏醒，画面气势磅礴，表达了中华儿女坚强勇敢、不畏艰险的精神。《重阳奇妙游》中的《有凤来仪》节目时长不到 3 分半钟，开篇采用双人舞表达了凤凰浴火重生、纳福迎祥之意，表达了中华民族的美好愿景。河南"中国节日"系列节目短小精悍、内容优质、画面精美的特点，让其极易传播的同时，也充分展示了中华民族传统节日的内涵和中国人民的美好品格，向世界传递了中华民族的审美，让更多的人了解并喜爱中国的传统节日，从而促进中华优秀传统文化发扬光大。

三、技术创新，现代化视听呈现

"中国节日"系列节目的后期制作上主要有以下三种技术创新：设立绿幕进行拍摄，拍摄舞者跳舞的视频，后期进行抠图制作；舞者在表演时利用投射技术，放大舞台的空间感，做到虚实结合；节目后期加持特效。[①] 其大胆地进行技术创新，做到了传统文化与现代审美的结合，更好地传播了传统文化，将传统文化变成了现代化的视听呈现。

第一，"中国节日"系列节目以实景拍摄为主，在画面的制作上加持特效，极大地满足了观众的审美需求。近年来，关于传统节日的电视晚会，各大卫视一般以现场直播为主，娱乐至上的指导思想使有关电视晚会变成了各大卫视的烧钱之战，各电视台往往邀请流量明星加盟以提高收视率，在节目的内容上缺乏内涵，在形式上千篇一律，缺乏新意，而河南卫视多年来一直在强调，要做有文化底蕴的好节目，2021 年的河南春晚《唐宫夜宴》率先出圈，一经播出就引发了收视热潮，其创作灵感来自河南安阳张盛墓出土的隋代乐舞俑（现存于河南博物院）。《唐宫夜宴》利用现代技术复活了河南博物院里十四位唐宫小姐姐，讲述了她们去参加唐高宗李治和武则天设立的宴会的故事，在赴宴的途中她们嬉戏打闹、憨态可掬，路过小河的时候争先恐后地看自己的妆容，后来利用虚拟技术，场景切换，十四位小姐姐开始入宫献舞，她们收起稚气，翩翩起舞，这一场舞蹈高科技元素与中华传统文化交相辉映，舞出了民族文化自信。自此也拉开了河南"中国节日"系列节目的序幕，河南"中国节日"系列节目的又一大爆款——《洛神水赋》，全程在水下进行 360 度的实

---

① 陈红梅，张佩玉. 传统电视文化类节目的创新路径：以河南卫视"中国节日"系列节目为例[J]. 民族艺林，2023（1）：73-81.

景拍摄，并借助特效技术手段进行二次创作，色泽明亮，获得了很好的传播效果。《七夕奇妙游》中的《龙门金刚》、《重阳奇妙游》中的《有凤来仪》和《逍遥》等都是利用了特效技术，虚实结合，带给观众视觉震撼。

第二，"中国节日"系列节目改变了传统晚会直播的方式，其除了运用上述提到过的实景拍摄加上后期的特效加工的方式，还主要有以下两种表达形式：首先设立绿幕并拍摄舞者跳舞的情景，其次进行后期的抠图，绿幕被换成其他需要的画面，营造强烈的画面感；舞者在舞台上进行演出，利用投影技术，把虚幻的场景投射到舞台上，虚实结合，放大舞台的空间感。"中国节日"系列节目中大量地运用了上述技术，例如，《清明奇妙游》中的《纸扇书生》采用实景拍摄，利用现代技术做到场景切换，再加上后期的制作，带领观众仿佛置身于北宋时期繁华的清明上河街，带领观众观看河南美景的同时，又领略到了传统文化的意义。《中秋奇妙游》中的《墨舞中秋帖》开篇有舞者在一张白纸上跳舞，以袖为笔挥毫泼墨，其做到了武术与书法的融合，画面肃静，传达了中秋节的温暖氛围。后期的技术创新让节目更具画面感，让观众有一种身临其境的感觉，获得了很好的传播效果。

第三节 河南"中国节日"系列节目文化记忆符号选取

扬·阿斯曼认为文化记忆具有符号属性，每个节日所附着的仪式、舞蹈、图案、服装、饮食、地点、景观等客观外化物都可以被转化为符号并进行编码，它们承载着可以继承和延续的经验，并且这种经验在时间和空间上能够被无限延伸。节日及其仪式是文化记忆的首要部分，文化记忆离不开一系列相应的节日活动和仪式行为，包括诗词歌赋、舞蹈动作、戏曲表演、自然场景等外在物质性的或象征性的事物，在回忆和建构的过程中，它们会被符号化，通过这些符号的选取和重组，能够呈现或重现一定时期或社会的民众生活，传递其中的象征意义。

中华传统节日承载着中华民族丰富的历史和文化，每个节日都有其独特的文化记忆符号，这些符号具有特定的意义和价值，通过这些符号的传承和延续，人们能感受到传统文化的魅力，有利于弘扬中华民族的优秀传统文化。河南"中国节日"系列节目采用以下方式突出中国节的特色：①采用"节日+奇妙游"的方式命名，节日性符号突出节日的特色；②河南"中国节日"系列节目采用河南实景拍摄的形式，地域性符号强化地方集体认同；③河南"中国节日"系列节目采用全民族的非物质文化遗产，如二胡、古筝、刺绣等民族性符号，体现中华文化的博大精深；④利用新潮性符号，让传统文化与现代技艺融合，促进文化记忆传承；⑤定位不同人群的审美，分众化符号扩展文化记忆主体，弘扬中华文明。河南"中国节日"系列节目文化符号的选取突出了中华民族的特点，使传统文化与现代社会完美地融合，体现了中华文化的博大精深，满足了不同人群的审美需求，让中华民族产生强烈的民族文化认同和文化自信，促进文化记忆的传承。①

一、节日性符号突出中国节日特色

文化是人类经过长期发展共同拥有的符号，而中国传统节日就是我们这个历经几千年文明的民族符号，是中华文化的重要组成部分，也是展示民族文化的窗口。中国的传统节日是我国劳动人民的精神传承，这是时间留给我们的瑰宝，但是，近年来随着经济的发展，中国的传统文化受到了外来文化的挤压，而河南"中国节日"系列节目横空出世，其以节日性符号突出中国节日特色，采用"节日+奇妙游"的方式命名，给观众最直观的表达，而其内容也是紧贴节日的氛围，做到了民族文化自信，促进了中华文化的繁荣。②

第一，中华民族有着悠久的历史，留下来很多优秀的历史文化，而传统节日作为其重要的组成部分，已经成了我们的"信仰"，例如，即使春节一票难求，我们仍然要回家；元宵节我们要吃汤圆、猜字谜；清明节我们要祭祖；中秋节我们要吃月饼，思念远方的亲人，等等。传统节日就是我们对中华民族这个大家庭的认同，也正因为传统节日赋予了中国人专属的浪漫，我们才有强烈的"亲情感""家庭观"。河南"中国节日"系列节目除了跨年春晚，其他的节目都是以"节日+奇妙游（夜）"命名，这样的命名形式也是在提示观众，中国传统节日到了，他们的"奇妙游（夜）"

---

① 张梦溪. 文化类节目的策划创新策略探析：以河南卫视"中国节日"系列节目为例［J］. 新闻研究导刊，2023，14（2）：186-189.

② 吴超凯. 新媒体环境下文化类电视综艺节目的创新策略研究：以河南卫视"中国节日"系列节目为例［J］. 传播与版权，2023（1）：46-48.

要开始了，这就形成了节日性符号，给予了每一个中国传统节日独有的仪式感，也在提醒观众春节到了别忘了回家，中秋来了别忘了给父母一个电话，清明到了别忘了回家祭祖等。例如，《清明奇妙游》中，八个节目都经过河南卫视的精心策划，具有突出而强烈的节日符号特征。从童谣《二十四节气歌之清明》，把我们带入清明时节，引入清明上河图的画卷之中，同二次元的唐小妹一起迎春踏青；《纸扇书生》展现了千年前的少年们在充满生机的春天朗朗读书，与千年后今天的学生也在春天奋发向上相呼应；冯提莫的一曲《春暖花开》，更是将春天的美好点燃。接下来的《精忠报国》是主旋律的声音，《少年》唱出蓬勃的希望，说唱《我们是一家人》唱出古今各地中国人的团结一心……所有节目都与清明节及其所蕴含的文化内涵相照应。放风筝、斗草、蹴鞠、荡秋千、投壶等传统民俗符号的展示以及杜牧的《清明》、晏殊的《破阵子·春景》等关于清明与春天的诗词，共同体现出清明节所传承下来的节日韵味。《重阳奇妙游》在主题策划、节日文化符号选取时，不仅考虑到重阳自古以来拜神祭祖、登高祈福、祛病避瘟等习俗，同时也融入了当今重阳节"感恩敬老、长寿尊贵"的节日内涵。例如，以唐小玖给太公找祝寿贺礼为故事主线、歌曲《追梦赤子心》演绎了老年人的故事并致敬青春的热血人生、《给你给我》突出人间温情等，在重阳节这个充满"情"的氛围里，让大家不仅感受到了古人过重阳节的仪式感，更体会到了当今时代的"重阳味"。

　　第二，中华民族有很多的传统节日，每一个传统节日都是一段文化，也承载着中华民族厚重的历史，历经几千年的传承，中华民族每一个传统节日都有自己独特的氛围。河南"中国节日"系列节目最擅长的就是通过节目渲染节日的氛围，弘扬中华传统文化，例如，最早出圈的《唐宫夜宴》，以十四位唐宫小姐姐去宫廷献舞途中发生的故事，传递了春节的欢乐气氛，随着场景的转换，唐宫小姐姐在庄严的氛围中翩翩起舞，这又体现了春节作为中国最庄重的节日是肃穆的，是充满希望的。《清明奇妙游》中所有的节目都体现了清明节这一主题，节目以《二十四节气歌之清明》和《清明》两首歌开端体现了清明节的专题，紧跟着的《纸扇书生》描述了北宋时期学子的勃勃生机，一首《春暖花开》更是在向我们讲述春天来了的故事，各行业、各年龄段的人歌唱《少年》，向全世界传递了中华民族不忘初心、众志成城建设伟大祖国的愿景，最后以说唱《我们是一家人》结尾，展现了河南出土的文物以及厚重的历史底蕴，表达了我们的文化自信以及中国人民团结一心、共赴前程的美好祝愿。《重阳奇妙游》以《洛神水赋》开端，在开头就突出了文化的主体，重阳节要登高、祭祀等民俗，而《洛神水赋》画面唯美动人，带给观众极致的视觉体验，让观众在欣赏节目的同时了解文化的意义，而这种文化的宣扬是最让人过目不忘的，其以唐小玖为故事的主角，通过其给太公贺寿为故事的主线，突出了重阳节温暖的氛围，让观众体验到了节日的仪式感。河南"中国节日"系列节目正是用节日符号突出了中国传统节日的特色，进一步地弘扬了中华优秀传统文化。

第三，于今而言，国家的强盛已经不能单单以经济发展为判断依据，文化的繁荣也是重要的影响因素。河南"中国节日"系列节目以节日性符号突出中国节日特色，有利于传统文化的弘扬，做到中国文化自信，促进中国的文化繁荣。中华文明历经几千年，站在一个民族的角度来说，时间就是我们的符号，中国传统节日就是其赋予的意义，也就是说，中国传统节日就是中华民族的时间符号，是中华民族的瑰宝，每年的特定日期，中国的传统节日让大家延续之前的民俗，传承中华民族的传统文化。随着我国经济的发展，多元的价值体系冲击着我们的传统文化。政府出台相关的政策对民众进行引导，例如，清明节、劳动节、中秋节等成为法定节假日，以引起民众对传统节日的重视，更好地弘扬中华传统文化。而电视作为一种传播性极强的媒介，通过舞蹈、歌曲、戏剧等形式在无形中向观众传达中国的文化内涵，影响着人们的价值观，可以说电视媒体在我国扮演着文化传播的重要角色。节日具有导向性，其本身赋予的故事代表着中国传统文化的兼容性，传递着中华民族的情感，而河南"中国节日"系列节目用节日性符号突出中国特色，就是给中国节日打上了标签，让其更具直观性，有利于观众更好地领会传统文化的意义，引导中国人民尊重历史，尊重文化，做到"文化认同"和"文化自信"。① 如今，国家的发展已经不能仅仅以经济的发展作为唯一的衡量尺度，文化的繁荣也是国家强盛的重要因素，西方文化的入侵让年轻一代忽视了中华传统文化的重要性，而河南"中国节日"系列节目以节日性符号突出中国节日特色，也是在引发中国年轻一代对传统的共情，以促进中国文化的繁荣，让中华民族永远屹立于世界民族之林。

---

① 陈志莹，王楠. 从"中国节日"系列节目看媒体融合下传统文化"出圈"路径[J]. 新闻传播，2022(24)：25-28.

二、地域性符号强化地方集体认同

一方水土养一方人。乡土情结和家国情怀自古以来是联结中国人的特殊纽带，它维系着一个地域的向心力，也维系着一个民族的聚合力。回忆形象需要一个具体的空间实现物质化，需要一个具体的时间实现现时化，所以回忆形象在空间和时间上总是具体的。一个集体如果想要成为一个稳定的群体，就需要尽力创造一个包含回忆地点的记忆空间，以激发该群体成员拥有相关记忆，能够在这个空间中相互交流，不断强化记忆。地域性符号承载着某一地区群体的共同记忆，传统节日文化记忆便是生活在该区域的人们生活经验的传承和延续，通过重复性的仪式记录着多年来的传统。

地域性是人们长达数百年甚至是上千年生活在一个地方而产生的情怀，形成地域性最主要的特征就是主观性与日常生活，人们在一个地域范围内长期地生活，通过自身的体验获得直观感受，以及产生对自身价值的理解。家国情怀一直是我们中国人刻在骨子里的信念，我们在中国这片土地上生活了长达五千年，已经形成了悠久的历史文化，我们的祖先创造了中华文明，这些都证明了我们对中华民族的认同。而我们对于地方的认知是基于地方景观，例如，到杭州的时候我们会想到西湖，到北京的时候我们会想到故宫、天安门，到西藏的时候我们会想到布达拉宫，到上海的时候我们会想到东方明珠，等等。每个景观都传递了当地的风土人情，代表着当地的文化，景观也在传达一个群体的表达和认知，让人们获得地域的认同感和归属感。在这里，我们把地域的景观作为一个客体，地域上生活的人们作为主体，我们可以看出，通过地域的景观，我们的主体获得了多重身份。以河南为例，郑州的博物馆、洛阳的龙门石窟、开封的清明上河园等，赋予了河南不同的身份象征，但是我们在强调主体的身份时，往往缺乏主体对于客体的影响的思考，以及主体的情感又该怎样作用到客体身上，这就是地域性符号让我们做出的考量。而河南"中国节日"系列节目利用地域性符号，让全世界看到了河南的美景，弘扬了河南的文化，这是一个引导观众获得民族认同的过程，让观众在观看的过程中不自觉地定义了自身的文化身份，从而形成强烈的地域认同和文化自信，促进文化的传播。

河南"中国节日"系列节目在表达其地域性符号的时候主要通过两种方式：一种

是通过虚拟技术展现河南当地独有的历史特色,另一种是通过实景拍摄河南的景观。不管是虚拟的场景还是实景都有强烈的河南地域特色,这样就让在河南生活的或者熟悉河南的观众在看到自己生活的地域或者家乡的景观时产生地域共情,重新认识该地域的文化意义,从而产生高度的文化认同和文化自信。

河南"中国节日"系列节目中《唐宫夜宴》的地址设在了河南博物院,其形象地刻画了十四位唐宫小姐姐在博物馆复活去参加宴会献舞的故事,节目是在舞台上完成的,利用技术设计虚幻的场景,不仅让观众仿佛置身于大唐,细细体味唐朝文化,也让观众重新认识了河南博物院。《七夕奇妙游》采用当今流行的穿越元素,讲述了女航天员唐小天从2035年穿越回唐朝,同唐朝少女唐小竹、唐小可共度七夕的故事。节目的开端是《龙门金刚》,其拍摄地是洛阳的龙门石窟,"龙门"意味着境界的升华,"金刚"不坏之身,意味着中华民族不屈不挠的精神,也在传递河南人的态度。紧接着歌曲《给女孩》鼓励女孩要自信自强,接着的戏曲《爱》、昆曲《牡丹亭》、越剧《梁山伯与祝英台》、豫剧《白蛇传》突出七夕的主题——歌颂爱情,《破阵乐》有铁骑、有大漠,凸显出满满的家国情怀,让观众看到七夕节不仅只有浪漫的爱情,还关注女性的发展和家国情怀。整个节目的拍摄地都在洛阳,分别是:洛邑古城、龙门石窟和龙门香山,突出了洛阳的地域特色,让观众感受到了隋唐洛阳的繁华和烟火气。《七夕奇妙游》中出圈的节目是《龙门金刚》,其在龙门石窟前拍摄,庄严肃穆,带给观众极致的视觉盛宴。洛阳是中华文化、黄河文明的载体,其包含着历史悠久、兼容并蓄的历史文化遗产,让观众回到了大唐共度七夕,看到千年前的大唐如此繁华,一种自豪感会油然而生,同时也会产生对洛阳城的认同感,产生文化自信并进一步地弘扬中华民族的传统文化。

《清明奇妙游》的开端把郑(州)开(封)马拉松以动画的形式展现出来,通过打卡的形式,涉及郑州、开封、信阳、登封等城市,展示了嵩岳寺塔、清明上河园、信阳茶山、嵩山少林寺等多地的美景。《端午奇妙游》选在南阳·医圣祠、渑池·仙门山、永安坊等地,《重阳奇妙游》选在开封、商丘、焦作的云台山等地,如果说《七夕奇妙游》展示的是洛阳这个城市,获得对城市的文化认同感,那么《清明奇妙游》等节目展示了河南多地,将不同地区通过技术制作放在了同一维度,其目的就是获得河南人的集体认同感,从而形成对河南文化、黄河文化以及中华文化的认同感。

河南"中国节日"系列节目除了用各地的标志性景点、建筑等凸显地域性，还利用河南当地的民俗来展现河南的地域特点，《重阳奇妙游》展现重阳节在开封观赏菊花的情景，歌曲《家·重阳》以开封菊花盛开为背景，还有插花、点茶等民俗，宋朝经济繁荣，点茶、插花在当时颇为流行，已经成为当时的民俗代表，而菊花是开封的市花，代表着开封这座城市，凸显出其地域性。①《端午奇妙游》中的《粽横一面》有开封的灌汤包、河南烩面等小吃，《洛神水赋》以洛神宓妃为原型，而宓妃曾在洛阳定居，这些民俗都代表着一个城市的特色。民俗是通过时间的积淀形成的生活习惯，相比于标志性的景点，更能表达一个城市的文化态度，更加具有代表性，河南"中国节日"系列节目选取的民俗代表着当地的地域特色，凸显其地域性，让各地聚集成一个整体，实现整体文化上的认同。

三、民族性符号展现博大中华文化

中国作为四大文明古国中仅存的国家，主要有两个重要的原因：第一，文明的传承。中华民族上下五千年虽然历经朝代更替，没有像其他的文明古国一样消失，正是因为我们的民族文明一直在传承，而其他三个文明古国原生的文明和思想都已不复存在。第二，中华文化的包容性。中国在历经朝代更替的过程中，其他的游牧民族也曾经统治过中国，如元朝(蒙古族)、大辽(契丹族)、金朝(女真族)和清朝(满族)，但是这些民族的文明都能和中华文明进行融合，统治者建立王朝后学习汉族的文化，逐渐与中华民族融合，成为中华民族的一员。也就是说，形成民族性的基础就是文化认同，这包括文化、民俗、语言、文字等的认同。中华民族历史悠久，在长期的发展过程中，构建了中华民族的精神理念、社会理念以及价值体系，促进民族的长期发展进步。由于中国地域比较辽阔，因此不同的地域形成了不同的文化，经过长期的融合、积淀共同构建了中华文明，"民族的就是世界的"这一理念告诉我们，文化是兼容的，狭隘的和故步自封的文明是不会得到长期发展的，对于弘扬中华文明也是一样，各地域的文化共同构成中华文明，各地在宣扬文化时除了具有地域性，还一定具有民族

---

① 姜敏．唯"融"不破，电视文艺节目创新路径探析：以河南卫视的"中国节日"系列为例[J]．科技传播，2022，14(23)：67-69.

性，尤其是中华民族的传统节日，其给予中国人同样的历史空间，让每一个中国人都能因为中华文化而紧密相连，共同促进民族的发展进步。

河南"中国节日"系列节目一经播出，不仅获得了河南人的赞誉，也获得了全国人民的认可，这得益于河南"中国节日"系列节目的兼容性。河南广播电视台在录制"中国节日"系列节目的时候除了实景是在河南境内拍摄的，其他的舞蹈、乐器、唐代的服装、诗词、神话等都是属于整个中华民族的，因此，河南省外的观众在观看节目的时候仍然能够有文化的共情，这就是民族的文化认同。在河南省 2021 年的春晚播出之前，河南广播电视台还在说，"我们没有充足的经费，请不起流量明星，但我们仍然要坚持以传统文化做节目"，《唐宫夜宴》的爆火给河南卫视继续以传统文化做节目的底气。事实证明，中华民族的传统文化更能引起中国人民的共情，河南"中国节日"系列节目在运用地域性符号的同时又体现了民族性符号，进一步地体现了中华文化的博大精深，给予中国人满满的民族文化自信，也在一定程度上抵御了外来文化的侵略，弘扬了中华民族的传统文化。下面从两个方面详细说明。

一方面，河南"中国节日"系列节目展示了唐代的服装、民乐、京剧、皮影等非物质文化遗产，这些民族符号在选择上既体现了节目的价值，又聚集了民族文化，引起中国人的节日共情，进一步地体现了中华文化的博大，引发中华文化认同和文化自信。河南"中国节日"系列节目中的《唐宫夜宴》展示的唐代服装、民乐、国风舞，《元宵奇妙夜》中的骨笛、黄梅戏等，《清明奇妙游》中出现的唢呐、竹笛、古筝、琵琶、箫等，《端午奇妙游》中的中国鼓、皮影戏等，《七夕奇妙游》中出现的三弦器乐、昆曲、越剧等，《中秋奇妙游》中的刺绣、京剧、泥塑、二胡等，《重阳奇妙游》中的风筝、诗词等都不是河南专属的特色，而是属于整个中华民族的传统文化，这些民族符号的选取主要有两个方面的用意：其一是为了体现节目的价值，促进文化的传播。河南"中国节日"系列节目选择的民族符号，体现出了整个中华民族的历史文化遗产，让整个节目的意境、立意上升了一个高度，也让中国人想要了解传统文化，让中国的年轻一代意识到中国的传统文化是如此的"牛"，让其产生文化自信和民族自豪，忘记"圣诞节""万圣节"，促进中国传统文化的进一步传播。[①] 其二是聚集民族文化，引

---

① 阚雨萱，邓琰弋．新媒体视域下城市媒介形象建构与传播研究：以河南卫视的"中国节日"系列节目为例[J]．新闻研究导刊，2022，13(23)：33-37.

起全国人民的节日共情。近年来，不少民众吐槽"节日没有味道"，河南"中国节日"系列节目聚集了一系列的民族符号，热闹非凡的场景让我们仿佛回到了小时候，找到了节日的氛围，引发了我们的节日共情，促进了文化的传播。

另一方面，河南"中国节日"系列节目在展示河南的地方美景时，还展示了北京万里长城等具有特色的民族性符号，进一步体现了该节目的"包容性"，展示了中华文化的博大精深，引发中国人的文化自信。如果说展示民族的非物质文化遗产是为了让节目更好地体现民族价值，那么在河南"中国节日"系列节目中出现的北京万里长城、安徽宏村古村落、甘肃鸣沙山等多地景点更具民族性，就更能体现出河南"中国节日"系列节目的包容性，在观看节目的过程中，不少弹幕在说"看到了故乡的景致"，字里行间除了骄傲感，还有对河南广播电视台的敬佩感，河南"中国节日"系列节目让全世界的观众通过电视节目更加全面地了解到了中国的景致，其在民族性符号的运用上体现了中华民族的包容性，展现了中华文化的博大精深，更能引起中国人的共情。近年来，随着我国经济的发展，中国经济开放程度越来越高，同时带来了外来文化，"韩流""日流"一度在中国相当"嚣张"，西方的价值观更是强烈地影响着中国的年轻一代，而中国的电视晚会作为一种主要宣传平台，仍然以娱乐为主，导致对中华传统文化缺乏宣传，年轻一代对传统文化的认同度有所下降，河南"中国节日"系列节目的包容性，抵御了外来文化的侵略，进一步弘扬了中华文明。

四、新潮性符号促进文化记忆传承

传承过去事物的前提是现在的需求，是需要在现在这个时间段进行构建的，也就是说，过去的记忆如果想要在现在的世界生存，就需要适应现实时空的生存规则，找到属于自己的价值，为自己获得一定的生存空间。因此，中华民族历经五千年流传下来的传统文化想要在现今社会得以传承，就需要对自身进行相应的"包装"，让其"新潮"并符合现代的审美。当然，所谓的"包装"并不是随意地添加，不是曲意迎合，而是为了融入现代社会、持续地传递正确的价值观，并促进传统文化在未来世界的传播，也就是说，对传统文化进行"包装"是对中华民族五千年文明的承接，是对其赋予新的意义，更是为了其在未来更好地传承，目的是弘扬中华优秀传统文化，实现民族文化自信。

所谓的新潮性符号就是在当下社会比较受欢迎的、具有流行性、更容易被年轻人接受的新兴事物，其存在于我们生活的方方面面，例如，流行的网络用语、流行的图案、流行的媒体播出方式等。当然，随着我国改革开放的深入发展，我国经济在高速发展的同时，外来的文化也进入了中国市场，因此我国现如今的新潮性符号有中国的，有国外传入的；有来自网络的语言，也有现实生活中的。如抖音开启了短视频以及直播带货的新纪元；圣诞节、情人节、万圣节的传入，让年轻人开始在中国过西方节，在圣诞夜吃苹果；"你造吗？""超腻害""敲可爱"等网络用语也在影响我们的语言风格；起源于美国的说唱如今在中国的流行歌曲中也颇为盛行；穿越剧的播出，让"穿越"成了国民的新潮词，等等。因为某些新潮性符号的发展，不少电视节目会将其加入节目，以吸引更多的年轻观众，目前存在的问题就是，利用新潮性符号举办的电视节目往往以娱乐为主，没有充分与中华传统文化进行融合，而是刻意地迎合中国年轻人的需要，而河南"中国节日"系列节目实现了新潮性符号与中华传统文化的完美融合，做到了老少皆宜，向观众输入正确的价值观，从而有利于弘扬中华传统文化。

河南"中国节日"系列节目在中华传统文化的基础上运用了新潮性符号，借此促进中华传统文化与现代社会的融合，让更多的年轻人喜欢并接受中华传统文化。《清明奇妙游》中的主人公唐小妹从漫画中现身到三维立体空间，从郑开马拉松到了信阳、登封、洛阳等地，最后和大家一起合唱《我们是一家人》，结尾处的《我们是一家人》是由一群河南出土的青铜器摇头晃脑地戴着耳机进行说唱，在内容上比较有新意。《中秋奇妙游》以游戏的形式讲述了唐朝宫廷乐师之女唐小月在中秋节穿越到不同的地方搜集线索，最终与父亲相聚的故事，这里面"游戏"的环节借鉴了当前流行的综艺元素，而"穿越"的题材也是时下比较流行的形式。《七夕奇妙游》中也涉及穿越的元素，其在开端讲述了来自 2035 年的女航天员唐小天在舱外做维护的时候看到一位神女在翩翩起舞，后又意外地穿越到了唐朝的故事。河南"中国节日"系列节目除了上述的新潮性符号，还涉及动漫、电音、二次元等新潮性符号，其做到了传统文化与现代观念的结合，打破了当代年轻人对于传统文化刻板的印象，获得了大量年轻人的关注，有利于形成文化记忆，促进文化的传承。①

---

① 李岫泽.传播符号学视域下文化舞蹈类电视节目解读：以河南卫视"中国节日"系列舞蹈节目为例[J].声屏世界，2023(3)：5-7.

五、分众化符号拓展文化记忆主体

"分众化"概念的对称概念是"大众化","大众化"是寻找普遍的规律,而"分众化"就是划分群体,找到各个群体的特点及规律。随着我国经济水平的提升,外来文化进入我国市场,冲击着我国年轻群体的价值观,如果不能对我国的传统文化及时地添加现代元素,实现传统文化的转换,那么就极有可能失去我国年轻一代的市场,而文化记忆的传承是需要不同年龄阶段的人共同实现的,如若不然,就会造成文化的断层,因此,传统文化的传承应充分地考虑受众主体的接受度和感受,满足不同阶层、不同年龄段的审美需求,让其得到大部分人的认可。我国传统的节日有很强的兼容性,其融合了我国不同朝代、不同民族的文化记忆,最终形成了中华文明,但其分众性同样很强,因此文化记忆的传承是一项艰巨的任务,也是一个复杂的过程,需要我们长期努力,促进中华传统文化的传播。

河南"中国节日"系列节目选取的分众性文化符号不仅能够向观众传递节日的文化内涵,还满足了不同年龄段、不同阶层的审美需求,从而促进文化记忆的传承以及中华文明的弘扬,其主要体现在以下几个方面。

第一,河南"中国节日"系列节目大多有一定的文化内涵或者历史典故,对于知识水平较高的人来说,能够轻松地将这些文化符号化解,了解其背后的意义,更能激发这一类观众的观看欲望,即使是知识水平略低的观众,从一些旁白中也能接收到节目传达的意义,从而达到传承文化记忆主体的目的。河南"中国节日"系列节目的收官之作《重阳奇妙游》中《有凤来仪》一经播出迅速出圈,"有凤来仪"即世有神鸟,浴火必重生,有纳福迎祥、驱邪禳灾之意,它是中华民族精神理念的象征和审美形式的体现。①《有凤来仪》整个节目包含五种色彩,其寓意着中华民族的五种美德:仁、义、礼、智、信。这个节目对于知识水平较高的观众来说,能够在观看节目的同时想到节目的背景以及所要传达的意义;对于不了解其背景的观众,在节目的开端有旁白介绍了有关的神话故事,也有利于其了解整个故事的架构,而且其节目色彩绚丽、画面精美,给观众带来视觉盛宴的同时,对文化记忆的传承也有一定

---

① 程情.新媒体时代传统文化节目的突围:以河南卫视"中国节日"系列节目为例[J].传播与版权,2022(10):50-52.

的积极意义。

第二，河南"中国节日"系列节目加入了很多符合年轻人审美的分众性符号，借此让我国的传统节日更符合年轻人的审美，促进文化记忆的传承。年轻人是民族未来发展的主力军，是文化传承的重要力量，当然这些分众性符号的加入并不是个性地添加、一味地迎合，而是为了让传统文化具有现代意义，以获得更好的发展。河南"中国节日"系列节目添加的二次元漫画、穿越等元素，以及从《清明奇妙游》开始采用的"网剧+网综"的形式，都让中国的年轻一代惊叹于中华文化的博大精深以及祖国山河的雄伟壮丽，从而产生文化自信以及爱国情怀。①

第三，河南"中国节日"系列节目在制作的过程中考虑到了老年人的审美，节目中出现的戏曲、京剧、二胡等元素都受到了老年人的喜爱，如果说传承是对过去的事物赋予当下的符号，从未来获得一定的发展，那么首要的就是要尊重过去的文化，应该重视老年人的需求，河南"中国节日"系列节目中有不少符合老年人审美的分众性符号，其对中华传统文化的传承有着积极的意义。

第四节　河南"中国节日"系列节目文化记忆现时构建

中华优秀传统文化想要得到长期的发展，需要激发观众的文化记忆并实现构建，河南"中国节日"系列节目的文化记忆构建主要通过以下三种形式：第一，故事化讲述呈现记忆。河南"中国节日"系列节目除了春晚采用主持人串词的方式，"奇妙游"的相关系列都以故事为主线贯穿整个节目。第二，情景化再现历史文化。通过人物扮演、场景重现、表演以及讲述神话故事的方式促进情景化再现。第三，人格化塑造历史文物。河南"中国节日"系列节目通过现代技术的手段赋予文物"语言""表情"的能力，并通过赋予唐宫小姐姐名字、性格、家庭背景等方式让历史文物人格化。河南广播电视台已经形成了自己独特的讲故事的形式，其故事完整，设计开头、结尾，再由唐宫小姐姐充当主持人串场，一期节目往往由几个小故事组成，有效地激发了观众的文化记忆，有利于传统文化的发扬光大。

① 冯哲辉，于蒙. 媒体融合时代电视综艺晚会节目创新策略研究：以河南卫视"中国节日"系列晚会为例[J]. 现代视听，2022(11)：74-78.

河南"中国节日"系列节目的创新体现在：一方面是对传统文化赋予现代意义；另一方面是通过现代化的手段对传统文化的形象进行深刻的分析还原，激发观众对传统文化记忆，并形成文化记忆构建，增加了节目的趣味性，激发了观众的兴趣，观众通过"人格化"的历史文物会不自觉地想要了解其背后的文化意义，也改变了观众对于传统文化的刻板印象，有利于文化记忆的构建和传统文化的传播。

一、故事化讲述呈现文化记忆

河南"中国节日"系列节目除了春晚采用主持人串词的方式，其他的"奇妙游"系列以讲故事的形式为主，也可以说节目的故事化承担了主持人的功能，整个故事的主角由唐宫小姐姐担任，并利用故事的情节触发节目的展开，让整个"奇妙游"的节目充满了趣味性，引发观众的观看兴趣，并构建自身的文化记忆主体，从而促进中华民族传统文化的传播。下面进行详细阐述。

第一，河南"中国节日"系列节目以唐宫小姐姐的故事贯穿整个节目，其代替了传统主持人串词的功能，呈现出的文化记忆增加了节目的趣味性，有利于进一步地弘扬中华传统文化。河南"中国节日"系列节目除了春节晚会沿用传统电视晚会的形式，其他的"奇妙游"系列都以设立的唐小妹为主要的人物向导，引导故事的讲述，所以，唐小妹可以说代替了传统晚会的主持人的功能。河南"中国节日"系列节目中《元宵奇妙夜》的开场选在了河南博物院，故事的开篇，歌手汪苏泷在河南博物院参观，其看到唐俑的时候仿佛那七个唐俑都动了一下，紧接着在保安小哥的笛声中，七个唐宫小姐姐复活在河南博物院里观看文物，俏皮的表情、生动的舞姿，营造了元宵节的欢乐氛围，这就相当于主持人的开场并介绍了开场的演员。接着唐宫小姐姐通过穿越到不同的地方串联不同的节目表演，这就相当于主持人的串词，最后七个唐宫小姐姐回到博物馆变成唐俑，博物馆也熄灯，恢复到最初的样子，这就相当于主持人的结束语，整场晚会也拉上了帷幕。《中秋奇妙游》中唐宫小姐姐唐小月久未与身为宫廷乐师的父亲相见，月神为了促成父女相见，就让其穿越到不同的朝代集齐证物。从唐小月开始寻找证物就预示着节目的开始，其在不同的朝代穿梭就意味着主持人在讲串场词，最后集齐证物，与父亲相见预示着节目的结束。《清明奇妙游》中以唐小妹参加郑开马拉松作为开场，接着二次元的唐小妹回归三次元的空间，带领观众在不同的地方打卡，打卡结束就预示着晚会结束。河南"中国节日"系列节目以故事讲述的方式构建节日的文化记忆，增加了节目的趣味性，吸引了观众的眼球，从而达到了弘扬中华传统文化的目的。

第二，河南"中国节日"系列节目利用故事的情节触发节目的表演，体现了节目的趣味性，让观众构建文化记忆，促进传统文化的传播。[①] 河南"中国节日"系列节目由于没有主持人串场，在两个故事上的衔接上出现了不少有趣的画面，例如，《元宵奇妙夜》中在听完汪苏泷的歌曲《娱乐时代》之后，中间的串场环节是由唐宫小姐姐和胡俑完成的，唐宫小姐姐问胡俑："走，看我们跳舞去吧!"胡俑歪着脑袋，用河南方言回应道："你给这儿打渣子嘞吧，我还上班哩。"接着场景转换来到洛阳，唐宫小姐姐继续看花灯，开启舞蹈表演《芙蓉池》。《七夕奇妙游》中来自未来的航天员唐小天意外穿越到唐朝的洛阳，七夕节当天，唐小天在夜市逛街，遇到了月老，月老向她讲述了红线和爱情锁的寓意，并打开了爱情锁，邀请唐小天观看爱情故事，接着昆曲《牡丹亭》、越剧《梁山伯与祝英台》和豫剧《白蛇传》代表爱情的节目上场，突出节目的主题，构建了专属七夕节的文化记忆。《清明奇妙游》中唐小妹首次从二次元来到三次元的立体空间，整个故事的播放是跟着唐小妹的脚步打卡了郑州、登封、开封、洛阳等地，其在开场的时候跟着唐小妹的步伐走进嵩山书院，开启了节目《纸扇书生》。河南"中国节日"系列节目用故事讲述的方式让观众随着唐宫小姐姐的节奏沉浸其中，打破了观众对于传统文化无趣的刻板印象，在其观看节目的过程中，构建自身的文化记忆，实现文化自信，从而进一步地弘扬中华传统文化。

二、情景化再现历史文化

河南"中国节日"系列节目通过两种情景化的方式再现历史文化：一种是通过人物扮演、场景重现以及表演的方式实现情景再现，让观众能够身临其境地感受到其所处的历史背景、文化意义以及人物的遭遇、抱负等，让观众在观看节目的同时了解文化的内涵；另一种是采用神话场景再现的方式，传达了中华民族不畏艰险、无

---

① 武炳丞，周高尖．文化类节目的空间转向与 IP 生产：以河南卫视"中国节日"系列节目为例[J]．东方艺术，2022(4)：57-65.

私奉献的精神。随着中国经济的发展，外来文化入侵，年轻人出现了重外来文化、轻传统文化的现象，河南"中国节日"系列节目以情景化再现传统文化，让观众感受到了中国传统节日的魅力，有利于观众构建文化记忆，从而促进中华民族传统文化的传播。下面从两个方面进行详细阐述。

河南"中国节日"系列节目采用人物扮演、场景重现以及表演的方式实现情景再现，让观众勾勒出当时的政治背景、人物遭遇以及抱负等文化记忆，让观众有一种身临其境的感受，从而让其沉浸于中华传统文化中，达到弘扬中华文化的目的。2022年的《清明奇妙游》中的《千里落花风》是以宋代爱国诗人辛弃疾为人物原型，用舞蹈演绎辛弃疾的一生。节目的开端出现的是暮年的辛弃疾，接着场景转换成年轻的辛弃疾身披铠甲，还原了"八百里分麾下炙，五十弦翻塞外声"的战场景象。接着是中年的辛弃疾，场景荒凉，体现了其空有报国之志却不得势的境遇。暮年辛弃疾与少年辛弃疾通过画中画的形式同现，传递了暮年的辛弃疾仍想收复失地、"可怜白发生"的壮志难酬。《重阳奇妙游》中的《得见李白》也同样采用了情景再现的方式还原了李白的唯一真迹《上阳台帖》(出自河南济源)的故事，节目以发现李白的唯一真迹开头，接着场景转换到李白出现在济源的王屋山和济渎庙，再现了诗仙洒脱不羁的个性，接着李白提笔写下了"山高水长，物象千万，非有老笔，清壮何穷"十六个大字，借此场景让观众感受到了李白的豪情万丈，以及中国山水的秀美壮丽。《中秋奇妙游》中的《墨舞中秋帖》整体背景以黑白两色为主，舞者以袖为笔挥洒笔墨，再现了一代书法名家王献之刻苦练字的场景，整个节目在整体上的感觉是干净利落，让观众身临其境地感受到了王献之的刻苦努力以及成为大家的不易。《端午奇妙游》中的《兰陵王入阵曲》，讲述了唐小月的父亲随日本使者东渡数年，夫妻分离，父女不得相见，同一时空下父女两人同时弹奏《兰陵王入阵曲》，展现了唐朝时期《兰陵王入阵曲》东传日本的场景，展现了大唐文化的繁荣。这种情景化的叙事方式，再现了当时的历史场景，给予观众很强的代入感，使整个节目更加生动、有说服力，也有利于观众直观地感受历史背景，体会中华文化的博大精深，给观众构建文化记忆，以促进中华传统文化的弘扬与发展。

河南"中国节日"系列节目添加了神话的元素。在中国长达五千年的历史文化中有很多的神话传说，如"女娲补天""百鸟朝凤"等。我们的民族文化不仅包括文字、传统节日等，流传下来的神话故事同样是中华文化的一个重要组成部分，也存在一定的价值，如"神农尝百草""夸父追日""女娲补天"等都体现了古人坚毅隐忍、无私奉献的精神，这为我们构建文化记忆提供了一定的素材。河南"中国节日"系列节目在情景再现上运用了一定的神话素材，这更能够吸引观众的眼球，也有利于观众对传统文化的解读，起到弘扬中华传统文化的目的。《元宵奇妙夜》中的《女娲补天》讲述了女娲捏泥造人以及女娲补天的故事，整个舞蹈场面壮丽、大气，展现了中华民族不怕牺牲、无私奉献的精神，这些看似虚无的神话故事对人们的价值观塑造有一定的积极影响，对文化记忆的构建有着重要的作用。七夕节本身就缊含着牛郎织女的神话爱情故事，甚至有民间传说，七夕节当晚站在葡萄架下就能看到牛郎织女鹊桥相会的场景。在中国古代，七夕节女孩子会去河边放花灯，祈求织女保佑自己灵巧、女红进步，也就是说，中国的传统节日本身就有神话的色彩，但是随着外来文化的入侵，年轻一代过起了西方的情人节，七夕被称为"中国的情人节"，由此可见，中华文化的复兴迫在眉睫。河南"中国节日"系列节目的《七夕奇妙游》中来自未来的航天员唐小天在太空舱外看到了神女跳舞，后又在七夕夜的唐街上遇到了月老，听其讲述红线和爱情锁的故事。河南广播电视台以轻松的方式讲述了月老的神话故事，并通过红线和爱情锁具体化了月老传递爱情的形象，借此突出节目的主题，并引起了观众的兴趣，有利于其构建文化记忆，强化七夕节传递爱情的文化意义。《重阳奇妙游》中《有凤来仪》的主角是中国古代的瑞鸟凤凰，其引导着唐小玖穿越时空，帮太公找到斑鸠杖的故事，在中国的古代，凤凰涅槃，浴火必重生，引用凤凰的形象，也是在向观众传递不畏困难、坚持努力必能达到新的境界的精神，也就是说，河南"中国节日"系列节目引用神话故事，除了能够引起观众的兴趣外，也在传递中华民族的精神价值，借助神话故事构建文化记忆，弘扬中华民族传统文化。

三、人格化塑造历史文物

河南"中国节日"系列节目通过现代技术手段，"复活"了河南博物院中的文物，赋予了其"语言"功能和"表情"，加上后期的技术制作，展现了文物的历史特征，增加了节目的趣味性，改变了观众对于传统文化"刻板"的印象。①
另外，河南"中国节日"系列节目的主要人物唐宫小姐姐从《清明奇妙游》开始赋予
二次元的形象，之前都是以唐俑的形象出现的，从《端午奇妙游》开始赋予了唐宫小
姐姐姓名、家庭背景、性格等，有利于观众与唐宫小姐姐形成共鸣，从而有利于观
众对文化记忆的构建，弘扬中华传统文化。下面从两个方面进行详细说明。

　　第一，河南"中国节日"系列节目通过现代化的科技手段，让博物馆里的文物
"活"了过来，并且"活"过来的文物语言诙谐幽默，表情俏皮可爱，从冰冷的文物
变成了有温度的"人"，这一转变拉近了与观众的距离，也让观众处于轻松的环境中
观看节目，改变了观众对于传统文化刻板的印象，从而促进传统文化的传播。河南
广播电视台2021年出圈的节目《唐宫夜宴》的原型就是在河南出土、目前陈放在河
南博物院的文物胡俑，舞蹈演员为了更加贴合唐朝胡俑的形象，不仅在造型上与唐
人的形象贴近，还为了符合唐人微胖的形象，十四位唐宫小姐姐嘴里塞着棉花，表
情俏皮灵动，观众在观看节目的过程中不仅了解了唐朝的文化，也赋予了胡俑新的
"生命"特征。河南"中国节日"系列节目除了通过表演的形式展现了文物的历史特
征，也通过后期的制作赋予文物"表情"和"语言"特征。《元宵奇妙夜》中七位复活
的唐宫小姐姐，表演完节目与胡俑对话的场景，让节目在突出了地域性符号的同时
也给观众营造了一定的欢乐气氛，胡俑所展示的历史原型是与大唐有邦交的胡人的
形象，让胡人用河南方言和英文与唐宫小姐姐对话从侧面说明了唐朝文化的繁华以
及兼容性，原本冷冰冰的文物竟然开口"说话"了，这种专属于"人"的温度更容易
激活观众的文化记忆，促进传统文化的传播。另外，《元宵奇妙夜》中的整体人物延
续了《唐宫夜宴》的形象，节目《莲鹤方壶》中莲鹤飞越而出，和唐宫小姐姐展开了
对话，这一灵动的形象让观众也忍不住探究其背后的意义。莲鹤方壶诞生于距今约
两千年前，目前仅存2个，其中一个就存于河南博物院，是河南博物院的镇院之
宝。河南"中国节日"系列节目开创了电视晚会的先河，《唐宫夜宴》让传统文化正
式走进中国观众的视野，而"奇妙游"系列节目延续了《唐宫夜宴》的风格，并进行
了一定的创新，加深了观众的印象，而将文物"复活"，赋予其语言、表情的行为，
又让观众改变了对传统文化的印象，有利于文化记忆的构建。

---

　　①　孟晓辉."新国潮"涌动下黄河文化元素的视觉盛宴：河南卫视"中国节日"系列节目的新
探索[J]. 传媒，2022(19)：43-45.

第二，唐宫小姐姐贯穿于整个河南"中国节日"系列节目中，是整个节日的重要客串人物。2021 年《清明奇妙游》中唐小妹以二次元的形象首次亮相，在此之前都是使用的唐俑形象，从 2021 年《端午奇妙游》开始，"唐宫小姐姐"具体化成唐小玉、唐小彩、唐小可、唐小竹四个女性角色，她们有不同的性格、家庭背景和特长：唐小玉是渔民家的女儿，擅长游泳，其性格外向，有冒险精神；唐小彩的父亲是宫廷乐师，其擅长音律；唐小可是个孤儿，从小在百戏班长大，擅长戏曲，喜欢美食，是个地地道道的"吃货"形象；唐小竹出身中医世家，擅长医术。节目根据四位唐宫小姐姐的形象讲述了四个不同的故事，触发了《粽横一面》这个节目，介绍了河南的美食。在后续的节目中也出现了不同形象的唐宫小姐姐，讲述不同的故事，例如，《七夕奇妙游》中唐小月是来自未来的航天员；《重阳奇妙游》中唐小玖穿越时空帮助太公寻找斑鸠杖，而斑鸠的食道较宽，不会噎到，这也寓长寿之意。唐宫小姐姐的加入给节目赋予了网剧的形式，增添了趣味性，易与现实中的观众形成文化共鸣，有利于文化记忆主体的构建，从而促进中国传统文化的传承。

第五节　河南"中国节日"系列节目文化记忆建构启示

河南"中国节日"系列节目一经播出就引发收视热潮，而且每期都会出现一个出圈的节目，在这里从以下三个方面谈论河南"中国节日"系列节目关于文化传播以及文化记忆构建的启示。

首先，挖掘地方性文化记忆符号。河南背靠黄河，是黄河文化的重要组成部分，河南"中国节日"系列节目基本上是在河南当地拍摄的，其在讲述传统文化故事中添加了当下的流行元素，既符合现代人的审美，又为当地的观众构建地域文化记忆。其次，借助新兴媒介技术实现文化记忆现时化。河南"中国节日"系列节目在制作的过程中利用新兴媒介技术，让画面更有辨识度，做到了虚拟场景与现实的融合，带给观众真实的视觉效果，但是我们也应该避免过度地依赖新兴媒介技术，这样才会有利于促进文化的传播，因此我们应该借助互联网和新兴媒介技术的力量，促进文化记忆的构建。① 最后，搭建集体参与建构的平台强化文化记忆。河南广播

---

① 郝君，夏婷婷 . 融媒体时代电视媒体对传统文化 IP 的多维赋能路径：以河南卫视"中国节日"系列节目为例[J]. 西部广播电视，2022，43(16)：143-145，155.

电视台注重观众的感受，设立多种交流平台，让观众能够参与节目的制作，另外，在节目播出的过程中，河南广播电视台利用网络评论的方式，鼓励观众积极发表自己的意见，尊重观众的审美，并虚心听取相关建议，进一步激发了观众学习传统文化的热情，从而有利于文化记忆的搭建。总之，河南广播电视台立足传统文化并对其进行深度挖掘，河南"中国节日"系列节目立足于中华传统文化，极具河南地域特色，又体现了中华文明的博大精深，有利于中华传统文化的传承和文化记忆的构建。

一、挖掘地方性文化记忆符号

中华文明起源于黄河流域和长江流域，如今已经拥有五千年的历史，我国地域辽阔，每个地区都拥有不同的历史和文化，因此形成了地域性的文化记忆符号。当然，这些地域性的文化符号有一些是优质的，有一些是冗杂的，我们在挖掘地方文化记忆的时候要对其进行筛选，对于那些不常见的但是有价值的东西，赋予其新的意义，让其构建新的文化记忆。随着经济的发展，社会的进步，有些地区的有价值的文明已经没落，如手工刺绣及手工雕刻。工业时代的来临，大部分的工作已经被机器取代，刺绣和雕刻能够依靠电脑设定程序，进行大批量的生产，传统的手工刺绣和手工雕刻逐渐走向了没落。当然就河南这个地域而言，也有一些没落的文明，如剪纸和编织等传统手艺，受如今艺术和现代工艺的影响，导致年轻人不愿从事这类传统手艺，有的传统手艺甚至已经后继无人。另外，河南当地的一些戏曲唱腔、乐器等，随着人们生活节奏的加快，观众精神需求的改变，不仅失去了城市的市场，在农村的演出数量也在大幅度下降，有的甚至已经消失。这就需要我们在进行文艺创作的时候，对中华民族的文化符号进行筛选，对于没落的中华传统文化赋予其新的价值和意义，构建文化记忆的时候赋予其符合现代人价值观的文化记忆，从而促进我国传统文化的传播。

河南"中国节日"系列节目基本上在河南当地拍摄，通过节目，我们认识了河南的地域特色和文化特色，满足了当地人的审美，为当地的观众构建地域文化记忆，其节目增加了现代的流行元素，如动漫、穿越等，做到了传统文化与流行元素的融合，为各大卫视节目的制作提供了参考。下面从两个方面进行详细说明。

一方面，地方卫视作为地域文化传播的主要媒介，在文化传播以及构建地域文化记忆方面发挥着重要的作用，地方卫视在进行节目制作的时候并不是要提取全部的文化记忆符号，而是需要充分挖掘符合当地的文化特色，满足当地人的审美需求，为当地的观众构建专属的文化记忆，构建专属的地域文化符号，促进地域文化的传播。河南"中国节日"系列节目首先立足的就是深度挖掘河南当地的文化，从郑州的河南博物院，到洛阳城的龙门石窟、洛邑古城以及龙门香山，再到开封的清明上河园、登封的少林寺、嵩阳书院、信阳的茶山、济源的王屋山和济渎庙，从出土的青铜器、胡俑、唐俑等，到河南的豫剧、乐器等，再到中国古代的神话传说，其做到了地域特色与文化的完美结合，构建了专属于河南的地域文化记忆。河南背靠黄河，是黄河文化的重要载体，是中华传统文化的重要组成部分，在中国十大古都中，河南就占了4个，河南"中国节日"系列节目充分地挖掘了河南四大古都的地域特征，选择有明显地域特色、象征黄河文化的主题，不仅突出了河南的地域特征，也让黄河流域的古老故事重现，引起观众的共鸣，激发其民族情感，进一步地增强民族文化自信。地方卫视作为传递地域特色的平台，应该在节目制作的过程中注重观众的心理需求，选择有故事的文化传递民族情感，构建当地的文化记忆主体，这是地方卫视的责任和价值，也是文化得以传承的关键。

另一方面，需要将传统文化融入当下的流行元素，让传统文化符合现代人的审美，以促进传统文化的传播。一般来说，我们认为记忆是会变化的，随着时间的流逝，有的记忆会模糊，有的会因为不断地出现而历久弥新，对于中华传统文化的记忆来说也是一样的，有的因为反复使用，不断赋予其新的意义而历久弥新，有的因为时间的久远而不再被人们记住，有的则反反复复地出现在大众的视野，不可否认的是，距今越是久远的文化记忆越是容易被人遗忘，因此，想要留住中国的传统文化记忆就必须让其符合当下的审美，根据当下的发展趋势，文化需要被赋予时代的特征，而在为其添加流行元素时，应该考虑到集体的、地域的审美，这是文化得以传承的关键，同时我们应该做到流行元素与传统文化的平衡。如今人们的社会压力增大，不少年轻人喜欢观看娱乐性强的节目，那么我们需要注意传统文化与娱乐元素的融合，又不能失之本真，河南"中国节日"系列节目就增加了不少流行元素，例如，《清明奇妙游》中增加了二次元的漫画，并采用"网剧+网综"的形式讲述节日的故事；《七夕奇妙游》中添加了穿越的元素，增加了节目的趣味性，以全新的形式讲述了我国的传统文化，有利于构建地域文化记忆，弘扬中华民族的传统文化。如今不少地方卫视在节目的制作过程过于重视潮流性文化，而忽略了传统文化的主体地位，这就造成了不少的节目娱乐性过度的现状，需要引起各大电视台的重视。而河南"中国节日"系列节目做到了传统文化与现代流行元素相结合，赋予了唐俑生命，让神话人物走进了充满烟火气的大街，甚至通过游戏的设计穿越不同的朝代体验传统文化的魅力，河南广播电视台为其他卫视的节目制作打造了一个榜样，也为我国传统文化的传播奠定了基础。①

二、借助新兴媒介技术实现文化记忆现时化

中华文明发源于黄河流域与长江流域，在长达五千年的过程中，中华民族通过不断的社会实践产生了民族文化记忆。也就是说，文化记忆是社会实践的结果，在长期共同生活的人们中间代代相传。我们现在为了弘扬传统文化，防止其因为时间的久远而消亡，需要用现代化的方式把民俗、生活习惯、神话故事传递给人们，让大家构建文化记忆，形成文化的认同。② 某些传统文化虽然距今时间久远，但仍然承载着五千年的文明所形成的精神境界和物质结果，如今我们在传播传统文化的时候需要借助媒体的力量，单一的文字或者叙述的方式不能引起观众的兴趣，更不能引起观众的情感共鸣，这种缺乏故事性、趣味性的表达方式难以满足观众的审美需求，也没有把过去与现代对接起来，造成了一定的文化断层，随着科技的发展，我国的媒体在技术制作上有了很大的更新，能够实现现代与古代的隔空对话，还原已经消失的文化，把神话故事与我们的现实世界融合在一起，新兴媒介技术可以带领我们"穿越时空"，全方位地感受古代中国建筑的宏伟、文化的博大精深、民风的淳朴，可以让我们与古人隔空对话，了解其胸怀、才情、付出，让我们更深刻地感受到中华民族的传统美德，这种新兴媒介技术的运用有利于形成记忆的现时化，让观

---

① 焦姝祺.从河南卫视"中国节日"系列节目看传统文化认同构建[J].牡丹，2022（16）：69-71.

② 傅成婕.河南台"中国节日"系列节目中的文化记忆建构与身份认同[J].采写编，2022（8）：50-52，107.

众更容易接受传统文化，从而达到弘扬中华传统文化的目的。河南"中国节日"系列节目借助了新兴媒介技术的力量，让观众更加直观地感受到中华大地的美景、中华文化的精神以及中国人民的智慧，让观众产生文化自信，一方面会抵御外来文化的入侵，另一方面又产生文化自信，弘扬中华传统文化。

随着科技的发展，我国的媒介技术也得到了进一步的发展，新兴媒介技术让节目制作的画面更有辨识度，实现了虚拟与现实的完美结合，给观众带来真实的视觉体验。随着新兴媒介技术的发展，我国某些电视节目过度依赖技术手段，出现了"炫技"的现象，容易引起观众的视觉疲劳，而河南"中国节日"系列节目在后期的制作上借助新兴媒介技术，让观众更有代入感，引导观众文化记忆的构建，河南"中国节日"系列节目除了在电视上播出以外，还在互联网上播出，互联网有很强的记忆力，能够促进文化的传播，因此我们要重视互联网的力量。下面从两个方面进行详细说明。

第一，新兴媒介技术在传统文化节目制作中的应用，能够提升节目质量，加深观众对传统文化的理解和认同。依托新兴媒介技术制作有关传统文化的节目，是节目制作在现实中的创新与进一步发展。各大卫视的节目主要是通过电视进行播放的，更好地运用新兴媒介技术，会让整个电视节目在制作上更加精良，在人物或者故事的形象上更加贴合观众的实际需求，让观众更有代入感，有利于构建文化记忆。目前，部分电视台的后期技术制作给观众最直观的感受就是满满的科技感，这就是过于重视科技手段，缺乏文化底蕴的结果，没有故事性的链接，让观众产生了距离感，甚至产生了视觉疲劳。而河南"中国节日"系列节目以传统文化为依托，在制作的过程中大量使用新兴媒介技术，在后期的制作上使用抠图、特效、VA、AR、MR等技术手段，让画面更有对比度，并且实现了现实与虚拟画面的完美结合，给观众带来真实的视觉体验，这样的方式也有利于观众把传统文化与现实生活结合起来，例如，《七夕奇妙游》中以唐小月的穿越为开头，唐小月带领观众见识了九天神女的风姿、唐朝的繁荣以及中国的爱情故事，形成了一定的文化记忆，以后这就是中国人表达爱情的节日，是我们中国人的七夕节，不再是"中国的情人节"，这就加重了观众对传统文化的理解，形成我们的文化自信和文化认同。

第二，互联网技术为传统文化节目的传播和记忆提供了便利。在互联网技术没有诞生之前，我们主要通过电视来了解整个世界，观众没有办法直接找到关于某个节目的记忆，后来互联网走进千家万户，其有着"超强"的大脑，文化记忆才可以得到长期的保存，可以在互联网上搜索相关的电视节目，观众可以随时随地观看，这也就意味着互联网具有极强的传播性，我们应该重视互联网的作用。河南"中国节日"系列节目除了在电视上播出，还在各网络平台播出，观众可以在网上搜索节目的任意片段，强化对传统文化的记忆。河南"中国节日"系列节目中《唐宫夜宴》的播放量超过了20亿人次，我们不能忽视网络的力量。互联网作为一个承载记忆的平台，是对现下文化记忆的记录，我们曾提到过某些节目滥用新兴媒介技术，这会让传统文化失去其本身的内涵，反而让观众形成视觉疲劳。互联网储存力强、传播速度快的特点也会让观众形成对传统文化的刻板印象，这在一定程度上阻碍了文化记忆的构建，而河南"中国节日"系列节目在利用新兴媒介技术的基础上重视节目的制作内容，即以中国的传统文化为依据，进行技术制作的目的是还原历史，让观众有身临其境之感，并不是为了炫技。因此，我们在传播文化的过程中应该注重新兴媒介技术的使用，但又不能滥用，为观众打造具有文化底蕴的视听盛宴，引导其构建文化记忆，促进中华传统文化的传播。

三、搭建集体参与建构的平台强化文化记忆

电视晚会拥有足够的收视率才能体现其价值，才能把自身的文化价值传递给观众，因此，电视晚会的制作应该符合观众的审美。个人通过自身的社会实践来储存自身的文化记忆，因此电视晚会的制作应该让观众参与其中，观众不应该仅仅是电视节目的观赏者，还应该参与电视节目的制作。一方面，观众应该根据晚会制作者给予的文化符号，认同电视晚会的制作理念；另一方面，在平等交流的基础上提出自己的创意，这样的过程不仅能构建文化记忆，也能强化文化记忆。河南"中国节日"系列节目通过互联网建立了制作者与观众的交流平台，观众可以提出自己的意见，参与电视晚会的制作，这样通过搭建集体参与建构的平台，在强化记忆的基础上也保证了电视晚会最终是符合大众审美的。①

---

① 徐娜.Z世代下文化类电视节目的创新传播策略：以河南广播电视台"中国节日"系列节目为例[J].新闻文化建设，2022(15)：86-88.

河南广播电视台设立了相应的网络平台，鼓励观众积极参与节目的制作，其以在网络平台上开设弹幕、评论的方式让观众参与节目的讨论，这种形式是在搭建集体参与建构的平台，激发观众学习传统文化的热情，也有利于提升节目的质量以及对文化记忆的构建。下面从两个方面进行详细叙述。

第一，应该设立相应的网络平台，让观众参与节目的制作，充分调动观众的积极性，提升节目质量的同时，有利于对文化记忆的构建。河南广播电视台在《唐宫夜宴》出圈之后就针对后续节目制作建立了相应的网络平台，观众通过评论、私信、发送邮件等方式与节目组进行互动，后期在网络上为"唐小妹"征名并邀请观众"全民当编剧"，这一系列的操作有以下三个重要的作用：首先，河南广播电视台设立网络平台让观众对节目的制作提出自己的意见，说明了河南"中国节日"系列节目的制作尊重了观众的审美，也正是因为观众的参与，导致了其系列节目每期必出精品，一经播出必引发收视狂潮。其次，河南广播电视台通过网络平台让观众给晚会制作提意见，调动了观众的积极性，让观众主动地参与节目的制作，有利于观众文化记忆的构建。最后，观众在参与节目制作的过程中会积极地了解中华传统文化背后的含义，提升自身的审美水平，而且在参与的过程中能找到文化认同和文化自信。根据河南"中国节日"系列节目的成功经验，我们应该认识到以下几点：①我们制作的节目受众是观众，我们需要观众的积极参与；②我们制作的节目不应该是冰冷的，应该是在我们的民族情感中找到生活的气息，回归温暖的本质。我们的每一个观众都是有温度的，让其参与节目的讨论与制作，也是收集创意的过程，在提高节目的制作品质的同时，有利于其文化记忆的构建和中华传统文化的传播。

第二，应该让观众在观看节目的过程中通过弹幕、评论的形式进行互动，以利于观众通过弹幕进行交流，增长关于传统文化的知识，提升观众的审美能力，同时又能强化文化记忆。① 随着互联网技术的日益成熟，我们在观看节目的时候可以使用弹幕，这不仅能够让观众自由地表达自己的想法，也能实现观众之间的互动，河南"中国节日"系列节目在线上进行播出的时候就开启了弹幕和评论，在观看节目的同时还能看到其他观众的观看感受中比较有趣的弹幕，例如，"看弹幕才知道原来

---

① 杨露，王玉珠．接受美学视域下文化类节目的再度创新：以河南卫视"传统节日"系列节目为例[J]．西部广播电视，2022，43(15)：131-133，152.

背后是这样的故事呀""以后不看弹幕我就没法看节目了""看到我家了，河南卫视也太牛了吧，还给别的省份做宣传！"，等等。观众在观看节目的过程中，实时互动会增长自身的知识，同时强化对某个历史文化的记忆，提升观众的审美能力。

　　近年来，不少节目会开弹幕和评论让观众可以自由地发言，但是能够让观众参与制作过程的节目组几乎没有，而河南广播电视台就做到了这一点，虚心接受网友的意见，并把好的创意运用到节目中去，可以说河南广播电视台和观众一起在构建文化记忆体系，因此，我们在进行节目制作的时候应该接纳观众的意见，毕竟最了解观众审美的一定是观众自己，当然这也需要节目制作者耗费相应的时间对观众的意见进行筛选、甄别，并及时地对观众的创意进行回复，这对观众是一种激励，引导观众积极地参与讨论并不断地提高自身的审美能力，在一定程度上能激发观众学习传统文化的兴趣。

第五章　讲好中国文化故事之河南 "奇妙游"系列节目

河南卫视的"奇妙游"系列节目，有机地将优秀传统文化通过现代戏剧、舞蹈、AR/VR 等形式和技术进行艺术化的表达和形象化的解读，生动形象地展现在观众面前，极大地丰富、拓展了中华优秀传统文化的传播路径与形式，使中华优秀传统文化实现了新时代文化发展的创造性转化、创新性发展。

第一节　河南"奇妙游"系列节目概述

河南"奇妙游"系列节目，是河南省文化和旅游厅主导，由河南省广播电视台推出的河南文化旅游宣传推广系列节目。自 2020 年 7 月启动以来，先后推出了"天地之中""唐宫夜宴""豫见洛阳""中原秘境""豫见太极""大美河南"等六档系列节目。① 2021 年 3 月，央视新闻频道和河南广播电视台联合推出《华夏之源》。2022 年 9 月，央视新闻频道《新闻直播间》播出了《大美河南》。2022 年，河南广播电视台推出《奇妙游·中国年》，播出时间为大年初一至初五。2022 年 7 月 18 日起，《华夏之源》和《奇妙游·中国年》在中央电视台综合频道黄金时段播出。

河南是中华民族与中华文明的主要发祥地之一，有着深厚的文化底蕴，历史上曾留下无数文人墨客的足迹。在新时代背景下，河南更要通过创新创造，让古老的历史文化焕发生机。"奇妙游"系列节目通过"元宇宙+实景演艺+高科技"的创新融合，以"文旅+科技"为主线，以"新媒体+实景演艺"为亮点，通过线上线下多平台

---

① 李竹欣.共享与交流：河南卫视"奇妙游"系列节目共情传播路径研究[J].视听，2023（6）：96-99.

联动，实现了"一台演出一片天地"的目的。河南"奇妙游"系列节目以穿越古今、时空交错、虚实结合的形式，让观众沉浸式体验中华优秀传统文化之美。节目以独特的创意与优质的内容受到观众的喜爱和好评，并受到国内外媒体的广泛关注与报道。

一、节目简介

河南"奇妙游"系列节目以河南文化为灵魂、以文化 IP 为核心，运用全媒体传播手段，展现中国文化的独特魅力。节目依托河南文化资源禀赋，紧扣时代发展脉搏，以"中国节日"为切入点，通过对中国传统节日的挖掘与包装，打造了一场集创新、创意、科技、时尚于一体的视听盛宴。节目以"文旅融合""科技赋能""全民参与"为主线，打造了一场"天、地、人"和谐共处的沉浸式文化体验。通过一个个承载着中原传统文化的节日习俗，让观众在欣赏节目的同时感受到中原传统节日的魅力。

河南"奇妙游"系列节目是由河南广播电视台推出的原创文化综艺品牌。节目邀请国内优秀导演、舞美设计、灯光设计等主创团队共同创作。以文化为主线，在创意中找到传统与现代的契合点，用戏剧表演的方式演绎河南的历史与文化，传统元素结合当下流行元素，以视觉奇观引发大众对传统文化的关注。通过节目中戏剧、舞蹈、音乐、杂技、武术等多种艺术形式的融合，将河南厚重的历史文化和时代精神呈现出来。河南卫视推出的《只此青绿》《唐宫夜宴》等节目，让传统文化与现代科技结合的潮流在年轻群体中迅速流行。河南卫视也由此成了传统文化与现代科技结合的代表，其节目内容获得了一大批年轻人的青睐。2021 年，河南卫视推出的"奇妙游"系列节目，将传统文化与现代科技结合，用一种全新的方式传播出了河南文化的魅力。该系列节目以河南当地的文化历史为基础，通过"科技+舞台"的全新呈现方式，用现代科技演绎传统文化。这档节目自推出以来就获得了不少关注和好评，成为河南卫视"文化+旅游"跨界融合的代表节目。

据统计，河南"奇妙游"系列节目在开播后的一个月内共吸引了超过 2600 万观众收看，掀起了一股"奇妙游"热潮。节目自开播以来就在年轻群体中受到了广泛关注和好评，原因在于该节目充分发挥了传统文化在新时代下所具有的独特魅力，同时借助现代科技来展现传统文化中所蕴含的价值观念和精神内涵。此外，该节目在一定程度上给出了传统文化在新时代下所面临的如何创新发展和传承等问题的答案，为我们带来了启示和思考。对此，我们应该注重如何在传承与创新之间找到平衡点，让传统文化更好地发展。同时我们也应该让传统文化中蕴含的深厚价值观念和精神内涵更好地传播出去。

二、节目定位

河南"奇妙游"系列节目在节目定位上，注重以弘扬优秀传统文化为核心，在传承中华优秀传统文化的同时，运用现代科技手段创新表达方式，打造富有新意的节目内容。节目主题以跨界融合为核心，通过"文化+科技""文化+旅游"的创新形式，展现了河南历史文化与现代科技的碰撞，让更多人了解河南历史文化与现代科技结合的独特魅力。河南"奇妙游"系列节目在展现中华优秀传统文化之美的同时，通过"创意+科技""创意+舞台"等创新形式，给观众带来耳目一新的观赏体验，让传统文化在新时代焕发新的生机和活力，使观众在感受河南历史之美的同时也感受到创新、创造的魅力。

河南是中华文明的重要发祥地之一，有着五千多年的悠久历史，孕育了灿烂的文化和丰富的文化遗产，有"中华文明摇篮"之称。河南作为中国历史文化大省，拥有丰富的历史文化资源，这些丰富的历史文化资源在"奇妙游"系列节目中被巧妙地呈现出来，以"创意+科技"的创新形式将这些历史文化资源向公众展示。例如，在《唐宫夜宴》中，运用声、光、电等新技术手段，让观众在节目中沉浸式地感受唐代宫廷里丰富多彩的娱乐生活。再比如在《汉字奇妙游》中，将甲骨文这一古老文字巧妙地融入节目中，通过"创意+科技"的创新形式让观众感受中华优秀传统文化之美和古老文字之美。

在"奇妙游"系列节目中，舞台设计与创意的运用非常新颖，不仅增强了观众的观赏体验，更提升了节目的艺术水准。比如在《河洛之约》节目中，整个舞台由33块 LED 屏组成，通过不同的灯光和视觉特效展现了《华夏之源》《黄河之魂》等多个主题场景；而在《豫见天仙》节目中，舞台上则采用了360度全视野多维空间旋转的设计。360度全视野多维空间旋转的设计使观众不仅能感受到整个舞台的宏大，还能更好地理解中原文化、黄河文化以及中华文明的博大精深。在《千古风流》节目中，通过虚实结合、3D 特效、立体投影等技术手段，让观众置身于"中华第一龙"里，感受中华文化的深厚底蕴和独特魅力。

三、节目内容

2021 年河南卫视推出的《唐宫夜宴》从"出圈"到"破圈"火遍全网，成为"现象级"电视节目之一。为了回馈网友们的喜爱和期待，河南卫视推翻了提前录制好的元宵晚会，从创意到拍摄仅用五天时间推出了《元宵奇妙夜》。随后河南卫视继续深耕，紧扣《唐宫夜宴》的文化主题，基于清明节、端午节、七夕节、中秋节、重阳节等传统节日，以"奇妙游"命名，相继制作推出了《清明奇妙游》《端午奇妙游》《七夕奇妙游》《中秋奇妙游》《重阳奇妙游》系列共 5 档节目，打造"中国节日"系列文化综艺节目品牌。例如，《清明奇妙游》采用"戏中戏，画中画"的表达结构，根据《西园雅集图》中分场景画面描述方法，打破原画中的时空界限，通过宋代名人演绎一个个情景故事，串联起这一场奇妙游。《清明奇妙游》在节目的视觉呈现上，回归自然，以清新、淡雅、文艺为整体基调，以宋代极简美学为主要风格，淬炼出东方诗画的古雅明净；在节目编排上，注重人与景的交融；在画面呈现上，采取东方园林中"移步换景"的独特手法，将故事情节与节目模块有机结合，融入具有典型时节特征的景致中，回归人与自然的朴素情感。《清明奇妙游》是以清明为主题的大型情景式文化节目。在节目里，可以看到传统文化中的二十四节气，体会到"清明时节雨纷纷"的诗意，感受踏青、放风筝的快乐，还可以感受古老中国的二十四节气与现代高科技结合所产生的奇妙视觉效果。《清明奇妙游》以清明节气为主线，通过与现代高科技结合，以河南传统文化为载体，通过现代艺术手法进行展现。节目中每一个节气都有一段精彩的故事，有一首朗朗上口的诗歌、一篇优美动人的散文。

河南"奇妙游"系列节目以"人"为核心，以"人"的发展历程为主线，以"人"的发展与变迁为框架。并从时间和空间两个维度进行创作，在时间维度上，节目以郑州为起点，从过去、现在、未来三个时间维度进行创作；在空间维度上，节目以郑州为中心，沿着历史长河进行创作。这是因为郑州作为"人杰地灵"之地，历史悠久，文化底蕴深厚，并且是中华文明的重要发祥地之一。因此，在节目创作中，把郑州作为一个具有代表性的起点。河南"奇妙游"系列节目通过对人的生命历程进行展现和总结，向观众展现中国人在精神领域的探索和发展。同时节目通过对时空和人物的探索，展示了中国人的精神生活和文化生活。从这个角度来说，河南"奇妙游"系列节目既是对中华优秀传统文化的继承和弘扬，也是对传统文化创新发展的一种探索。

四、节目优势

河南"奇妙游"系列节目的成功离不开强大的主创团队和创作理念。主创团队由河南省文化和旅游厅、河南广播电视台及国内多家演艺公司的资深导演组成，邀请了一批优秀的演员以及优秀的艺术创作团队加入。由河南省文化和旅游厅与河南广播电视台共同组建的河南"奇妙游"系列节目策划、创作团队，更是被河南广播电视台作为重点扶持项目进行打造。河南"奇妙游"系列节目以"文旅＋科技"为主线，以"新媒体＋实景演艺"为亮点，通过线上线下联动的模式，打造了一个全新的、独特的、高品质的文化旅游演艺节目，具有强大的竞争力和市场生命力。[①] 河南"奇妙游"系列节目成功实现了对河南历史文化资源、河南精神内涵以及现代审美需求和技术创新的巧妙融合，是对中华优秀传统文化进行创造性转化和创新性发展的成功案例。该节目通过运用现代科技手段和艺术手法，把实景演出和虚拟现实技术结合，充分展示了"千年古都·常来河南"的独特魅力。河南"奇妙游"系列节目通过沉浸式表演和新媒体技术融合呈现，打破了传统文化传播模式中时间、空间的局限，使中华优秀传统文化得以传承与发扬。

河南"奇妙游"系列节目在传承优秀传统文化过程中不断创新突破，展现了中华优秀传统文化与时俱进、历久弥新的魅力。该系列节目将中华优秀传统文化与现代科技结合，实现了传统文化与现代科技的有机融合。在河南"奇妙游"系列节目中，观众不仅可以看到精彩纷呈、美轮美奂的舞美设计，还可以看到大量创新科技手段在实景演艺中的应用。在《洛阳牡丹》节目中，观众可以通过多维舞台系统实现对洛阳牡丹形象的欣赏；在《河南·遇见黄河》节目中，观众可以通过全息投影技术欣赏

---

① 闫丽伟，李艳芳.翻译传播学视域下河南方言外译问题研究：以河南卫视奇妙游系列节目为例[J].郑州航空工业管理学院学报(社会科学版)，2023(2)：75-79.

黄河壶口瀑布和九曲黄河大峡谷；在《大宋·东京梦华》节目中，观众可以通过全息投影技术体验北宋东京城和汴京大相国寺。这些创新技术的运用不仅使整台节目充满了科技感和现代感，还将舞台表演与现代科技结合，让观众更好地感受到中华优秀传统文化之美。

　　河南"奇妙游"系列节目先后荣获中国广播影视大奖、中国文化艺术政府奖、国家文化出口重点项目等奖项。此外，该系列节目还多次登上央视春晚、元宵晚会等舞台。2021年5月12日晚8时整，河南"奇妙游"在央视综合频道黄金档播出，节目播出后引起观众热烈反响。河南"奇妙游"系列节目通过网络直播形式和多家央媒及新媒体平台同步直播，观看量超过3000万人次，还通过短视频等新媒体传播方式向全球受众展现中华优秀传统文化之美，引发广泛关注与热议。① 河南"奇妙游"系列节目已成为河南对外宣传的重要平台和展示河南形象、彰显河南魅力的亮丽名片。

（一）技术优势

　　创意之初，河南"奇妙游"系列节目便确立了以"文旅+科技"为主线，以"新媒体+实景演艺"为亮点的整体策略。河南"奇妙游"系列节目从舞美设计、声光电特效、音乐编排、演艺策划、后期制作等方面全面采用了最新的技术手段。在打造视觉盛宴的同时，也将文化与科技完美结合，让观众在观看节目的过程中感受到科技带来的震撼。河南"奇妙游"系列节目充分利用云计算、5G、VR等先进技术，让观众获得更为丰富的视听体验。该系列节目采用360度全息投影系统，观众可以看到真实的山水景观；运用多维舞台系统，实现了对传统实景演出的全方位升级。此外，该系列节目还运用虚拟现实技术打造出"数字孪生"场景，并融入了虚拟演播室技术，这些创新技术的应用让观众获得了更为丰富的视听体验。河南"奇妙游"系列节目还充分运用人工智能和大数据分析技术，让观众在观看节目过程中获得更加精准的大数据分析结果，从而提升观看体验和互动效果。

---

① 　郭继强. 河南卫视"奇妙游"系列节目的叙事特色与反思［J］. 视听，2023（3）：107-109.

（二）平台优势

河南"奇妙游"系列节目从前期策划到后期制作，再到最终的成功上演，每一个坏节都离不开强大的平台支持。从前期策划、规划到具体实施，再到后期运营管理，作为主要策划单位的河南广播电视台发挥了重要作用。在节目筹备期间，河南广播电视台先后与河南省文化和旅游厅、河南省艺术研究院、河南省演艺集团等机构建立合作关系，通过与相关机构合作，共同整合优质资源，为河南"奇妙游"系列节目的成功举办提供了强有力的支持。

河南"奇妙游"系列节目已经形成了自己独特的品牌效应，成为一张亮丽的名片。在该节目之后，河南省文化和旅游厅与河南广播电视台又联合打造了《大宋·东京梦华》《洛阳牡丹》等多个高品质文化旅游演艺节目。在这些节目中，河南广播电视台通过对各地特色文化资源进行整合，把各地特色文化融入这些高品质演艺节目。这些高品质演艺节目的推出不仅让观众更好地感受各地的优秀文化魅力，还在一定程度上宣传了当地的特色旅游资源。除此之外，河南"奇妙游"系列节目还充分发挥了新媒体平台优势。在央视、人民网、央视网、中国网、凤凰网、爱奇艺等主流媒体及各大短视频平台上都可以看到河南"奇妙游"系列节目的身影。河南"奇妙游"系列节目不仅拓宽了宣传渠道和覆盖面，还扩大了节目影响力。这种新颖的传播方式受到了广大观众的喜爱，收获不少好评。

（三）内容优势

河南"奇妙游"系列节目对河南省的文化旅游资源进行了整合和创新，将河南省内历史文化资源、黄河文化资源和非物质文化遗产资源等进行了有机结合，打造了一台具有河南特色的文旅节目，实现了传统文化与现代科技的有机融合，让观众充分感受到中华优秀传统文化的无穷魅力。① 河南"奇妙游"系列节目既注重对中原历史文化资源的挖掘与再现，又注重对中原历史文化元素的提炼和创新运用，通过创新呈现形式将中原历史文化元素与现代科技进行融合呈现，为观众带来了全新的视

---

① 钟汇源. 新媒体时代传统视听节目的创新表达：以河南卫视 2022 年《重阳奇妙游》为例 [J]. 声屏世界，2023(5)：23-25.

听体验。河南"奇妙游"系列节目充分展现了河南历史悠久、人文荟萃、文物丰富、自然风光优美等特点，既有厚重的历史底蕴，又有现代的科技元素，充分展示了中原地区的悠久历史、众多文物，使观众在欣赏节目的过程中感受到中华优秀传统文化的无穷魅力。河南"奇妙游"系列节目通过创新呈现形式和内容，使中华优秀传统文化在新时代焕发新的生命力和感染力。河南"奇妙游"系列节目不仅能够丰富观众的精神生活，还能提高观众的审美情趣。

（四）品牌优势

河南"奇妙游"系列节目的品牌效应突出，具有很高的影响力和品牌价值，在国内外具有较高的知名度和美誉度。2021 年，该节目成为河南广播电视台重点打造的"文旅+科技"节目品牌，在中国演出行业协会发布的《2022 年度中国旅游演艺发展报告》中，河南"奇妙游"节目以综合评分第一名的成绩入选"年度最受欢迎旅游演艺节目"。① 河南"奇妙游"系列节目作为河南省文化旅游领域的重要 IP，对弘扬河南优秀传统文化起到了积极作用。河南"奇妙游"系列节目打造了一批具有影响力和竞争力的精品力作，丰富了文旅供给，促进了文旅产业融合发展。同时，该系列节目通过创新营销模式，品牌效应为该系列节目提供了可持续发展的基础。河南"奇妙游"系列节目是对中华优秀传统文化进行创造性转化和创新性发展的成功案例，是对中华优秀传统文化进行传承与发扬的成功案例，是对中华优秀传统文化进行创新传播的成功案例。河南"奇妙游"系列节目充分发挥了文化引领作用，增强了人民群众对中华优秀传统文化的认同感和归属感。

（五）渠道优势

除了主创团队的不断努力，河南"奇妙游"系列节目的成功还离不开自身平台的不断拓展，同时也得益于其在渠道上的优势。河南"奇妙游"系列节目是一个以全媒体为基础、以新媒体为平台的全新旅游文化节目，节目的成功离不开河南广播电视台多年来在新媒体方面所做的努力。从 2012 年开始，河南广播电视台就利用微博、

---

① 王紫萱，张汇川. 古今交融：数智时代传统文化的创新性表达：以河南卫视《2022 中秋奇妙游》为例［J］. 传播与版权，2023（4）：32-34.

微信等新媒体平台建立起一套较为完整的新媒体宣传体系，打造了多个融媒体传播矩阵。河南"奇妙游"系列节目正是通过新媒体平台进行线上宣传推广，通过"互联网+"模式，打通了传统与现代、线上与线下，实现了传统文化传播渠道与现代信息传播渠道的融合，有效扩大了河南"奇妙游"系列节目在网络平台上的影响力。此外，河南"奇妙游"系列节目还与中央人民广播电台中国之声、央视网、抖音、快手等平台合作，实现了线上线下的联动推广。河南"奇妙游"系列节目不仅将线下演出搬到线上，还在线上通过微博、微信等社交平台进行推广和宣传。通过与新媒体合作，将河南"奇妙游"系列节目搬上网络平台，实现了节目与网络平台的互动融合。这些合作方式不仅拓宽了河南"奇妙游"系列节目在新媒体平台上的推广和宣传渠道，也使得观众可以通过观看该系列节目了解更多关于河南历史文化的知识。此外，河南"奇妙游"系列节目还积极拓展线下渠道，通过积极参与政府文化活动、公益活动、旅游宣传活动等进行推广和宣传。例如，河南"奇妙游"系列节目曾于2021年1月16日在郑州市举办河南文化旅游发展论坛暨"春归豫见"2021·河南春晚启动仪式，向世界展示了河南的文化魅力。这些举措不仅为该系列节目的推广和宣传提供了便利条件，也为该系列节目的发展提供了有力支持。

五、节目亮点

（一）创新演出形式

河南"奇妙游"系列节目通过对"元宇宙+实景演艺+高科技"的融合创新，实现了"一台演出一片天地"的目的，极大地增强了观众的参与感和沉浸感。节目以"穿越古今、时空交错、虚实结合"的形式，通过舞台表演、科技互动、实景拍摄等多种手段，把河南文化元素融入其中，既有艺术的美感，又有文化的内涵。

（二）大胆创新内容

节目以"文旅+科技"为主线，以"穿越古今、时空交错、虚实结合"的形式，把河南历史文化元素融入其中。《黄帝千古情》融合了黄河流域农耕文明和黄河文化；《大梦敦煌》融入了敦煌艺术中的飞天形象和飞天元素；《大宋·东京梦华》通过

AR、VR 等科技手段将宋代都城汴京呈现在观众眼前;《千古风流人物》通过 AR、VR 等科技手段让古代名人与现代观众见面。这些作品将河南悠久的历史文化和灿烂的人文精神通过新颖的艺术手法进行了生动演绎。

(三) 探索文化传承

节目利用 AR、VR 等科技手段将河南历史文化元素融入其中,将河南历史文化元素以艺术手法进行生动演绎,使观众在观看演出的同时又能沉浸式体验到文化。该系列节目把河南深厚的文化底蕴和独特的历史记忆呈现在观众面前,让观众从不同维度、不同视角感受河南文化之美。

(四) 拓展传播渠道

河南"奇妙游"系列节目将传统演出与现代科技结合,探索出一条新时代下文化旅游融合发展之路。节目突破了传统演出受到场地、观众数量限制等问题,打破地域限制、突破时间限制、打破空间限制,实现了"一台演出一片天地"的目的。《大梦敦煌》通过 AR、VR 等科技手段将古代人物形象与现代科技结合,让观众在观看演出的同时又能体验到古代人物形象与现代科技相结合带来的魅力;《千古风流人物》通过 AR、VR 等科技手段将宋代都城汴京呈现在观众面前,让观众在观看演出的同时又能体验到宋代都城汴京的繁华;《千古风流人物》通过 AR 将古代人物形象与现代科技结合,让观众在观看演出的同时又能体验到古代人物形象与现代科技结合带来的魅力。

(五) 弘扬中国文化

《大宋·东京梦华》以《清明上河图》为蓝本,通过 AR、VR 等技术手段将北宋东京汴梁的繁华景象呈现在观众眼前;《大宋·东京梦华》以宋朝名人岳飞、辛弃疾等为原型创作出大型情景剧,通过 AR 将宋代著名词人辛弃疾的作品呈现在观众面前。节目通过"文旅+科技"的创新融合,将中华优秀传统文化之美呈现在观众面前,使观众从不同维度、不同视角感受到中华优秀传统文化之美。①《大宋·东京

---

① 谭儒烨,黄佳佳.电视文艺晚会的跨媒介叙事实践:以河南卫视《清明奇妙游》为例[J].北方传媒研究,2023(1):58-61.

梦华》还得到了《人民日报》《光明日报》等主流媒体的关注与报道。

在国家政策的支持与鼓励下，文旅产业逐渐成为我国重点发展的产业之一。作为中国第一个国家级文化旅游目的地，河南省积极探索文旅融合发展的新路径，以满足人民日益增长的美好生活需要。河南"奇妙游"系列节目作为河南文化旅游发展的代表之作，对宣传河南文化、推广河南旅游产品、弘扬中华传统文化等方面起到了积极的推动作用。在新时代背景下，河南"奇妙游"系列节目以创意为引领，以技术为驱动，以创新为动力，不断推进传统文化与现代科技深度融合，探索出一条具有中国特色的文旅融合发展之路。① 同时，该系列节目也在一定程度上促进了河南旅游产品的多元化、品质化和特色化发展。在河南"奇妙游"系列节目成功推出之后，河南省文化和旅游厅进一步深化"文旅+科技"创新融合，通过"元宇宙+实景演艺+高科技"等方式进　步提升文旅产业竞争力。未来，随着河南"奇妙游"系列节目影响力的不断提升，相信会有更多优秀的文化资源和旅游产品得到深度挖掘、宣传推广。

第二节　河南"奇妙游"系列节目符号化传播流程

河南"奇妙游"系列节目中《唐宫夜宴》以唐朝女子为主角，通过在表演中融入现代元素、现代科技和现代审美，在呈现一场别开生面的文化盛宴的同时，以一种全新的方式展现了中国传统文化和民俗文化的魅力，创造出一种"非遗"保护与传播的新模式。在该系列节目中，以"唐宫夜宴"为IP的《唐宫夜宴》通过艺术+科技的融合，在全新传播模式下形成了一种"破圈"效应，不仅为传统文化带来了全新的生命力和创造力，也为河南文旅融合发展提供了一种新思路。《唐宫夜宴》通过对历史上盛唐女子形象的模仿和再现，展现了中国传统舞蹈的美，具有极高的文化价值和艺术价值。因此，选择具有代表性的符号作为节目元素，是节目成功的关键。河南"奇妙游"系列节目充分利用媒体的整合营销能力，将河南各地的文化资源进行整合，形成一种具有共通性的符号化传播，为节目内容的传播提供了一种全新的可能性。在节目的传播过程

① 张一博.电视节目中优秀传统文化的创新表达：以"奇妙游"系列节目为例［J］.文化月刊，2023(2)：48-51.

中，河南各地的文化资源实现了跨媒体整合与创新，为观众呈现了一场别开生面的文化盛宴，同时在无形之中塑造出一种全新的地域文化形象。河南"奇妙游"系列节目通过对传统文化符号的再创作，有效地拓展了传播渠道，扩大了影响力。需要注意的是，在对符号进行再创作时，需要考虑到受众的接受心理、理解能力以及文化背景等因素，在确保节目内容不失真、不歪曲的前提下，使符号能够更好地被受众理解和接受。

一、节目内容的符号化呈现

随着媒介融合的不断深入，越来越多的电视节目开始使用新的技术，包括虚拟现实技术、增强现实技术和5G技术等。其中，虚拟现实技术最早应用于游戏领域，目前已经发展到了影视、教育、娱乐、医疗等多个行业。这些新技术的出现，为电视节目提供了更多创新形式，使节目在传统的基础上有了全新的呈现方式。河南"奇妙游"系列节目通过数字科技与文化符号结合，用最具特色的方式进行了节目符号化传播。对节目内容的符号化呈现主要体现在以下两个方面：一是数字科技与文化符号的结合。节目以数字技术对传统文化进行再造，通过虚拟现实技术让文物复活，并与演员互动。例如，在《只此青绿》节目中，王希孟的画出现在屏幕上之后，青绿山水的场景就立刻出现在屏幕上。二是通过多种符号元素进行节目内容的呈现。通过对传统文化中的人物、动物、场景等要素进行重新设计，将这些符号元素融入节目，使整个节目更加生动有趣。例如，在《只此青绿》中，通过对宋代山水画的呈现方式进行设计，将唐代仕女图与宋代山水画结合，为观众带来了一场美轮美奂的视觉盛宴。在传统的传播方式中，受众是被动接收信息的一方，受众只有在接收到媒介信息之后才会对信息产生印象。而在媒介融合时代，受众可以通过多种媒介渠道接收节目信息。河南"奇妙游"系列节目借助河南卫视和抖音平台等视听渠道进行符号化传播。系列节目中的所有图像和声音都是用虚拟现实技术进行处理的，观众可以通过手机等设备观看节目。随着数字技术的发展，越来越多的短视频平台开始出现在受众眼前，这些平台都可以进行符号化传播，但是不同的媒介渠道具有不同的符号传播功能。

河南"奇妙游"系列节目本身就是一个符号，它在传播中形成的符号化符号体系，包括了文化内容、艺术表现、科技手段等内容。河南"奇妙游"节目的主要受众是青少年群体，这些受众接受和理解符号化符号的能力较强，因此他们对节目中的文化内容、艺术表现和科技手段等内容能进行解码。① 在接受过程中，他们将所接收到的信息进行了分类和储存，并在一定程度上对这些信息进行了二次加工。同时，他们会在理解这些文化内容和艺术表现等的过程中与自身的生活经验产生联系，从而对节目中的符号进行解码。在接受过程中，他们与节目中所表达的文化内容和艺术表现进行互动，从而形成新的文化意义。河南"奇妙游"节目通过符号化传播对受众产生了潜移默化的影响。

河南"奇妙游"系列节目在创作中遵循"主题先行"的原则，即节目主题是根据河南文化符号进行的创作，并以"河南文化符号"为切入点，通过故事化的叙事手段和艺术语言创造出一个个鲜活生动的中华优秀传统文化节目，让观众在轻松愉悦的氛围中了解和学习中华优秀传统文化。在河南"奇妙游"系列节目中，运用了大量的艺术形式，如舞蹈、戏曲、歌曲、戏剧等，都是以河南文化符号为核心创作内容的艺术表现形式。

（一）舞蹈

舞蹈是一种肢体艺术，也是一种文化符号。河南"奇妙游"系列节目在舞蹈编排中，根据主题需要，在场景设置、舞蹈编排、舞台设计等方面融入了中原文化符号元素。② 如在《唐宫夜宴》节目中，舞蹈演员从河南博物院中的千年仕女俑中穿越而来，身着唐朝宫廷服饰，仿佛从古画中走来。节目将千年仕女俑幻化成婀娜多姿的少女，通过舞蹈语言来讲述千年仕女的故事。舞者们身着唐朝宫廷服饰，舞动着婀娜身姿，呈现出一幅美轮美奂的古典画卷。节目中的舞蹈由河南大学的教授创作，分为《唐宫夜宴》《唐宫乐舞》《唐宫乐宴》三个篇章。舞蹈演员通过舞姿的变换，再现唐代仕女在唐朝宫廷中的生活场景。在这三个篇章中，舞者们以"穿越"的方式讲

---

① 彭美菡. 引爆点理论下河南卫视奇妙游系列的出圈探析[J]. 喜剧世界（上半月），2023（2）：47-49.

② 许梦媛，张莉. 超时空沉浸：河南卫视"奇妙游"系列节目的融合场景[J]. 河南广播电视大学学报，2023，36（1）：64-68.

述了仕女的故事。节目巧妙地运用时空穿梭手法把观众带入唐朝宫廷生活场景,让观众通过舞蹈演员的表演和舞蹈动作对"河南"文化符号产生更深入了解。同时,通过舞蹈编排将河南历史文化和人文风情展现出来,让观众领略到中华文明源远流长。

(二)戏曲

河南文化底蕴深厚,除了传统的文化遗产,还有很多独具特色的文化艺术形式,如豫剧、少林功夫、河洛古乐、豫剧现代戏、二人转、马戏等。河南文化艺术种类丰富,异彩纷呈,是中华传统文化的重要组成部分。在河南推出的"奇妙游"系列节目中,有很多是以戏曲为主要元素,传统艺术与现代科技融合,呈现出了穿越古今的奇妙效果。戏曲作为中国传统文化艺术形式之一,历史悠久。《元宵奇妙夜》是戏曲文化最多的一期,包括歌舞《包青天》、黄梅戏《夫妻观灯》、豫剧《五世请缨》、河南坠子《看花灯》四个戏曲选段,其中《五世请缨》特意选取四位佘太君扮演者来致敬牺牲的戍边战士,将传统戏曲文化与时代热点结合,使戏曲这一古老的艺术形式焕发生机。《七夕奇妙游》选取昆曲《牡丹亭》、越剧《梁山伯与祝英台》、豫剧《白蛇传》三个经典爱情片段,表演形式上融入水袖舞、钢琴等元素,使戏曲在传承与创新中实现"破圈"传播。《重阳奇妙游》中的戏曲《定军山》根据京剧"潭门七代"的真实故事改编,以剧情的形式连接黄忠唱词选段,展现了戏曲艺术在一代接一代的传承中发扬光大。

(三)歌曲

河南"奇妙游"系列节目中的歌曲都是以河南文化符号为主题创作的,主要包括《中原颂》《中原美》等。《中原颂》由河南著名女高音歌唱家郭兰英演唱,她曾演唱过《我的祖国》《映山红》等经典歌曲。在河南"奇妙游"系列节目中,作为主题曲的《中原颂》旋律优美动听,歌词朗朗上口,非常适合被传唱。例如:"中原大地,沃野千里,四季分明,气候宜人。这里有黄河流金淌银的旖旎风光,这里有厚重博大的历史文化,这里有大气磅礴的黄河儿女,这里有雄浑壮阔的长城雄风,这里还有风光秀美的北国风光。黄河就在河南大地上奔腾流淌,它哺育了世世代代生活在这里的勤劳勇敢的人们。"在河南"奇妙游"系列节目中,《黄河大合唱》被作为主题曲。在《黄河大合唱》中,演唱者以黄河、长江、淮河等作为歌词素材创作了《我和我的祖国》。这首歌旋律优美,歌词朗朗上口,易于传唱,成为河南"奇妙游"系列节目中必不可少的一部分。以河南文化符号为主题创作的还有很多其他类型歌曲,如《少林功夫》《少林寺》等。通过对河南"奇妙游"系列节目中歌曲符号元素的分析可知,系列节目中采用了多种艺术形式来进行符号化呈现,这些符号元素不仅丰富了节目内容表现形式和故事化叙事手段,而且增强了节目的艺术性和感染力。

(四)戏剧

戏剧作为一种艺术形式,也是河南"奇妙游"系列节目的重要组成部分。如《唐宫夜宴》《只此青绿》中的戏剧表演等。《只此青绿》利用动画和现代科技结合的方式,展示了中国古代文化艺术之美。随着音乐的响起,一幅画呈现在观众面前。"这幅画里有山水、有人物、有花鸟、有走兽,还有神话故事中的各种形象"。舞者们在舞台上跳着中国古典舞,这些舞蹈充分展现了中国古典舞的独特魅力。此外,节目中还结合一些"非遗"元素、河南民俗元素等,以此来增加节目的观赏性和趣味性。在《只此青绿》中,舞者们以现代舞的形式展示中国古代的经典绘画作品《千里江山图》,呈现出中国古代画家笔下的山水美景,让观众在欣赏优美画面的同时了解中国传统绘画艺术。通过对以上戏剧元素的运用,不仅让节目呈现出了传统戏剧元素和现代科技元素结合的特点,也让观众对中华优秀传统文化有了更加深刻的认识和理解。

(五)诗词

河南"奇妙游"系列节目的核心内容是以河南文化符号为核心创作内容,并将其转化成具体的艺术作品,如歌曲、舞蹈、戏曲等,然后通过艺术化的表现手法和符号化的表达方式呈现出来。① "中国节日"系列节目自《清明奇妙游》开始,选取贴合传统节日的诗词来表达情感,使诗词文化得以传播。在节目中,河南文化符号被转

---

① 李珊,吴斌.时间与媒介:河南卫视"奇妙游"系列节目的图像化构建[J].中华文化与传播研究,2022(2):219-233.

化为具有视觉冲击力的艺术作品，形成了可供传播的艺术形式。通过对传统诗歌的改编，河南"奇妙游"系列节目中的诗词部分形成了具有视觉冲击力和艺术感染力的作品。例如，《大美河南》通过对"黄河""丝绸"等符号的改编，让观众对黄河文化产生深刻印象；清明开场由童声演唱诗词《送别》引出歌曲《月光》，节气歌《二十四节气歌之清明》伴随童谣歌声，杜牧的《清明》出现在字幕上；歌曲《春暖花开》字幕出现《南湖早春》《晚春》《趵突泉》《破阵子·春景》等诗词，来衬托节目传递的清明踏青春游主题。

(六)虚拟现实技术

河南"奇妙游"系列节目利用虚拟现实技术来呈现河南文化符号，观众通过虚拟现实技术身临其境地体验河南文化符号，这是一种全新的传播方式。这种传播方式的优势在于：一是观众沉浸式体验视觉冲击，沉浸式体验可帮助观众更好地理解和感知河南文化符号；二是给观众带来更多的视觉体验感和交互性，使观众产生情感共鸣。虚拟现实技术为河南"奇妙游"系列节目提供了新的技术支持和媒介形式，也让河南"奇妙游"系列节目从内容、形式、场景等多方面产生了全新变化。河南广播电视台充分打通大屏和小屏，在融合、联动的全媒体传播矩阵中发挥传统文化的内容价值，并利用 AR、VR、MR 技术，将中华传统文化与现代艺术结合，通过跨时空转换、二次元衔接，产生视觉奇观。唐宫小姐姐从古老画卷中走出，《清明上河图》《千里江山图》《洛神赋》等文化宝藏活了起来、动了起来，厚重、古朴、有距离感的历史文化严肃形象变得更加生动、有趣，传统经典变得美轮美奂，成为年轻一代喜爱的"新国潮"，成为一种文化现象。例如，《端午奇妙游》以"5G+4K+AI"为技术核心，将虚拟现实、5G、云计算等新技术与传统文化结合，利用 5G 网络的高速率和低时延特性，实现了"裸眼 3D+虚拟空间"的沉浸式体验。节目通过数字孪生技术构建了九个虚拟世界，让观众在这里体验穿越千年的清明奇妙之旅。节目通过 5G 网络实时传输数据，利用实时渲染和建模技术将清明时节各地的风景、文物、文化元素等进行数字化呈现。在内容上，虚拟现实技术为河南"奇妙游"系列节目提供了新的内容形式，如传统的舞蹈、戏曲、歌曲、戏剧等艺术形式有了虚拟现实技术的加持，丰富了节目的内容形式；在表达方式上，虚拟现实技术为河南"奇妙游"

系列节目提供了新的表达方式，让观众从不同角度去感知和了解河南文化符号；在场景上，虚拟现实技术为河南"奇妙游"系列节目提供了新的场景。虚拟现实技术将大数据、人工智能等现代科技手段与传统文化艺术结合，创造了更加生动形象、富有感染力的艺术形式和场景氛围。在这样的艺术形式和场景氛围中，观众更容易产生情感共鸣和文化认同感。

二、视听渠道的符号传播

河南"奇妙游"系列节目以河南元素为核心，以河南文化为基础，通过展现河南独特的历史文化和风物景观，让观众感受到河南人的热情、豁达和包容。① 无论是从节目形式、文化内容还是视听语言等方面来看，河南"奇妙游"系列节目都在某种程度上实现了符号化传播。节目通过将中华优秀传统文化中的文物、故事、诗词等内容融入其中，采用动漫形式展现，在保留节目原有风格的基础上对节目形式进行创新，用视觉语言、符号化表达等方式构建节目符号。在视觉方面，节目以"国宝"为核心内容，通过对文物造型、色彩、纹饰等元素进行创新设计，从多个角度呈现文物之美；在符号化表达方面，节目将传统文化与现代技术结合，将具有代表性的历史故事融入节目中。例如，《唐宫夜宴》采用现代技术手段表现唐代仕女的舞蹈动作；《洛神水赋》通过"水袖"造型展现仙女在水中起舞的场景；《只此青绿》通过数字技术展现了宋代青年画家王希孟创作的《千里江山图》等。河南"奇妙游"系列节目采用传统与现代相结合的创作方式，将古代元素与现代元素融合。例如，《只此青绿》采用了数字技术呈现出唐代仕女的舞蹈动作。这些节目符号化表达方式的创新，不仅让节目获得了更好的传播效果，也让观众对河南文化产生了认同感。在河南"奇妙游"系列节目中，运用多种艺术形式将河南文化符号展现出来。河南"奇妙游"系列节目还将河南文化符号与流行音乐结合，在电视节目中添加流行音乐元素，从而在视觉和听觉方面对观众产生冲击。例如，《只此青绿》将《千里江山图》中描绘的山水场景作为背景音乐，还将古典诗词、宋代青年画家王希孟创作的《千里江山图》等加入节目中。

① 景仕通. 电视节目制作如何"融"出精彩：以河南卫视《端午奇妙游》为例[J]. 新闻前哨，2022(20)：27-28.

(一)多元符号构建

河南"奇妙游"系列节目采用动漫形式将"国宝"融入节目，节目中所展现的动画作品以文物为核心元素，通过对文物进行设计、创作、演绎等方式来呈现文物之美。河南"奇妙游"系列节目中的动画作品不仅让观众从多个角度了解到文物之美，也让观众感受到河南文化的博大精深。通过对节目内容进行不同形式的符号构建，让观众了解到更多与河南相关的历史故事、文化符号。

(二)符号传播过程

从符号的传播过程来看，节目通过符号元素、符号组合将河南文化符号传播出去，并通过受众反馈机制影响节目内容和符号的发展。河南"奇妙游"主要分为"探寻河南文化之美""穿越河南历史时空""感受河南文化魅力"三大板块。在"探寻'河南'文化之美"的过程中，节目对河南历史文化中具有代表性的文物进行介绍，例如，《唐宫夜宴》介绍了唐代仕女俑，《洛神水赋》介绍了仙女在水中起舞的场景，《只此青绿》则介绍了宋代青年画家王希孟创作的《千里江山图》。此外，节目还通过加入古典诗词、音乐等元素，从多个角度展现河南的文化魅力。在"穿越河南历史时空"部分，节目通过动漫形式对历史故事进行再现，让观众感受到历史人物的真实情感。此外，节目还通过虚拟现实技术进行数字复原。在"感受河南文化魅力"部分，节目通过现代技术手段为观众带来视觉上的冲击。例如，在《只此青绿》中，通过数字技术将宋代青年画家王希孟创作的《千里江山图》进行复原展示，在《洛神水赋》中则采用现代声光电技术展现仙女在水中起舞的场景。

1. 符号元素的传播

符号作为一种信息，在传播的过程中会受到多种因素的影响，如符号本身的内涵、受众的需求、媒介传播渠道等，因此，节目在符号的传播过程中会根据受众的需求对符号元素进行改变。[①] 在"探寻河南文化之美"部分，节目通过对敦煌壁画和文物元素的介绍，展现了中原地区文化的独特魅力。在"穿越河南历史时空"部

---

① 朱欣英，姚红亮. 河南卫视《七夕奇妙游》对传统文化符号的应用[J]. 传媒，2022(18)：44-47.

分，节目则通过现代艺术表现形式展现河南历史文化中具有代表性的文物。此外，节目还在"感受河南文化魅力"部分加入了音乐、舞蹈、戏曲等元素。这些符号元素的加入不仅丰富了节目内容，也使观众更加了解河南文化。

2. 符号组合的扩散

符号的扩散主要指符号在不同的受众之间进行传播，并产生互动影响。河南"奇妙游"系列节目中的符号组合由导演、编剧和演员等组成。通过对节目符号元素的重组，能够使节目的内容更加生动地呈现在观众面前，节目中的符号元素也能够在不同受众之间进行扩散。[①] 例如，节目中演员在水下进行表演，观众看到的不是演员而是舞蹈动作。在这种情况下，观众就会联想到《洛神水赋》中仙女在水中起舞的场景，进而激发观众对这段表演的兴趣。在这种情况下，节目中符号元素也会进行扩散，从而引起观众的兴趣并让观众产生互动。例如，《只此青绿》中通过对经典诗词、音乐、舞蹈等元素进行重组，让观众看到了不同符号所代表的含义。

3. 符号的编码与解码

河南"奇妙游"系列节目通过符号编码的方式让观众理解符号，并借助符号解码的方式将所要表达的意义传递给观众。在节目中，对河南文化符号的解码主要通过两种方式：一种是通过主持人和嘉宾对河南文化符号进行解读；另一种是通过场景设计、情节设计等方式对河南文化符号进行二次编码。如《洛神水赋》中，主持人和嘉宾在讲述了洛神水赋的故事后，用 句话概括了《洛神水赋》的核心内容，即以洛水之神为创作主体，描绘出山水之美。通过这种方式将节目中的符号进行编码与解码，观众可以更好地理解节目所要表达的意义。

（1）主持人和嘉宾对符号进行解读

在《唐宫夜宴》中，主持人和嘉宾在介绍唐宫夜宴时，从舞蹈、乐器、服装、灯光等多个角度出发，对唐宫夜宴进行了详细介绍。对于舞蹈部分，节目通过演员们的肢体动作、表情变化来呈现唐宫夜宴中的舞蹈动作，让观众更好地理解唐代人的审美，从而对节目中所展现的传统文化产生浓厚的兴趣。在介绍乐器部分时，节目通过演员们的演奏来表现唐朝乐器的种类和演奏方式。主持人和嘉宾通过对不同乐

---

① 武悠. 传统媒体创新的内在逻辑探析：以河南卫视"奇妙游"系列节目为中心[J]. 洛阳师范学院学报，2022，41(9)：88-91.

器之间的联系进行解说，让观众了解《唐宫夜宴》中所包含的传统文化。

（2）通过场景设计、情节设计对符号进行二次编码

在场景设计、情节设计等方面，节目对符号进行了二次编码，观众通过对节目中的符号进行解码，从而对河南文化符号有了更深入的了解。比如，《唐宫夜宴》节目以唐朝为背景，用唐宫夜宴作为线索，通过情景设计来展现唐朝人民的生活场景和精神面貌。比如在节目《洛神水赋》中，通过场景设计、情节设计等方式对"洛神"符号进行了二次编码，从而将洛神这一符号所传达的意义传递给观众。《唐宫夜宴》以唐代仕女图为素材，将唐代仕女画中的人、物、景等符号化，结合现代科技手段，将这一符号重新编码，赋予其新的意义。在这一过程中，《唐宫夜宴》对文化符号进行了有效的二次编码，让"文化符号"在新媒体环境下具有新的意义与价值。《唐宫夜宴》中出现的舞蹈演员手中都拿着一些小物件，这些物件其实是道具师们利用科技手段设计出来的，就像《唐宫夜宴》中出现的扇子、衣服、腰带等，道具师们通过对中国传统文化中有代表性的元素进行二次编码，将其转变为舞蹈语言。这种二次编码不仅体现在舞蹈本身上，也体现在场景设计中。在《唐宫夜宴》中出现了很多具有时代特色的场景，这些场景通过情节设计赋予了文化符号新的意义。例如"千人鼓舞"这一场景中出现了很多"鼓"元素，这些"鼓"元素在传统文化中代表着热闹和喜庆。在这些具有时代特色的场景中，每一个"鼓"元素都代表一种文化内涵。河南卫视在《七夕奇妙游》结尾处，用《夜空中最亮的星》缅怀暴雨洪灾中牺牲的人们，唐小天伸手摘流星，摊开手变成一朵菊花，寄哀思于物，三位唐小妹的一句"你们一定要记得回家的路哦"，既是许愿，也是对同胞的思念。

三、受众的符号解码

在传播中，受众是传播活动的直接参与者，他们是符号的接收者和解码者，也是符号意义的诠释者。受众对符号进行解码，将其与自己已有的知识经验结合，从而形成新的认知体系。因此，对符号的解码也成为受众在接收符号过程中进行的一种"再创作"。在河南"奇妙游"系列节目中，受众不仅是观众，也是创作者。由于受众具有个体差异性，因而其对符号的解码也具有一定程度上的差异性。这种差异性主要表现在两个方面：一方面是受众在接收节目中的符号时，可能会因为其个人

认知、兴趣偏好等因素产生不同理解；另一方面是在接收节目后，受众对其进行二次创作，从而形成新的认知体系。因此，河南"奇妙游"系列节目通过将文化内容融入故事情节、运用视听语言丰富视听效果、采用线上线下多平台多渠道传播等方式，在一定程度上促进了受众对节目中所涉及符号的解码。

通过分析河南"奇妙游"系列节目，可以看到这档节目具有鲜明的文化符号表征，以中华传统文化为核心，通过创新形式、叙事手法，传递出了新时代中国人民的精神风貌。[①] 以受众为中心，在符号解码过程中分析受众心理与文化认同，在新媒体环境下如何增强对传统文化的认同？在河南"奇妙游"系列节目中，受众通过河南符号对节目进行解码，在解码过程中，受众根据自己的理解，对符号进行了二次编码。受众在不同的文化语境下会有不同的解读和解释，因此会对同一符号产生不同的理解。河南作为地理标志符号，具有独特的文化内涵和鲜明的地域特征，因此河南"奇妙游"系列节目中会涉及大量关于河南的符号，如"山河""黄河""古都""文化"等。通过对这些符号进行解码，受众可以获取与之相关的信息和知识。在此过程中，受众是一个主动参与、积极思考、追求意义的个体，在解码过程中能够对符号进行二次编码，使其更符合自己对该符号所含信息的理解。

(一)认知解码：符号意义的获取

在认知语言学中，"解码"是指人们把认知主体已经获得的知识信息加以编码，并加以储存，形成符号，然后再用符号表达意义的过程。[②] "解码"是一种有意识地对符号信息进行加工的活动，即"识解"。在此过程中，受众必须调动自己的认知能力，对符号信息进行处理、加工、编码和解码。在河南"奇妙游"系列节目中，受众首先通过对节目画面和背景音乐等画面元素进行观看，了解节目内容。在观看过程中，受众需要结合自己的认知能力对画面中出现的符号进行解码，同时根据自己已经掌握的知识来分析该符号所代表的信息。例如在《华夏古文明河南》篇章中，节目

---

① 海鑫如.河南卫视《端午奇妙游》节目传播策略研究[J].西部广播电视，2022，43(17)：1-3，16.

② 雷朝文.具身建构：跨文化传播视角下的沉浸式体验——以河南卫视"奇妙游"系列节目为例[J].传播与版权，2022(9)：42-44，68.

以"河图洛书"为主题，画面中出现了方圆 3 平方千米的远古文明遗址——河南二里头遗址。受众在观看这一画面时首先想到了河图洛书，并通过查阅资料对二里头遗址进行了解；画面中出现了以黄河、中原地区特有的动物形象为元素创作出的壁画，受众通过了解动物形象所代表的含义及其与河图洛书之间的关系等知识后，能够对符号信息进行解码。例如在《穿越千年遇见你》篇章中，画面中出现了《洛神赋》《登鹳雀楼》《木兰辞》等作品。通过了解《洛神赋》的创作背景、创作灵感、故事梗概等相关知识，受众能够对节目中出现的符号进行解码。

(二)情感解码：对符号的情感认同

在河南"奇妙游"系列节目中，黄河被赋予了丰富的情感内涵，它既是中华民族的母亲河，又是中华文明的摇篮。对于观众而言，黄河是一种情感象征、一种精神力量。河南"奇妙游"系列节目中的黄河符号在传递文化信息的同时，也能够引起受众的情感共鸣，给观众带来愉悦的情绪体验。河南"奇妙游"系列节目通过黄河符号传递出来的黄河精神与中华文明紧密相连，从而引发了观众对中华文化、民族精神以及黄河精神等方面的思考。当受众在观看节目时，就能够对中华文化产生强烈的情感共鸣。在观看节目时，观众将自身置身于历史之中，以更宽广的视角来看待历史文化中的事件与人物。通过对黄河符号的解码产生强烈情感共鸣后，观众会对节目中所传达的内容产生一定的情感认同。

(三)行为解码：符号的实践与消费

在河南"奇妙游"系列节目中，受众的行为也是一种对符号的实践与消费，同样也是对符号进行解码，从而获得更多的意义。首先，在受众对河南符号进行解码的过程中，受众会受到自身心理和文化的影响，对所学知识进行解释，将自身对符号的理解与节目中其他嘉宾和演员们进行分享、讨论和交流，从而对所学知识有更深刻的理解。其次，在文化交流过程中，受众会将自己所了解到的河南符号与他人分享。在这个过程中，受众会在交流中收获快乐、经验、知识。当受众将节目中的河南符号运用到自己的生活中时，就会产生一种熟悉感，同时也会增加对该符号的好感和亲切感。最后，受众对河南符号进行消费也是一种主动参与社会文化实践的行为。在符号解码的过程中，受众会对符号进行解读、理解和记忆，通过对符号的再次编码，将其内化为个人的态度。因此，受众在解读过程中会形成自己的态度和价值观。"文化自觉"是指"人们能够认识到自己所创造的文化价值，对自身文化有一种坚定的自信心，能够自觉地保护和传承自己的文化"。"文化自信"是指"一个民族、一个国家以及一个政党对自身文化价值的充分肯定和积极践行，并对其文化的生命力持有坚定信心"。① "文化自觉"与"文化自信"都是个体在新时代下实现自我认同、实现民族认同的重要手段。河南"奇妙游"系列节目通过对河南符号进行解码，受众可以了解到河南独特的自然风光、深厚的历史底蕴、丰富的文化遗产等诸多信息。在此过程中，受众也会对这些符号进行解读和阐释，从而形成自己对符号所含信息和价值判断的态度。

第三节　河南"奇妙游"系列节目符号化传播效果

在当前融媒体传播环境下，河南卫视"奇妙游"系列节目通过符号化传播实现了传统文化与当代青年文化的完美结合，以新媒体形式呈现传统文化的同时吸引受众注意力，实现了传播效果的最大化。② 该节目在社会上引起了广泛关注与热议。从传播学角度来说，受众认知是指受众对传播内容的接受和理解，受众对传播内容的意义和价值的判断与评价。在文化类节目中，受众通过对文化符号的学习和理解来获得文化信息，从而形成对传统文化的认知与认同。

一、认知层面：传统文化定位准确

在传播中，《唐宫夜宴》《端午奇妙游》等节目将传统文化与当代审美融合，将民族文化符号化、故事化，从而使受众能够在短时间内快速认知节目所传递的文化内涵。《唐宫夜宴》以舞蹈为主要元素，结合舞台表演和戏剧元素，将唐朝的仕女、歌舞等元素与现代流行文化结合，呈现出了一场极具中国风的视觉盛宴。节目将传

---

① 张凌波，许艳玲. 河南卫视《2022 清明奇妙游》晚会叙事策略探析[J]. 视听，2022(8)：6-8.

② 马雅楠. 河南卫视"奇妙游"系列节目的融媒叙事与传播策略研究[J]. 视听，2022(8)：9-11.

统文化中的舞蹈、诗词、乐器等元素融入其中，增强了节目的观赏性和趣味性。观众在观看节目时能够感受到浓厚的文化气息，加深了对中华优秀传统文化的认知和理解。在《端午奇妙游》中，节目组将端午文化中的龙舟、粽子、香囊等元素进行了符号化处理，通过虚拟技术构建了一个端午"奇妙游"的虚拟场景。同时，节目将国粹京剧与现代流行音乐结合，不仅打造出了一场具有独特风格的视觉盛宴，还向观众呈现出了一种传统与现代交融的美学体验。《中秋奇妙游》将传统文化中的赏月、月饼、花灯等元素进行了符号化处理。节目通过视觉、听觉等全方位方式展现了中国传统节日里人民对美好生活的向往和追求。在这些节目中，传统文化符号不仅在形式上实现了符号化表达，而且在内容上实现了符号化表达。受众在观看节目时能够感受到传统文化符号背后所蕴含的丰富内涵和深厚底蕴，从而加深对传统文化的认知和理解，在潜移默化中受到影响。

（一）加深了受众对传统文化的认知和理解

"文化符号是一种由符号的使用或符号化的意义所构成的符号系统。"节目通过对传统文化元素进行符号化处理，将传统文化故事化，不仅能够让观众快速了解节目所要表达的内容，而且能够增强观众对传统文化的认知和理解。同时，这些节目还通过将传统文化元素与当代审美融合，打造了一场极具中国风的视觉盛宴。此外，这些节目还通过在舞台上设置虚拟场景等方式增强了节目的观赏性和趣味性。例如，《端午奇妙游》中的龙舟、粽子、香囊等元素都被符号化处理，观众在观看节目时能够感受到浓厚的文化气息。例如，《中秋奇妙游》用虚拟技术搭建出虚拟场景，将传统文化中的月饼、圆月等元素进行符号化处理。在虚拟场景中，观众能够感受到浓郁的节日氛围。

（二）有助于引导受众树立正确的文化价值观

传统文化符号具有直观性，人们在观看这些节目时能够感受到浓郁的文化气息，从而产生浓厚的兴趣。节目通过符号化的方式展现了传统文化中的各种元素，如舞蹈、诗词、乐器等，让观众在观赏节目的同时感受到浓郁的中国风。在《唐宫夜宴》中，节目组通过舞蹈、戏剧、歌唱等形式表现了唐代仕女们的日常生活，让观众在欣赏节目的同时了解到唐代仕女们的真实生活状态。通过展示大唐盛世下人们对美好生活的向往和追求，人们能够感受到浓厚的传统文化气息。《中秋奇妙游》不仅向观众展现了中秋佳节时人们对美好生活的向往，而且向观众传递了节日期间家人团聚、享受美食、赏月等主题。通过展示传统文化中所蕴含的丰富内涵，节目引导观众树立正确的文化价值观，让人们在观看节目时能够感受到传统文化所蕴含的美好内涵。

(三) 有助于促进民族文化的传承与发展

传统文化符号在传播过程中的符号化表达有助于提升受众的文化素养。当受众对传统文化符号产生兴趣后，就会产生进一步了解和学习的意愿。在人与人之间的信息交流过程中，人们通过符号来传达自己的意图和态度。因此，文化符号在传播过程中的符号化表达有助于推动民族文化的传承与发展。一方面，河南"奇妙游"系列节目通过对传统文化符号的选择与应用，有助于传承和发展中华优秀传统文化。《唐宫夜宴》《端午奇妙游》等节目在传播过程中对传统文化符号进行了准确定位，并根据定位选择合适的传统文化符号进行呈现。这些节目对传统文化符号进行了有效梳理和筛选，从中华优秀传统文化中提炼出了具有代表性、时代性和共通性的元素。通过对这些元素的选择与应用，不仅可以增加节目内容的丰富性和多样性，而且能够有效增强节目内容的思想性和艺术性。在《唐宫夜宴》中，节目以舞蹈、戏剧、诗词等多种元素为主要内容，将中国传统舞蹈与现代流行文化结合，使中国传统舞蹈文化与现代审美融合。这些节目中传统文化符号的符号化处理和创造性转化可以将优秀的民族文化内涵传递给观众。另一方面，这些节目以其丰富的视听体验和具有感染力的艺术表现形式吸引受众。在受众观看节目时可以感受中华优秀传统文化所带来的震撼和感动，从而在潜移默化中提升中华民族文化自信。

二、态度层面：文化认同感增强

在跨文化传播过程中，河南"奇妙游"系列节目通过符号化的表达传递了中华优秀传统文化的魅力，增强了受众对中华文化的认同感，激发了受众对中华优秀传统文化的兴趣。在《端午奇妙游》节目中，导演组通过在节目中融入传统文化元素，如龙舟、端午香囊、端午习俗、端午美食等，打造出了一场传统民俗和现代科技相结合的"奇妙游"。① 同时，节目在传统节日这一节点上与民俗结合，将中华优秀传统文化与当代生活融合，通过创意设计呈现出了一场别开生面的视听盛宴。《中秋奇妙游》则通过将现代科技与传统文化结合，打造出一个中国特色国潮节目。节目将"中秋"和"奇妙游"两个关键词结合，营造了节日的氛围感，让人们联想到了关于月亮的传说，如嫦娥奔月、玉兔捣药、吴刚伐桂等。节目还在中秋夜通过创意设计打造了一场"国潮版"的《水调歌头》：中秋之夜，皓月当空，人们赏花灯、吃月饼、饮桂花酒、饮菊花酒、赏月等。以中秋节为主题的这档节目将中华优秀传统文化与现代科技结合，让人们在享受视听盛宴的同时又能够感受到中华优秀传统文化的魅力。《唐宫夜宴》则利用穿越元素实现了传统与现代的对话。《唐宫夜宴》选取了七位唐宫小姐姐作为主角进行演绎。在演出开始后，唐小妹们穿越到古代宫廷，来到大唐盛世，在大唐皇帝举行宴会的场景中表演节目。唐小妹们时而身着彩裙翩翩起舞，时而化身为婀娜多姿的牡丹仙子、英姿飒爽的仕女等，精彩纷呈。节目通过艺术手法让唐宫小姐姐穿越回到千年之前，呈现了一场穿越时空的文化盛宴。通过这种穿越式的舞台表演形式，使得《唐宫夜宴》等节目在跨文化传播中实现了传统与现代对话的功能。

(一)对中华传统文化的热爱

《端午奇妙游》《中秋奇妙游》等节目将中华传统文化与现代科技结合，以中华优秀传统文化为主题，通过打造一场别开生面的视听盛宴，为受众提供了沉浸式的体验空间，让受众感受到中华优秀传统文化的魅力。《端午奇妙游》节目通过端午这一节日，向受众传达了节日中人们的民俗活动以及背后所蕴含的传统文化精神。在节目中，端午被打造成了一个充满童趣和欢乐的节日。端午是我国重要的传统节日之一，这一节日有着悠久的历史。随着时间的推移，端午一词在唐代被赋予了更多含义，如"端午临中夏，时清日复长"等。在《端午奇妙游》节目中，观众不仅能够在舞台上领略传统文化魅力，还能够感受端午节所蕴含的精神文化内涵。《中秋奇

---

① 高瑜玮. 河南卫视《端午奇妙游》系列节目的情绪仪式建构[J]. 视听，2022(8)：12-14.

妙游》节目中展现出了中国人独有的浪漫情怀。在节目中，主持人通过与观众互动的方式来推进整个节目的进行，将传统文化元素融入节目，例如，《月上中秋》中有嫦娥奔月、玉兔捣药、吴刚伐桂等传说故事。在《唐宫夜宴》节目中有贵妃醉酒、霓裳羽衣舞、千手观音等表演节目。《唐宫夜宴》通过将中华优秀传统文化与现代科技结合，受众不仅能够感受到中华优秀传统文化的魅力，还能够感受到中国人民对于中华优秀传统文化的热爱。

(二)文化认同与国家形象塑造

文化认同是指受众对于自身所处文化的 种情感归属，对其产生积极的认同感和归属感。文化认同是国家认同的重要组成部分，在塑造国家形象方面具有重要作用。国家形象是由多种要素构成的，其中最为重要的就是文化。当受众对中华优秀传统文化产生认同时，就会形成对于国家的认同感。

在《端午奇妙游》节目中，导演组选取了传统节日为背景进行创作，以"端午"和"奇妙游"两个关键词作为核心概念进行设计，在节目中，导演组通过将端午与赛龙舟、吃粽子、插艾叶、挂艾草、佩香囊等民俗结合，展现出了一场别开生面的民俗盛宴。① 通过对传统节日进行符号化呈现，节目打造出一个具有浓厚节日氛围感的舞台，让人们在享受视听盛宴的同时感受到中华优秀传统文化的魅力。同时，节目在传播过程中还以传统节日为切入点，让受众能够了解到中华优秀传统义化在当代社会中所发挥出的作用。例如，节目通过讲述中国人过端午节吃粽子等习俗来彰显中华优秀传统文化对当代社会发展所具有的重要作用。节目以"端午"和"奇妙游"两个关键词作为核心概念进行设计，既表达了中华优秀传统文化在当代社会中发挥出的重要作用，又让受众感受到了中华优秀传统文化所具有的独特魅力和深厚底蕴。

(三)文化认同与"破圈"传播

在跨文化传播中，文化认同与"破圈"传播的实现需要媒介使用和受众参与两个

---

① 程铖. 全媒体语境下文化类节目的创新与突围：以河南卫视"奇妙游"系列晚会节目为例[J]. 视听，2022(8)：15-17.

层面的共同努力。媒介使用层面的符号化表达能够使受众形成对传统文化的认同感，增强人们对于传统文化的兴趣，从而推动跨文化传播行为。受众参与层面则能够实现节目自身"破圈"传播，让更多的受众了解中华优秀传统文化。《中秋奇妙游》节目通过打造出"中秋"和"团圆"这两个关键词营造出中秋团圆之美，这档节目使更多的人了解到中华优秀传统文化。在《端午奇妙游》中，节目将端午、龙舟、香囊等传统文化元素结合；在《中秋奇妙游》中，导演组通过在节目中融入中华优秀传统文化元素来打造一个别具风格的中秋节。

三、行为层面：文化符号更丰富

从文化符号的选择和应用层面来看，《中秋奇妙游》《唐宫夜宴》《端午奇妙游》三档节目的文化符号既有相似之处，也存在差异性。从行为层面来看，三档节目的文化符号呈现出更丰富的类型和场景。在《中秋奇妙游》中，"月宫仙子"与"嫦娥奔月""玉兔捣药""吴刚伐桂"等传统故事场景的创意化转换，实现了现代科技与传统文化的创新性表达。《唐宫夜宴》则通过舞台化的场景构建将传统节日与现代舞蹈结合，呈现出极具时尚感的视听盛宴。《端午奇妙游》以端午为载体，将端午习俗与国风舞蹈、传统美食结合，同时节目中运用了大量富有传统文化特色的元素，如将龙舟、粽子等民俗文化融入节目之中，展现了传统民俗文化的魅力。此外，节目中还出现了诸如"我为你化个妆""画个唐妞"等年轻人喜闻乐见的互动形式。

河南"奇妙游"系列节目通过构建故事化、情境化、戏剧化的场景，以沉浸式体验作为媒介载体，让观众在故事中沉浸，在情境中体验，通过人物形象和情景互动来理解故事内容。① 如河南"奇妙游"第三季以"三皇五帝"为主题，结合"舞乐""戏剧""表演"等元素，在充分展现"黄帝故里""河图洛书""大禹治水"等河南文化的基础上，以舞蹈《洛神赋》作为开场表演，带领观众穿越千年时空领略河南古都之美。节目在故事化和情境化的表达中将河南文化符号化呈现给受众，通过对"三皇五帝"的塑造和对历史传说的展现来唤醒观众对传统文化的记忆。又如河南"奇妙游"第一季第二期的节目以"舞乐"为主题，在节目中将中国古代乐器和舞蹈结合，

---

① 刘文轩."出圈"与"拓圈"：河南卫视"奇妙游"节目的艺术传播策略探析[J]．美与时代（下），2022（7）：44-46.

展现了河南著名历史文化景点的魅力。此外，节目通过在传统节日和民俗活动中融入大量河南元素来进行创意编排，让传统文化与现代科技融合。如河南"奇妙游"第三季第二期的节目在中国传统节日元宵节期间播出，通过运用5G、4K、AR、VR等新技术手段为观众呈现出一场别开生面的文化盛宴。同时，节目还以现代科技手段将具有河南特色的非物质文化遗产展示出来。如节目中展示了世界"非遗"项目"太极拳"的技艺，展示了在《甄嬛传》《楚汉传奇》等影视剧中使用过的舞美道具等。在此基础上，节目又通过虚实结合、虚实相映的方式将非物质文化遗产展示出来。如河南"奇妙游"第四季第二期的节目通过沉浸式戏剧和全息影像技术打造了一个古香古色的场景——"中原古乐团"。该节目通过展现中原地区悠久灿烂的历史文化、独特而厚重的文化积淀以及河南深厚的文化底蕴，让观众在沉浸式戏剧中感受到了中原地区深厚的历史文化和独特的文化底蕴。除此之外，节目还运用VR技术呈现出一个虚拟的"九河下梢"，虚拟现实技术对黄河流域、郑州黄河文化公园等多个景观进行全景化呈现，展现出中原地区源远流长、博大精深的历史文明和城市风貌。河南"奇妙游"第五季第一期的节目采用了"全息投影"技术打造"洛阳博物馆"，在河南"奇妙游"第五季第二期的节目中以龙门石窟为主题打造了一个"龙门石窟"虚拟博物馆，观众在节目中不仅可以观看文物实体图像，还可以在屏幕上看到文物实物和立体3D全息影像，突破了传统意义上文物展示的时空界限。

从态度层面来看，文化认同是指个体对某种文化内容的喜爱、接受和认同，这种认同是个体的文化价值取向、认知方式和情感体验等因素综合作用的结果。从传播学角度来看，态度是人们对某个事物或观念所持的基本态度。在新媒体时代，态度表达方式已从单一到多元、从单向到双向、从表层到深层。在此背景下，河南"奇妙游"系列节目通过对中原文化符号的建构、诠释和传播，积极引导观众形成对河南文化符号的认同和归属感，从而增强文化认同感。[①] 首先，节目将"大美中国"作为核心理念，在节目中彰显"大美河南"的形象。在河南"奇妙游"第一季中，节目以"大美中国"为主题展开讲述，分别从黄河、洛水、洛神等传统文化符号中选取了具有代表性的元素进行演绎和呈现，并通过场景化演绎让观众在更具象的空间里

---

① 云斐. 新媒体时代优秀传统文化的创新传播研究：以河南卫视"奇妙游"系列节目为例[J]. 新闻研究导刊，2022，13(14)：203-205.

感受中华文化之美。例如，在《洛神赋》中，节目通过舞台上演员的舞蹈展现了"翩若惊鸿，婉若游龙"的洛神形象；在《天地之中》中，节目通过舞剧表演呈现了"天地之中"的场景；在《千古绝句》中，节目通过实景拍摄呈现了"河图洛书""十大古都"等场景；在《河洛风华》中，节目则通过实景演出再现了河南古代的城市文明和文化风貌。在这些场景化演绎中，每一个环节都融入了中原文化符号的内容，并以其独特魅力激发观众的情感共鸣和文化认同。其次，节目以"活态传承"为理念，在内容上强调传统文化与现代技术、艺术元素的结合。河南"奇妙游"系列节目通过运用 AR、VR、全息投影等新技术来呈现中原文化符号。例如，在《天地之中》中，节目通过 AR 技术将天地之中的九个场景分别进行了"全息投影""360 度全景漫游"和"虚拟现实"三种形式的呈现。其中，"全息投影"是将投影技术与舞台表演结合在一起；"360 度全景漫游"则将现场所有演员以 360 度视角进行实时联动；"虚拟现实"则是将虚拟技术与真人演员结合起来。通过对多种新技术、新元素的运用，不仅可以使传统文化符号与现代科技紧密结合起来，而且可以让观众沉浸在传统文化符号所营造的虚拟环境中，从而加深对文化符号的感知和理解。最后，节目中还融入了不少新媒体传播元素和传统文化元素相结合的内容。对受众来说，在观看节目过程中的行为表现能够增强对符号的感知和理解，进而影响自身对符号的接受和认同。在河南"奇妙游"中，文化符号通过"点""线""面"等形式进行全方位呈现，既包括舞台表演、舞台场景、节目嘉宾等可见符号，也包括故事讲述、歌曲演唱等不可见符号。[①] 如在《大宋少年志》中，随着音乐响起，大宋少年们从水中鱼跃、空中飞人、舞台表演三个维度出发，通过舞蹈、武术、戏曲等多种形式来讲述大宋少年们的日常生活与理想抱负。这些看不见的文化符号不仅为节目增添了趣味和吸引力，也提升了观众对节目中文化符号的感知和理解。

第四节　河南"奇妙游"系列节目符号化传播价值

河南"奇妙游"系列节目作为传统文化创新传播的一种典型，通过打造有符号意

---

① 陈婧. 数字媒介时代文化传播理念及实践路径探索：以河南卫视"奇妙游"系列晚会为例[J]. 中国地市报人，2022（7）：55-57.

义的文化 IP，建立起了河南的文化符号，促进了中华优秀传统文化创造性转化和创新性发展。① 节目通过对历史文化资源进行挖掘和阐释，在传播形式上创新，在内容上突出主题，实现了传统文化的创造性转化和创新性发展，为促进中华优秀传统文化的传播、推动我国电视艺术创新发展提供了新的思路。作为中国首档传统文化创意节目，河南"奇妙游"系列节目借助新媒体传播的优势，将传统文化符号化、生活化，让传统文化"活起来"，为文化传播提供了新的路径。河南"奇妙游"系列节目在呈现形式上借鉴了影视剧中的视觉呈现和短视频中的动态影像，在制作理念上则结合了当下的新媒体传播特点和流行元素，通过全新的视觉形式对传统文化进行了深度挖掘与呈现。河南"奇妙游"系列节目不仅提升了传统文化符号在新媒体中的传播效果，更为中国文化符号的传播提供了新思路。

一、提高文化自觉，满足精神需求

在消费时代，观众的审美趣味呈现出多元化的趋势，满足观众的精神需求是传播文化符号的根本目的。河南"奇妙游"系列节目正是在满足受众的精神需求方面做出了新尝试。该节目在展现中华优秀传统文化符号时，结合当下新媒体传播特点与流行元素，通过视觉化的表达方式呈现中华优秀传统文化符号，并通过运用全新的视觉形式给观众带来一场视听盛宴。此外，节目组还邀请了中华优秀传统文化传承人，这些传承人在传承传统文化时融合了当代元素，从多个角度对传统文化进行解读。例如，王宁老师带领大家从河南地区的五个代表人物入手，讲述了他们的故事，在讲述这些人物故事时插入了《论语》《尚书》等古代典籍中的内容，在讲述这些典籍时插入了现代音乐和舞蹈，通过这种叠加方式增加了节目的趣味性与观赏性。此外，节目组还邀请河南大学艺术学院赵玉玲副教授和洛阳博物馆王宏建副馆长等文化学者为河南"奇妙游"系列节目提供专家支持。这些专家学者从不同角度对传统文化进行解读和分析，帮助观众深入了解传统文化符号的内涵与价值，也使传统文化符号在新媒体传播中更加具有生命力。

---

① 徐文昊，伍海翔．传统文化节目在新媒体中的创作与传播：以河南卫视奇妙游系列节目为例[J]．湖南包装，2022，37（3）：133-136.

(一)增强文化自信，传承民族精神

河南"奇妙游"系列节目通过传统文化符号的当代叙事，将中华优秀传统文化传播给受众，提高了受众对传统文化的认同感和自豪感，增强了他们的文化自信。该节目中所呈现的各种符号与符号背后所蕴含的意义，都是在传承民族精神、增强文化自信的基础上产生的。例如，节目中讲述道：大禹治水代表着中华民族源远流长的治水精神。节目中所展现的各种符号与符号背后所蕴含的意义，都是中华优秀传统文化中所蕴含的民族精神，是实现中华民族伟大复兴道路上不断前进的动力源泉。《天地之中》是对中国古代传统美学思想最直观、最生动、最直接的呈现，它以中华优秀传统文化为根基，以中国古代美学思想为核心，展现了中国古代传统艺术之美。

1. 提升文化认同，增强民族自豪感

文化认同是指在特定历史条件下，人们对自己的文化、身份、社会角色等方面的认知与感受，并使之成为一种心理定式，作为一种价值体系而存在。河南"奇妙游"系列节目通过对传统文化符号的当代叙事，将中华民族源远流长的治水精神、《周易》文化等内容与大众建立起情感上的联系，使受众产生强烈的情感共鸣，从而激发他们的民族自豪感，使受众在观看节目的过程中了解传统文化中蕴含的民族精神和民族情感。这既提升了受众对传统文化的认同感，也增强了他们对中华民族历史与传统文化的自豪感。受众在民族自豪感的驱动下，会更加自觉地去维护本民族的文化权益和精神利益。

2. 促进传统文化的创造性转化和创新性发展

中华优秀传统文化是中华民族的根和魂，是中华民族独特的精神标识，是中华文明绵延发展的根基。"我们要立足当代，结合时代特点，坚持创造性转化、创新性发展，让中华优秀传统文化展现出永久魅力和时代风采。"作为首个以"科技+文化"为主题的综艺节目，河南"奇妙游"系列节目以科技创新、数字赋能、文化赋能为核心，充分发挥"沉浸式"的技术优势，采用多场景的舞美设计，打造了一场集"考古盲盒+沉浸式体验"于一体的文化盛宴。节目在线上播出后，受到广泛关注和好评。通过"河南之声""央视频"等平台，节目在抖音、微博、B站等社交平台上

迅速传播，累计播放量达 9 亿次。节目引起了广大观众对河南历史文化的兴趣，也让人们在一次次沉浸式体验中领略中华文明之美，实现了传统文化的创造性转化和创新性发展。

（二）实现跨文化传播，增强世界认知

文化符号是国家软实力的体现，在一定程度上代表着一个国家的形象。河南"奇妙游"系列节目以传播中华优秀传统文化为己任，节目组邀请了中国国际广播电台副总编辑、主持人金波作为出品人，金波以"行走的博物馆"为主题进行节目制作，带领大家走进历史深处，发现中华优秀传统文化之美。在讲述"小花"时，节目通过"穿越"的形式带领大家穿越历史、寻找答案。在讲述"小虎"时，节目通过动画视频的形式让大家了解老虎的相关知识。此外，河南"奇妙游"系列节目将中国传统文化符号与世界文化符号结合，给观众呈现了一幅别具特色的世界地图。同时，节目组还邀请了来自世界各地的嘉宾共同参与节目，促进不同文化间的交流与沟通。例如，在讲述"大马"时，来自柬埔寨的嘉宾在介绍完马的历史后邀请大家一起跳起了舞；在讲述"小武"时，来自菲律宾的嘉宾邀请大家一起弹起了吉他，通过不同文化的互相交流，促进不同文化的融合。

1. 展现中华之美，弘扬中华文化

在消费时代，大众的审美趣味呈现出多元化的趋势，传统文化符号在当下的传播中具有较高的价值与意义。河南"奇妙游"系列节目通过新媒体传播让观众能够在轻松愉悦的氛围中了解传统文化。河南"奇妙游"系列节目运用多种艺术表现手法，通过视频、图片等多种媒介向观众传递传统文化信息，展现了传统文化符号的独特魅力，激发观众对传统文化的兴趣，同时也对中华优秀传统文化进行了弘扬和宣传。

河南"奇妙游"系列节目通过展现中原地区的人文风貌和历史文化，展示了中华文明深厚的底蕴。例如，在展现洛阳博物馆中的一幅唐代壁画时，节目通过舞蹈、音乐等多种艺术形式呈现出一幅幅唐代仕女图。节目中不仅有唐人画中人物形象的再现，还有人物形象与画面融为一体的精彩片段，观众通过这种方式能够更加深入地了解唐代仕女图中人物形象及所描绘出的服饰。节目组还以"穿越时空"为主题拍摄了一组中国古代女子群像,通过视频、图片等多种媒介向观众呈现了中国古代女子群体形象。① 节目通过展现河南地区的历史文化,增强了观众对中华优秀传统文化的认同感与归属感。此外,该节目还将河南地区不同年代、不同地域、不同风格和不同功能的代表性建筑展现在观众眼前,使得观众能够深入了解中原地区建筑文化。河南"奇妙游"系列节目通过展现中原地区建筑风格以及传统建筑中所蕴含的文化元素,弘扬了中华优秀传统文化,也向世界展现了中国传统建筑之美。

2. 激发民族自豪感,增强民族自信

文化符号在人们的日常生活中具有重要的作用,它是民族精神与民族气质的集中体现,也是文化认同的一种重要方式。在日常生活中,人们可以通过对传统文化符号的了解来认识一个国家和民族,从而增强民族自信心和自豪感。河南"奇妙游"系列节目在展现传统文化符号时注重与当下生活结合,节目中许多情节取材于历史上的经典故事,观众通过这些故事可以了解中原地区自古以来就是中华文明的发祥地之一,也可以了解中原地区的人们在历史上作出的贡献。② 通过这样的方式,观众能够进一步了解中原地区在中华文明发展中所起到的作用,从而激发观众的民族自豪感和民族自信心。此外,节目在展现河南地区历史人物故事时注重将家国情怀融入其中,使观众能够更加深入地了解中原地区的历史文化和历史人物。例如,节目中讲述了《诗经·大雅》中"王在斯"的故事,使观众更加深入地了解中原地区的人在历史发展过程中所作出的贡献。

3. 增强受众体验,满足情感需求

随着互联网的发展,受众在进行文化传播时更加追求个性化体验,即在文化符号的呈现中突出自我,并通过虚拟情境满足观众的情感需求。《中国诗词大会》的成功就是建立在受众对节目内容的自主选择上,这种方式满足了观众对传统文化符号的情感需求。河南"奇妙游"系列节目同样注重受众体验,其内容与形式都尽可能地满足受众的情感需求。在内容上,河南"奇妙游"系列节目通过故事化表达方式为观众呈现文化符号,并借助多种艺术表现形式吸引受众。在形式上,河南"奇妙游"系

①　尹耀祖.电视媒介仪式营造新意探微:以河南卫视"奇妙游"系列节目为例[J].西部广播电视,2022,43(11):1-3.

②　朱颜.河南卫视"奇妙游"传统节日晚会的创新策略研究[D].保定:河北大学,2022.

178

列节目结合了当下流行的多种元素，使文化符号更加生动形象。例如，在呈现"九章算术"这一文化符号时，节目将其转换为动画形式，并通过与观众进行互动增强受众体验；在呈现"周易"这一文化符号时，节目将其转换为三维动画形式，并通过与观众进行互动增加受众体验。在内容上，河南"奇妙游"系列节目还通过将文化符号与新媒体传播结合的方式来增加观众的互动体验。例如，在展现"九章算术"这一文化符号时，邀请王宁老师进行解读。此外，节目组还邀请中国社科院考古研究所副研究员李峰、国家博物馆研究员王春法、国家文物局博物馆与社会文物司原副司长陈红兵等专家学者为观众讲解。同时该节目还采用了沉浸式的场景设计与体验方式来增加受众体验感。例如，在展现"洛神"这一文化符号时，节目在讲述故事时加入了现代化舞美设计，在增强观众体验的同时满足了观众的情感需求，使观众获得文化认同与情感认同。

二、召唤集体记忆，增强文化认同

文化符号不仅是一个符号，更是一种记忆，它既承载着民族文化的精神内涵，又是民族凝聚力和向心力的重要体现。在当今社会，新媒体传播的匿名性和碎片化特点在集体记忆的召唤和传播中所起的作用越来越大。集体记忆是个体对群体、组织、社会的历史认知，它能使人们对群体或组织产生认同感、归属感。河南"奇妙游"系列节目以河南的历史文化为切入点，借助新媒体传播渠道唤起了人们对河南文化符号的集体记忆，在唤醒人们对历史文化认同感的同时，增强了文化认同。[①]河南"奇妙游"系列节目借助传统与现代结合的形式，通过音乐、舞蹈等元素，让人们在潜移默化中感受到传统文化之美。《唐宫夜宴》中美轮美奂的舞蹈令人陶醉，《只此青绿》中如诗如画的画面让人心驰神往，《清明上河园》中热闹繁华的市井景象和丰富多彩的民俗活动让人流连忘返，《梨园春》里传承百年、清朗优美的唱腔更是让人如痴如醉……在这些节目中，传统文化符号被重新定义、包装和呈现，通过符号化处理后成为人们喜闻乐见且易于接受的形式。在这些节目中，传统文化符号不再是一种具体形象的存在，而是以更加立体生动、更加抽象的方式被呈现出来。

---

①　吴子铭.河南卫视"奇妙游"系列晚会文化产业链探析［J］.西部广播电视，2022，43（8）：7-10.

在观众看来，这些节目不仅是一种对历史文化符号进行了二次创作和再加工，更是对历史文化符号进行了一次再造。在这个过程中，传统文化符号不仅完成了从物质形态向精神形态的转化，还实现了由具体到抽象、由抽象到具体的跨越与升华，在这个过程中，传统文化符号也成了人们精神世界里最具代表性和影响力的记忆符号。①

1. 传承中华文化基因

河南"奇妙游"系列节目以中华文化为中心，对中华优秀传统文化中最具代表性、最能体现中华文明特点的文化符号进行具象化表达。《天地之中》《中原儿女》《九州之约》等作品，将观众带到一个又一个历史文化名城和文明遗迹中，让观众在领略古都美景的同时，也感受到中华文化的博大精深。《唐宫夜宴》节目中使用的代表性符号有舞蹈、歌曲、乐器、灯光和服装等，这些符号在节目中共同构成了一个有机的符号系统，既相互独立，又相互联系，共同构成了节目的外在形态。这些节目通过对中华优秀传统文化符号进行具象化表达，以最直观、最形象的方式将中华优秀传统文化传递给观众。这个过程既能让观众感受到中华优秀传统文化的独特魅力和博大精深，又能让观众在欣赏节目的过程中感受到中华优秀传统文化之美。

2. 激发民族自豪感和自信心

文化是民族的血脉，是人民的精神家园。传统文化作为维系民族生存与发展的精神纽带，需要被继承与发展。河南"奇妙游"系列节目以传统文化为切入点，将中华优秀传统文化与现代科技手段结合，创新了传统文化符号的呈现方式和表达方式。在这一过程中，人们不仅深刻地认识了中华优秀传统文化中蕴含的人文精神、道德情操和价值观念，而且让人们亲身感受到中华优秀传统文化在现代社会中所产生的巨大影响力和生命力。

3. 增强文化认同感和归属感

文化认同是指个人在社会中所形成的一种认同感和归属感。文化认同是个人对文化的一种心理状态，即个人对自己所处文化环境的一种归属感，它使人们在某种程度上感觉自己属于某一特定的文化，从而对其产生认同。随着人们对文化的关

---

① 乔爽. 河南卫视"中国节日"系列节目的认同修辞研究[D]. 保定：河北大学，2022.

注度和认可度越来越高,河南"奇妙游"系列节目通过不断创新传播形式来唤醒人们对传统文化符号的集体记忆,进而增强人们的文化认同感和归属感。在新媒体传播语境下,河南"奇妙游"系列节目将传统文化符号与现代科技手段结合,以新奇的呈现方式吸引观众观看。这种新奇化、现代化的传播方式不仅能够吸引年轻受众群体,而且能够通过这种创新传播方式增强人们对传统文化符号的集体记忆。在"奇妙游"系列节目中,河南历史文化符号与现代科技手段结合,将传统文化符号重新定义、包装后呈现在观众面前。河南"奇妙游"系列节目中,河南历史文化符号不仅是一种物质形态,更是一种精神形态。这种精神形态通过河南"奇妙游"系列节目的现代化传播,不断传承和发展。

三、创新节目表达,促进文化传播

河南"奇妙游"系列节目用时空穿越的形式展现传统文化的魅力,将文物、人物等符号在不同时空中进行转换,将观众带入了历史场景之中,使得观众在观看节目的同时也能感受到文化的魅力。① 此外,节目在展现形式上也进行了创新,以短视频等新媒体传播方式将传统文化符号以现代化的表现方式呈现给观众,使受众能够轻松、快捷地接收到文化信息。同时,节目借助新媒体平台中的短视频等形式使受众更加全面、立体地了解传统文化符号。例如,《唐宫夜宴》就借助新媒体技术将唐朝女舞俑在舞台上进行了重现。观众通过手机就可以进入舞俑所在的空间并了解舞俑背后所蕴含的文化内涵。《唐宫夜宴》对舞女、乐师等人物形象进行了拟人化处理,使观众在观看节目的同时也能感受到他们所展现的艺术魅力。这些创新的表达方式不仅增强了受众对传统文化符号的感知度,也让受众感受到了传统文化的魅力。

(一)激发文化创新,推进产业发展

文化符号的传播不仅可以提高观众的文化自觉,还可以为传统文化符号的创新发展提供新思路,从而推动传统文化产业发展。从《唐宫夜宴》到《天地之中》,从《梦回唐朝》到《洛神水赋》,节目用穿越的方式还原历史、用创意的手法演绎传统

---

① 袁航.河南卫视《重阳奇妙游》的文化"破圈"传播[J].科技传播,2022,14(7):57-60.

文化、用创新的形式讲好中国故事。河南卫视的这档节目不仅收获了网友们的喜爱，也让更多观众对河南有了新的认识。此外，节目还邀请来自西安、敦煌等地的"非遗"大师为大家讲述其背后的故事，并通过这种方式使观众了解"非遗"文化，感受"非遗"的魅力。节目还将历史文物与现代艺术结合，如《唐宫夜宴》《只此青绿》等节目。这些创新不仅使传统文化符号更具时代感和时尚感，也为传统文化产业发展提供了新思路。河南"奇妙游"系列节目播出后，观众对中华优秀传统文化符号的关注度有了显著提升，其中《唐宫夜宴》播放量超 20 亿次，《只此青绿》在哔哩哔哩获得了 9500 万次播放量。

(二)促进新旧融合，传承传统文化

在文旅融合的大背景下，河南"奇妙游"系列节目创新表达方式，让传统文化走进百姓生活。节目中那些穿越千年的历史对话、充满东方哲学韵味的节目形式让网友大呼"这就是我心中的河南"。河南"奇妙游"系列节目将传统文化与现代元素融合，让传统文化焕发新的生机。例如，在《洛神水赋》中扮演洛神的演员利用 AR 技术进行表演等。在这种艺术表现形式下，传统文化以新媒体传播为载体进入大众视野并为观众所接受。河南"奇妙游"系列节目以"古今对话"为核心，通过"5G+4K+AI"技术创新呈现方式，打造了一场穿越千年的视觉盛宴。节目不仅带给观众新奇的文化体验，也让观众领略了中华优秀传统文化的魅力。

第五节 河南"奇妙游"系列节目符号化传播启示

河南"奇妙游"系列节目通过对传统文化的挖掘与创新表达，实现了传统文化与现代审美的对话，节目在注重中华优秀传统文化创造性转化、创新性发展的同时，将"诗意"融入节目内容，以创意"破圈"。[①] "诗朗诵+舞蹈+音乐+短视频+戏剧"等多种形式融合，以新媒体与传统媒体联动、文化与科技融合、现代审美和传统美学结合的创新表达方式，实现了文化的符号化传播。在媒介融合与"走出去"战略背景下，河南卫视探索了一条具有中国特色的符号化传播之路，为媒体融合发展提供了

---

① 齐免珲，李智.电视文艺晚会的表达创新：以河南卫视《中秋奇妙游》为例[J].新闻爱好者，2022(3)：94-96.

可资借鉴的样本。河南卫视推出的《唐宫夜宴》《洛神水赋》《千里江山图》等节目，不仅吸引了一大批青年观众，更是在社交媒体上掀起了古风热，引来了一片刷屏之声。该系列节目以传统文化为内核，通过"国风+科技"的融合手段，将中华优秀传统文化通过新媒体传播到全球各地，让中华文化与世界文化交流互鉴。① 该系列节目在短时间内成为现象级爆款，引发全民热议和喜爱。笔者认为，该系列节目在传统文化的符号化传播过程中，采用了多元媒介的融合手段和新媒体技术手段进行传播。其成功之处在于对传统文化进行符号化"包装"，将中华优秀传统文化与时代精神结合，实现了传统文化与现代科技的有效融合。

一、重视对传统文化的解读

只有充分挖掘传统文化中所蕴含的精神内核，才能让中华优秀传统文化实现创造性转化、创新性发展。在传统文化的符号化传播过程中，中华优秀传统文化需要通过各种媒介进行符号化的解读，形成一套完整的符号系统，使其成为大众所熟知并乐于接受的内容。河南"奇妙游"系列节目在每一期节目中都会以不同角度去呈现河南的历史文化。比如《唐宫夜宴》中，演员在舞台上进行舞蹈表演，这种多视角展现历史文化的方式能使观众在观看节目时产生丰富的想象力，在观看过程中体验到更加真实的历史场景。《唐宫夜宴》中用 3D 打印技术还原唐代壁画，而《千里江山图》中的场景则运用了虚拟技术，将现代的艺术形式与传统文化结合，展现出了不一样的时代风貌。这种创新性使观众在观看节目时有了不同于以往的体验，引发了观众对传统文化的关注。

(一)立足中华优秀传统文化，强化传统文化传承发展

移动互联网时代，媒介技术的革新催生了信息传播方式的变革，媒介环境、媒介技术的发展对符号化传播产生了深远影响。河南"奇妙游"系列节目打造了"中原文化+传统文化+现代科技"的创新模式，让传统文化以崭新的形式呈现在大众视野，通过现代科技手段将中华传统文化中具有代表性、标志性、象征性的符号化内

---

① 武炳丞，卢武，周高尖. 科技破壁 文化加持 精神赋能：助力内容出圈——河南卫视《端午奇妙游》的创新实践[J]. 北方传媒研究，2022(1)：77-79，82.

容转化为可读可听的视听语言，满足了观众对传统文化符号化表达的需求，促进了文化符号在受众头脑中的具象化，形成了具有河南地域特色的"现象级"符号化传播案例。例如，《清明奇妙游》以虚拟现实技术为载体，在实景基础上进行虚拟场景搭建。通过营造虚拟场景，以新媒体平台为依托，实现传统文化与现代科技的结合，打造沉浸式体验。节目利用 AR 技术打造穿越场景，将动画人物穿越至清明时节，带来一场沉浸式体验。当虚拟人物从动画中出现时，观众仿佛真的来到了千年之前的清明时节。

(二)合理运用新媒体技术，增强节目的可看性

随着新媒体技术的飞速发展，很多传统文化类节目逐渐通过新媒体技术进行传播。但如何才能使新媒体技术与传统文化类节目有机结合，让观众既能在观看节目的过程中感受到传统文化之美，又能使其在接受传播信息的过程中对中华优秀传统文化产生认同感和归属感，是当下面临的重要问题。《洛神水赋》就是一次成功的尝试，它利用数字技术手段为传统文化类节目注入了新的活力。在该节目中，运用数字技术将洛神与曹植之间的凄美爱情故事进行人格化解读，使观众在欣赏舞蹈的同时感受到洛神的勇敢、坚强、独立以及对爱情执着追求的精神品质。此外，数字技术还可以让观众在观看节目时实现沉浸式体验。在该节目中，运用数字技术将敦煌壁画上的人物形象进行人格化解读。通过全息投影对人物形象进行再现，使观众可以在虚拟空间感受人物形象之美，不仅增加了节目的可看性，也提高了观众对传统文化的认知水平。如在节目中呈现"水变酒"的场景时，以三维立体投影技术将两位舞蹈演员放在舞台中央，让观众仿佛置身于画面之中。为了让观众在观看时具有沉浸式体验，节目组还利用全息投影技术打造出"敦煌飞天""千里江山图"等大型舞美场景。在《唐宫夜宴》中运用高科技灯光、烟火秀、AR 等技术手段，将舞蹈作品《霓裳羽衣舞》中所展现出的舞美场景进行人格化解读。节目组通过高科技将大唐盛世场景进行呈现，让观众在观看节目的过程中感受到大唐盛世之美。

(三)提高文化认同，增强传播效果

"没有对传统文化的理解，就没有对民族精神的认同。"在传统文化传播过程中，

只有对中华优秀传统文化进行符号化的解读，才能让受众对中华优秀传统文化产生认同和喜爱。① 在《洛神水赋》节目中，通过采用"舞台+高科技"的方式对女性形象进行人格化解读，使女性形象成为节目中的一大亮点，观众在欣赏舞蹈之余还能欣赏到高科技手段下的视觉盛宴。《唐宫夜宴》节目则通过高科技手段将唐朝舞女形象进行人格化解读。此外，通过数字技术对中华优秀传统文化进行符号化解读，还可以将中华优秀传统文化的精神内涵与新媒体技术结合。如《唐宫夜宴》中利用数字科技对文物、壁画等进行人格化解读；在《洛神水赋》中利用数字技术对舞蹈形象进行人格化解读。通过对这些符号化解读的运用，不仅能够使受众更加了解中华优秀传统文化，还能让传统文化更好地融入新媒体技术。如在《唐宫夜宴》中对敦煌莫高窟中所呈现出的壁画形象进行人格化解读，使受众在欣赏舞蹈之余还能欣赏到《唐宫夜宴》中所蕴含的情感和精神内涵。

二、传统文化仪式化传播

仪式化传播是指人们将某种仪式作为一种特殊的行为方式，并将其作为一种表达思想和情感的方式，以此达到传播信息、传承文化的目的。河南"奇妙游"系列节目在传播过程中通过传统节日、历史典故、神话传说等形式，对传统文化进行符号化包装，将传统文化与现代科技有机融合，从而形成传统文化仪式化传播的效果。《唐宫夜宴》中，洛阳博物馆的"九歌"舞蹈和洛阳博物馆的"洛神水赋"舞蹈均采用了"九歌"这个古老的舞蹈符号，从而使该节目具有了一种独特的仪式感。河南"奇妙游"系列节目通过"文旅融合"的手段，以"仪式化传播"的方式在传统文化中植入现代表达，让人们在欣赏节目的同时对中华优秀传统文化有更深层次的了解。河南"奇妙游"系列节目以传统文化为核心，将"诗""画""舞"等多种艺术形式融合，利用多种艺术形式对河南文化符号进行深度融合，实现了传统文化与当代审美需求的有效对接，在传统文化中植入现代表达。河南"奇妙游"系列节目将中华优秀传统文化与现代人的审美需求结合，在保留传统文化元素的同时融入当下流行的元素，使传统文化的生命力得以延续。例如《洛神水赋》中的《洛神赋》《千里江山图》《清明上

---

① 尚恒志，任帅娟．河南卫视"奇妙游"系列晚会创新路径探析［J］．视听，2022（1）：39-41.

河图》等都是用现代艺术表现形式融合中华优秀传统文化符号融合；再如"九歌"中的"曲""舞"等都是用现代艺术表现形式融合中华优秀传统文化符号，使中华优秀传统文化得到了更好的传承与发展，实现了传统文化与当代审美需求的有效对接，实现了传统文化仪式化传播。历史典故仪式是指人们通过一种特定的仪式来表达特定的思想和情感，并通过这种仪式来获得一定的价值与意义，河南"奇妙游"系列节目将历史典故融入节目，从而使其具有了一种独特的仪式感。如在《唐宫夜宴》中，"九歌"舞蹈采用了"楚歌"这个历史典故，通过讲述屈原写下《九歌》时的故事，使观众对屈原有了新的认识。同时节目还融入了现代科技手段，采用 AR 技术、VR 技术等高科技手段对传统文化进行符号化包装。河南"奇妙游"系列节目对传统文化进行符号化包装，从而形成一种独特的仪式感。通过这些仪式化传播活动使得传统文化能够在观众中得到传承和发扬。

（一）传统节日仪式

中华文化源远流长，而节日仪式作为其中的重要部分，是人们表达情感和愿望的重要方式。《唐宫夜宴》将节日仪式作为节目的重要部分，在传播过程中以传统节日仪式进行符号化包装，使传统文化得到了有效传承和发扬。河南"奇妙游"系列节目将清明节、端午节、七夕节等传统节日通过多种符号化的方式进行了符号化包装，使节目具有了独特的仪式感。《清明奇妙游》对清明这一传统节日进行符号化包装，节目利用投影技术将清明时节祭祀祖先的场景搬上舞台，对清明祭祖文化进行了有效的传播。同时，节目还为观众还原了古代清明祭祖时的场景，让观众在视觉和听觉上都受到了极大的震撼。《端午奇妙游》通过多媒体投影技术对端午文化进行符号化包装，使端午节这一传统节日得到了有效传播。节目中运用多媒体技术再现端午节这一传统节日场景，为观众展现出热闹喜庆的端午氛围。《七夕奇妙游》运用多媒体技术对牛郎织女进行了符号化包装，使其成为七夕这一传统节日的重要符号。此外，节目还对"乞巧"这个传统习俗进行了符号化包装，使其成为乞巧文化传承和发扬的重要载体。

（二）历史典故仪式

历史典故仪式是指人们通过一种特定的仪式来表达特定的思想和情感，并通过这种仪式来获得一定的价值与意义。河南"奇妙游"系列节目将历史典故融入节目，从而使其具有了一种独特的仪式感。① 如"九歌"舞蹈采用了"楚歌"这个历史典故，通过讲述屈原写下《九歌》时的故事，使观众对屈原有了新的认识；《洛神水赋》以《洛神赋》为背景进行创作，通过洛神与曹植的故事和舞蹈展现了曹植对洛水女神的无限憧憬。这种将历史典故融入节目的方式，让观众感受到了历史典故中所蕴含的丰富文化内涵。历史典故仪式是传统文化仪式化传播的主要形式之一。河南"奇妙游"系列节目将历史典故与节目内容结合，并对传统文化进行符号化包装，从而形成一种独特的仪式感，还使得传统文化得以传承。

(三)神话传说仪式

在中华优秀传统文化中，神话传说是重要的组成部分。《唐宫夜宴》《洛神水赋》等节目以神话传说作为创作的源头，以神话传说中的人物为主角，通过各种艺术形式进行了符号化包装，使其具有了一种神圣感，从而达到传播传统文化的目的。《唐宫夜宴》以"诗"为线索，以唐代宫廷乐舞为依托，将传统文化与现代科技进行了有机融合。节目中还融入了现代科技手段，采用了 AR 技术、VR 技术等高科技手段对传统文化进行符号化"包装"。② 洛神是中国古代神话传说中洛河流域的女神，是黄帝的妻子，因洛水而生。通过这些仪式化传播活动，使得传统文化能够在年轻观众中得到传承和发扬。

三、构建立体的文化传播渠道

在文化传播过程中，传播渠道是实现文化传播的重要途径。文化符号化传播也要依托媒介进行，各种媒介在文化传播过程中发挥着重要作用。河南"奇妙游"系列节目运用了多种媒介的融合手段，形成了多维度、立体化的文化传播渠道。在视频端，节目采用"1+N"的模式，将《唐宫夜宴》《千里江山图》这些节目在新媒体端以

① 蒋凡. 移动互联网语境下传统视听的创新表达——以河南卫视《端午奇妙游》系列节目"出圈"为例[J]. 西部广播电视，2021，42(24)：4-6.
② 郭锐，韦裕杰. 河南卫视"奇妙游"系列晚会成功原因探析——以《端午奇妙游》《七夕奇妙游》《中秋奇妙游》为例[J]. 科技传播，2021，13(22)：98-100.

短视频、微视频、H5、动画等多种形式进行呈现，通过传统文化与新媒体技术的融合手段，使其呈现出不同的画面效果和故事情节。"粽子香，香厨房；艾叶香，香满堂；桃枝插在大门上，出门一望麦儿黄……"伴随悠扬的旋律，节目在中国传统端午习俗的背景下，融合多种艺术表现形式，带领观众开启一场奇妙的端午之旅。作为一档兼具艺术性和创新性的文化节目，《端午奇妙游》通过不同艺术形式和内容的叠加组合，构建了立体的文化传播渠道，让中华优秀传统文化以更丰富、更新颖的形式传承。

为了使《端午奇妙游》的效果更好地呈现出来，节目组还进行了全媒体传播。一方面，通过官方微博、微信公众号和抖音等社交平台进行宣传；另一方面，通过"奇妙游"微博话题、抖音话题进行互动，邀请网友积极参与讨论。此外，还特别设立了"奇妙游"主题页、"奇妙游"话题页和"奇妙游"话题互动页。该系列话题页的设置不仅提升了观众的参与度，更是让人们在参与讨论的过程中更好地了解端午文化。这种立体传播渠道的构建不仅丰富了端午节的文化内涵，也让大众对传统文化有了更多了解，为传统文化的传承与发展注入了新活力。

（一）打造特色文创产品，创新传播形式

河南"奇妙游"系列节目以"中国节日"为主题，以文创产品为核心产品，通过"奇妙游"的形式，对中国传统节日进行创意化、综艺化、视频化的传播。节目在场景的设计上，融入了大量历史文化元素，通过科技手段和创意表达，实现了时空的跨越，打造了一场中国传统文化的视觉盛宴。在节目内容上，用穿越的方式带领观众在历史与现实中穿梭，实现文化与科技的融合。在创意表达上，节目用虚拟场景和特效呈现出具有中国特色的视听效果，让观众沉浸在传统文化中。在传播渠道上，节目将传统文化与科技融合，利用科技手段进行多角度、多形式、多平台的传播，打造了一场具有现代审美的优秀传统文化盛宴。用现代科技手段进行场景再现，营造沉浸式的观看体验。节目在文化创意产业创新发展上进行积极探索，以文创产品为核心，对文物进行二次创作、开发衍生产品，以科技和艺术的创新融合，丰富了文物传播的方式。河南博物院在文化创意产业方面进行积极探索，从文创产品、文物衍生品等多个方面入手，探索文化创意产业发展

路径，有效利用馆藏文物资源和历史文化资源，不断推进传统文化创造性转化和创新性发展，打造了一批具有鲜明特色和影响力的文化品牌。以《清明上河图》为例，其衍生产品达 3000 余种，包括文房四宝、水杯、雨伞、书签等，品类丰富、设计时尚。

(二)多平台互动，多点联动

新媒体技术的发展使得各类媒体平台间的界限逐渐模糊，在跨媒介融合传播的过程中，新媒体平台成为文化符号化传播的重要媒介，其开放性、交互性等特征能够更好地实现文化符号的传播。河南"奇妙游"系列节目借助视频平台进行多屏联动，通过"短视频+直播"的方式将线下的文化活动与线上的用户进行融合，让用户参与节目，为用户带来更多的文化体验和精神滋养。河南"奇妙游"系列节目的多平台、多点联动，形成了立体化的文化传播渠道，有效扩大了传播范围，实现了节目和受众的双向互动。在《清明奇妙游》播出期间，全国各地网友通过各大视频网站、短视频 App 客户端、微博微信等平台，自发进行视频弹幕评论互动，分享自己与清明有关的故事。同时，节目中相关视频、歌曲在抖音等短视频平台被广泛转发和传播。河南"奇妙游"系列节目推出的文创产品，也成为人们日常生活中的实用物品。河南日报报业集团融媒体中心还策划推出了《清明奇妙游》系列活动，通过线上线下结合的方式，让更多人了解、参与传统节日。河南"奇妙游"系列节目通过传统文化与现代技术的结合，将中华优秀传统文化与当代大众审美结合，实现了传统文化符号在融媒体时代的再创作和再创新。这些短视频和微信小程序不仅吸引了大量年轻受众关注和转发，还吸引了很多中老年人参与。受众通过这些短视频和微信小程序了解到更多有关传统文化的知识，对中华优秀传统文化有了更深入的认识和了解。

四、打造特色的文化品牌符号

文化符号是对传统文化的高度概括，打造各具特色的文化品牌符号是将传统文化转化为大众易于接受的视觉化符号的过程，它也是对传统文化进行传承和创新的重要途径。河南卫视通过传统文化符号与科技手段结合的方式，对河南优秀传统文化进行符号化传播，河南"奇妙游"系列节目首先确定了"让中原之美绽放在世界舞台上"的节目宗旨，并以此为基础打造了"大河之南，神秘之旅"的品牌形象，并根据不同主题在不同时期对其进行了调整和更新。① 如《唐宫夜宴》从唐朝宫廷夜宴的场景和服饰中提取元素进行创作；《洛神水赋》以洛河为创作背景，让人们看到了一个栩栩如生的"洛神"；《千里江山图》以北宋王希孟的作品为创作基础，将其与现代科技结合；《只此青绿》将中国传统艺术与现代科技结合，将青绿山水展现得淋漓尽致。这些节目不断推陈出新，使中华优秀传统文化与新媒体平台、新技术手段结合，呈现出全新的面貌。

(一)打造中原文化符号体系的传播体系

《唐宫夜宴》《洛神水赋》《千里江山图》等节目均是基于"以人为本"的文化传播理念进行传播的，从传播主体、传播内容、传播渠道等多方面入手，打造了具有"温度"的文化符号传播体系。这些节目的创作主体均来自人民群众，是节目创作的源头活水，也是节目创意的重要来源。河南卫视从 2017 年开始，立足中原文化，围绕"中华文明探源工程""河南文化资源普查""河南文物大省"等重大选题，精心打造了一系列优秀节目，受到社会各界的广泛好评。河南"奇妙游"系列节目在借鉴前作《唐宫夜宴》《洛神水赋》《梦回大宋》等优秀节目成功经验的基础上，以"小切口"呈现"大主题"，用"小故事"讲述"大主题"，以现代传播手段打造传统文化传播新地标。围绕中原文化符号体系的构建，河南卫视邀请国内知名导演、编剧及策划人共同参与节目策划与创作，推出了以《唐宫夜宴》《洛神水赋》为代表的一系列优秀节目，实现了传统文化与现代传播的深度融合。随着新媒体技术的快速发展，信息传播模式也在不断创新，尤其是在短视频、微视频等新媒体传播模式兴起的背景下，传统文化的传播受到了一定影响。传统文化的传播与创新不能脱离受众，要将受众需求放在第一位，以人为本。河南卫视坚持以人民为中心的创作导向，以更高的站位、更广阔的视野，打造更具感染力和传播力的河南"奇妙游"系列节目。在节目内容上，河南"奇妙游"系列节目采取"文化+旅游"的模式，将中华优秀传统文化与当代社会发展结合。在创作理念上，秉持"一滴水也有自己的声音""一颗星也有

---

① 王丽华，王芬林.传统文化 IP 创意分析——以河南卫视"2021 年端午奇妙游"为例[J].百花，2021(10)：68-70.

自己的光芒"等理念，注重从生活中挖掘素材、从社会实践中汲取养分、从人民群众中汲取灵感，打造了《洛神水赋》《梦回大宋》等一系列具有特色的优秀节目。这些节目以独特视角深入挖掘传统文化背后的故事，让观众在欢声笑语中接受传统文化的熏陶，让中华优秀传统文化"活"起来、"潮"起来。

(二) 培育受众对传统文化的认同感

《唐宫夜宴》《洛神水赋》等节目之所以能引起观众的共鸣，其中一个原因是它们在讲好故事的基础上，加入了"互联网+"的元素，让传统文化借助网络时代的发展获得了更大的传播空间。比如在《唐宫夜宴》中，为了让舞美与现实结合，节目组采用了数字动画、实景拍摄、数字特效等手段，在虚实结合中打造了美轮美奂的视觉盛宴；而在《洛神水赋》中，节目组也融入了现代元素，比如将舞台装置和 AR 技术结合，使观众能够通过电视屏幕与洛神对话。这样的"虚实结合"不仅给观众带来了全新的视听感受，还让传统文化通过数字化呈现在人们面前，让更多人了解到传统文化背后所蕴含的中华优秀传统文化内涵。对于我国传统文化来说，这是一种创新、一种发展、一种突破。河南"奇妙游"系列节目用互联网思维进行节目策划和创作，以互联网思维和融媒体传播思维为指导，不断探索创新节目的传播路径。例如，融合了多种媒体形态的河南"奇妙游"短视频，将传统文化和现代科技巧妙地结合起来，让古老的文化节目在互联网时代焕发新的活力。在《唐宫夜宴》中，将现代技术与传统舞蹈结合起来，让观众在欣赏节目的同时了解中国传统舞蹈文化的历史渊源、发展脉络和时代特色。河南卫视作为河南省对外传播的重要平台，始终坚持以人民为中心的发展思想，坚持以精品奉献人民、以文化凝聚人心，充分发挥主流媒体优势，把准时代脉搏，讲好中国故事。在未来的节目创作中，应该更加注重对中华优秀传统文化资源的挖掘、整理与传播，打造一批有温度、有筋骨、有情怀的节目作品，通过高品质、多样化的节目内容，为中华优秀传统文化对外传播提供鲜活生动的素材，并有效地培育受众对传统文化的认同感，使受众深刻地感受到传统文化的魅力。

第六章　新媒体语境下讲好中国文化故事的困境与策略

新媒体语境下讲好中国文化故事的河南实践已经取得了明显的成效，但不容忽视的是，当前讲好中国文化故事的实践仍然面临一些现实困境，影响了中国文化故事的有效传播，亟须提出相应的解决方案。

第一节　新媒体语境下讲好中国文化故事面临的困境

一、同质化现象严重，文化知识表现浅显

必须通过中华优秀文化的继承与发展，增强文化自信，促进中华优秀文化的创造性转化与创新性发展，必须在此基础上，进一步增强文化自信，加快建设文化强国。① 国家广播电视总局多次出台相关政策，明确要求要将体现中华优秀传统文化的原创节目放在显著位置，传承经典，讲好中国文化故事。在媒体实践中，优质内容的生产永远是发展的基石，只有掌握了优质内容产品，才能抢占主流话语权，赢得观众的青睐。信息时代，随着大众媒介参与社会广度与深度的日益增进，主流媒体与新媒体的内容生产对人们的行为方式、思想观念、价值信仰产生潜移默化的影响，承担着弘扬主流意识形态和传承与传播中华文化的重任，其话题内容反映了中国历史演变的轨迹与社会文化的深刻变革。当下"文化自觉"已经体现在公众日常生活的方方面面，从诗词歌赋、文学经典、国宝文物、园林建筑到民间工艺，文化类

---

① 耿书新. 传播仪式观下河南卫视"奇妙游"系列节目的文化创新探究［J］. 视听，2023（6）：100-103.

综艺节目中传统文化的现代荟萃，内蕴着强大的仪式属性，是民族信仰与价值观的基础，彰显中华民族多样的人文风情。

新时代，无论技术的发展如何炫目撩人，"内容为王"仍是讲好中国文化故事的立身之本。我国自身发展的独特经验就是讲好中国文化故事的绝佳素材，正如日本汉学家沟口雄三所言，中国对世界的贡献正在于其有别于西方的发展经验，这应该是我国要说的，亦是世界各国想要听的。但在具体的实践中，由于没有把握两者的统一性而出现了诸多问题，造成外宣效果不够明显。

偏颇理解"对方想听的"使得讲好中国文化故事陷入与西方传播内容同质化的窘境，这一问题植根于将"对方想听的"简单等同于"西方一直在说的"。沟口雄三曾说中国是"作为方法的中国"，"'作为方法的中国'正是因为其包容无外的方法论特征，才能够做到对中国和西方都进行了特殊的处理，最后在收集了多种特殊情况后，形成了一个真实的世界。"①因此，我国讲好中国文化故事的焦点应该放在如何用美、英等国能够接受与理解的话语讲述中国迥异于传统西方国家的发展经验、政治理念、价值追求等。当下，讲好中国文化故事中存在为了迎合西方社会口味，只讲共性不讲差异性、只讲风花雪月不讲资政国事、只引用西方主流说法不表明自身态度立场等现象。一方面，使得我国外宣内容与西方的宣传流于同质，没有独特性与吸引力；另一方面，这与我国讲好中国文化故事所要实现的目标实则背道而驰，没有成为有影响力的坚实力量，反而沦为他国高谈阔论的附庸。

偏颇理解"我们想说的"导致了我国讲好中国文化故事内容"水土不服"，达不到预想效果，甚至适得其反。讲中国自己的故事并不等同于单纯地讲述中国辉煌灿烂的发展成就。以宏大叙事勾勒出的中国成就已经成为国际社会的共识，无论美、英等国是否能够客观看待，这都是国际社会所共同承认的，如果重复诉说就会造成一定的审美疲劳。② 当前，由政府部门主导、以宏大叙事为主的中国故事已经远远不能满足于国际社会想要获得的关于对中国的理解。智库、媒体、高校等精英群体

---

① 严璐. 文化认同视域下传统媒体的突围策略探析——以河南卫视"奇妙游"系列节目为例[J]. 中国广播电视学刊，2023(5)：118-121.

② 贺强. 河南广播电视台：践行"两创"，引领优秀传统文化传播新风尚[J]. 新闻战线，2023(8)：38-43.

希望进一步了解中国发展的曲折经验，以及背后的政治价值、理论支撑等，普通公众更希望看到小人物的奋斗故事，以情感人、以事动人。但讲中国经验、中国价值并非意味着无所侧重地和盘托出。成长于不同历史文化背景的人们有着不同的价值理念，且其中不乏相互矛盾冲突之处，"物之不齐，物之情也"。当前讲好中国文化故事中既有流于同质的内容，亦有反其道而行之、凸显中国与他国差异甚至对立的浅显报道倾向，这不利于赢得他国公众的好感，不利于获得他国公众的理解、支持与认同。

二、形式主义问题突出，存在泛娱乐化现象

知名社会学家皮埃尔·布尔迪厄曾对泛滥的电视文化进行过严厉批判，他认为 20 世纪 60 年代电视作为当时西方世界的新鲜事物，高度关注电视文化的品位，通过电视文化可体现优秀的文化内涵，并对大众的文化情趣进行熏陶。到 20世纪 90 年代，电视传媒发生了巨大的变化，电视节目中充斥着低级趣味、媚俗的内容，为了迎合社会大众的口味，各类脱口秀节目与生活纪录片霸占了电视荧屏，其最终的结果仅仅是更多地满足了人们的偷窥癖和暴露癖。我国现阶段同样面临发展的困境，多年来的文化回暖实现了"娱乐至上"的文化救治，当然也不乏众多优质节目将中华优秀传统文化推向世界的决心，也衍生出打擦边球的节目想跻身文化节目领域的现象，这样混淆视听的电视节目主导的文化价值导致大众文化迷失，值得电视传媒人深思。如何进行文化类节目的高质量发展，对优秀传统文化进行创新性传播，从而达到引导人的目的，这是当前电视节目发展的新课题，也是亟待解决的问题。

生物学家加勒特·哈丁指出，要在现阶段，为社会创建出可进行循环利用的经济再生系统，这对社会发展有非常重要的意义。人类为了更好地生存，有必要保持部分自由调配物质的坚守，日益激烈的生存竞争会不断地发生在人类的生存空间之内，最终导致人类的灭亡，即发生一场"公地悲剧"。而导致这种结果的根本原因是人类对共有资源的保护力度不足，认为共有资源属于大众或者处于无主状态，从而进行了对共有资源的侵占，这样的资源掠夺导致了人类共同"海枯石烂"的实际结果。

以 2018 年为例，各类主流媒体平台以书本文化同类的节目入驻，发起全民阅读的倡导，导致书本文化类的文化节目纷至沓来、遍地开花。中华传统文化中的经典名著、诗词歌赋作为传统文化的瑰宝得到了多个角度的解读、多种形式的诠释，传统文化的"文化公地"被过度采掘，电视受众进入审美的疲软期，文化节目所带来的文化仪式感与电视节目的社会公信力被不断重复的文化经典反复敲打，其文化价值也随之弥散。电视节目中齐声诵读《中华好诗词》的过程，表面看起来是对中华传统文化的传承，实际上导致了民族文化主体地位的缺失。文化类节目的高潮迭起，在社会受众的兴趣点和注意点受到客观限制和约束的同时，于文化本身的深挖而言，重新走精英化的线路存在很大的现实风险，而电视节目想要提升其收视率的最好办法就是进行大众娱乐文化的渗透。很多文化类节目采用了更贴近观众的文化表达方式，更多地选择具有社会话题性的节目成了提升节目热度的保障。如《国家宝藏》就以我国的国宝文物当作文化主体，《一本好书》将经典名著当成了文化主体，并配合了演员演绎的形式来提升文化类电视节目的趣味性和可看性，让传统的文化元素在演员的表演中体现得更加生动，节目话题也得到了更多的讨论。但是打开微博进行文化节目的搜索，其内容体现的并不是文化元素本身，而是出现如"××明星在节目中演技很好"等相关的热搜关键词。由此我们可以看出，如今文化类节目在寻求创新内容贴近受众文化需求的过程中，对娱乐化的元素控制不足，或是过于娱乐化，导致文化节目的教育引导价值无法得到真正的体现，同时节目文化的社会主体性价值也在逐渐弱化。

三、节目收视率较低，文化传播效果有限

在《文化部"十三五"时期文化发展改革规划》中，明确提出了"扩大文化消费、促进文化消费"的目标。将市场活力和社会的创新创造能力完全激发出来，指导文化企业提供个性化、多样化的文化产品和服务，培育新的文化消费增长点。建立一个有利于文化消费的平台，鼓励地方政府多措并举，加大文化消费力度。党的十九大报告指出："文化自信是一个国家和民族发展中最根本、最深刻、最可持续的动力。"文化是一国之魂。只有树立了强大的文化自信，才能促进民族的发展，才能实现中华民族的伟大复兴。要走中国特色的社会主义文化发展之路，以激发整个民族

的文化创新和创造活力。讲好中国文化故事不仅传播了文化，更获得了一定的经济效益。所以在宣传推广方面，应充分利用新技术、新媒体、新模式为其服务，如借助大数据技术实现实时交互式可视化分析，包括消费者浏览、消费者购买、消费者偏好、消费者反馈等记录。根据不同年龄层受众特点，合理选择符合其行为习惯的新媒体形式，对讲好中国文化故事的特点和内涵进行充分展示。如短视频的场景化、精准化、交互性等特点不仅适合针对年轻群体进行文化传播，也是自身商业变现的模式，而文化消费正是其中之一。纪录片更加形象生动、真实反映现实生活，富有社会价值、文化价值、艺术价值；综艺节目则比较轻松、解压、具有趣味性和感染力，在文化传播上更具共情力，易于激发观众观看的欲望。新媒体起到了弥合地区间数字鸿沟的积极作用。整合营销可以使文化消费的相关内容及时、精准触达身处不同地区的大众，提升经济效益，助力文化传播与发展。但目前中国文化故事传播以主旋律节目等为主，面临节目收视率低，文化传播效果有限的"瓶颈"。与娱乐类节目相比，各大电视台推出的中国文化故事类节目的收视率并不高。例如《国家宝藏》第一季 52 个城市的平均收视率仅为 0.519%，最高收视率也只有 0.604%，全国网平均收视率为 0.48%，收视较为稳定，但是总体收视率并不高。如今，收视与口碑两极分化已经成为影响中国文化故事类节目的主要影响。娱乐类综艺节目无论是通俗性与趣味性都比较迎合受众的口味，而我国目前部分中国文化故事类节目由于传播内容、传播形式存在一定的弊端，使得中国文化故事类节目明珠蒙尘。因此，中国文化故事类节目如何在坚持文化内涵与社会责任的基础上又能够具有一定的娱乐性，以此保障较高的收视率，是中国文化故事类节目可持续发展亟须解决的难题。

四、文化传播渠道单一，立体化传播能力不足

通过调查可知，当前讲好中国文化故事的传播渠道以广播电视等传统媒体平台为主，文化传播渠道较为单一，尚不具备立体化传播能力。近年来，随着新媒体技术的蓬勃发展，社会大众逐渐由传统媒体平台过渡到新媒体平台，这使得传统媒体的传播力与影响力日渐减弱。在进行中国文化故事传播的过程中，各部门虽然也积极主动地利用新媒体，但是新媒体平台利用不充分，传播渠道不够"年轻化"，如当

下火热的图文平台、老少皆宜的短视频平台、直播平台、社交媒体平台等均很少见到中国文化故事传播的内容，讲好中国文化故事在传播中片面地使用"两微一端（微博、微信和新闻客户端）"，其他平台参与力不足，因此能够看到相关中国文化故事内容的通常是本地人，对外传播力度较低，传播范围受限，此外，平台与平台之间的整合也不够深入，传播内容不具有及时性与同步性，无法构建立体化的传播矩阵。另外，讲好中国文化故事专业频道缺失，规范化程度不高。目前有关讲好中国文化故事的专业频道相对较少，没有系统性的中国文化故事传播内容，仅仅是以一些零散的内容为主，使得讲好中国文化故事在传播过程中既没有规模效应，也不具备深度效应。总之，讲好中国文化故事虽然对新媒体有所利用，但是这个运用只是停留在表面，没有深入实际，更没有形成系统的、规范化的中国文化故事传播渠道。

五、缺乏坚实经济基础，技术创新支撑不足

坚实的经济基础是讲好中国文化故事的必要条件，无论是中国文化故事的传播还是创新都离不开坚实的经济基础，但是目前讲好中国文化故事的经济基础较为薄弱，一方面，讲好中国文化故事的融资渠道比较单一，过于依赖财政投入，其他融资渠道利用率比较低，难以为中国文化故事的传播提供充足的资金支持。当前很多地方财政对讲好中国文化故事的投入力度不足，没有设立专项资金，也没有纳入地方财政预算，导致讲好中国文化故事的资金投入缺乏稳定性增长机制。另一方面，讲好中国文化故事资金投入管理手段缺乏创新，不利于财政资金的合理利用。

讲好中国文化故事是一个兼具延续性和变异性特质的有机生命体，它不仅包含现行的历史积淀，还包括横向的文化交融和创新。因此，文化内容的保护与再生也就成为其生命力得以延续的不二法门。这就要求我们利用现代智媒技术不断优化传统文化传播的质量和内容，挖掘其现代价值，进行内容创新和现代转换，使其更加适应智媒时代受众的传播需求。但是现阶段中国文化故事类节目只停留在对相关内容的简单记忆与传播，忽视了对中国文化故事内涵的深层次解读，导致受众无法感悟中国文化故事深厚的底蕴及现代应用价值。在利用新媒体的过程中也存在一刀切

的现象，不懂得根据中国文化故事内容进行适当取舍，造成了误读等现象的发生，影响了中国文化故事文化内涵表达及节目创意创新，降低了中国文化故事的吸引力。同时，在中国文化故事传播中，现代科技元素融入程度较低，没有充分发挥现代科技在讲好中国文化故事表达方式中的积极效用，不利于人们对中国文化故事进行全面的认知，此外，讲好中国文化故事需要加强对平台使用智媒技术的监督，通过对平台内容的审核来为讲好中国文化故事提供有力的保障。

第二节　新媒体语境下讲好中国文化故事的河南策略

一、把握文化发展趋势，突破传播内容泛化

(一)传统文化符号的影像表达

在人类社会中，传播是一种最基础的现象，它代表着一种社会信息的传输或一种社会信息体系的运作。要想实现一种信息的传播，就必须选择一种可以承载这种信息的物质载体，这一物质载体就是符号。中华优秀传统文化源远流长，在长期的历史进程中，形成了众多不同形式的文化标志，它们为我们民族的发展提供了强大的动力，也是我们传承中华优秀传统文化的主要物质基础。中华优秀传统文化历史悠久、源远流长，在漫长的历史长河中发展创造了形态万千的文化符号，这些文化符号是中华民族不断发展的精神皈依，是传承中华优秀传统文化最重要的载体。而电视又是文化传播的重要载体，通过运用电视语言对传统文化符号进行重新编码，以新的视听影像形式呈现给受众，不仅可以唤醒受众对传统文化的历史记忆，对传承和弘扬优秀传统文化、提高受众对传统文化的认同等方面也有重要作用。根据对上星频道热播的文化类电视综艺节目进行统计，当前热播的文化类综艺节目的题材主要集中于文学、诗词、汉字、文博等内容，形式主要以表演、朗诵、竞赛等为主，对受众而言主要体现在与实际生活联系不紧密，内容呈现过于严肃、理性，仅能唤起受众对于文化的表层记忆。因此要求文艺工作者在对节目进行编码时要充分考虑受众的接受能力，在节目中合理地融入文化符号，通过后期剪辑等技术手段对

文化符号进行编码重组，使受众按照编码者的预期进行解码，完成对传统文化高质量的传播，以此来提升节目的影响力。河南"中国节日"系列节目以展现"中华文明、黄河文化、出彩河南"为宗旨，摆脱了以往晚会中歌舞表演的定式，将艺术与技术、形式与内容、生产与传播相融合，为观众呈现了全新的视觉盛宴。① 从《唐宫夜宴》《天地之中》《纸扇书生》再到《祈》等节目，充分利用文物符号、地标符号、人物符号，通过 5G、AR 等技术手段将舞蹈表演与传统文化进行具象化、故事化呈现，不仅挖掘了文物背后的历史记忆，而且让更多的文化符号、意象及古老的故事和传说有了恰当的、具体的表达和生动的再现。

在文物符号方面，舞蹈节目《唐宫夜宴》通过将虚拟场景和现实舞台结合，展示了《千里江山图》、唐代著名画家周昉最富盛名的《簪花仕女图》、中国最早的管乐器贾湖骨笛、被称为"青铜时代绝唱"的莲鹤方壶、迄今发现最早的鸟形酒尊妇好鸮尊、唐陶仕女俑等，这些国画、乐器、青铜等不再是收藏于博物馆的冰冷的历史文物，而是通过现代技术手段被呈现的有情感、有温度的历史物件。在地标符号方面，《清明奇妙游》节目创造性地把文艺演出与文博景点融合，观众可以跟随节目中的唐宫小姐姐一起游览威武庄严的炎黄二帝雕像、建于隋唐遗址上的洛阳城公园、代表中国石刻艺术最高成就的龙门石窟等文化地标。在人物符号方面，除了唐小妹系列形象，还有纸扇书生、少林武僧等人物，通过纸扇书生彰显薪火相传的生命力、少林武僧展现的中国武术精神等与观众形成精神共振，传承中华优秀传统文化所蕴含的精神内涵。

传播信息是信息传递过程中最重要的一环，信息传递质量决定信息传递过程的最终结果。在新的媒介环境中，"内容为王"依然是传媒界的铁律。神仙题材类的中国文化故事充分利用中华优秀传统文化，通过叙事创新，在对中国文化元素现代化运用中创造了新的具有时代价值的银幕形象。《哪吒之魔童降世》故事情节紧凑，节奏流畅，伏笔不断，前呼后应，引人入胜。《姜子牙》通过宏大的场景把神的世界具象化，突出个人的成长，情节和形象虽弱于《哪吒之魔童降世》，但开创意义值得肯定。从观众对节目的反馈来看，神仙题材类的中国文化故事、中国文化元素有着不

---

① 胜夏. 河南卫视"中国节日"系列节目的符号建构与传播研究［J］. 西部广播电视，2023，44（4）：171-173.

错的群众基础，不少观众认为节目媒介与传统神仙故事的结合触动了自己童年的记忆，这说明受众的传统文化情结深深影响着他们对此类神仙类题材节目的选择。节目的连续性与传统神话故事的系统性相得益彰。讲好中国文化故事并不意味着只是将中国故事搬上荧屏，而是要在文化故事中融入当代社会价值观念，让中国文化元素富含时代气息，更能为当下受众所接受。再优质的内容如果没有先进的制作技术是得不到最佳传播呈现的。提高动画制作技术水平是讲好中国文化故事、中国文化元素创新化用的关键，技术的支持能促进内容更好地呈现及表现形式的多元化，二者相互作用，互相成就。制作精良的神仙题材类的中国文化故事，离不开中国文化元素、艺术创作和科技手段的有效融合。从平面手绘到立体拍摄，再到虚拟生成，动画制作技术的提高为创作者提供了广阔的空间，尤其是将中国文化元素中奇伟而壮阔的想象、瑰丽而浪漫的情韵及真人节目无法演绎的画面在虚拟技术的加持下具象落地，转化为精美的视觉画面。所以，中国动画人在传承和弘扬中华优秀传统文化时，既要结合时代和国情创新创造，又要放眼世界，学习各国动画艺术之所长，学习海外先进的动画制作理念，优化制作方法，在不断学习中汲取养分，为中国文化故事创新发展注入新的活力。

中华优秀传统文化是中国人民数千年来积累下来的智慧与文明的结晶，它具有无穷无尽的生命力。中华美育精神蕴涵于中华优秀传统文化中，它以一种特殊而又高度浓缩的方式，在审美层面上对中华优秀传统文化进行了概括。中华优秀传统文化并不是一味地停留在过去，在文化的传承发展中需要不断地吐故纳新，文艺创作者要在保留传统文化原有精神内核的基础上，结合时代要求进行创新发展，让优秀传统文化展现出符合时代发展的美学精神。在"国潮""国风"盛行的时代，河南卫视找准节目定位，以中国传统节日为题材，通过创新传统文化的表现形式、展现传统文化的时代内涵，在契合年轻受众审美需求的同时，也让传统文化焕发出生命力。诗词作为传统节日文化的重要组成部分，通过借助数字化、智能化媒介技术对文字进行影像化的"书写"，在丰富舞台表演的同时，也为观众带来了全新的视觉享受和审美体验。以《端午奇妙游》中的舞蹈节目《祈》为例，通过技术与艺术的双向赋能再现了曹植《洛神赋》中洛神"翩若惊鸿，婉若游龙"的绝美形象。舞蹈表演者何灏浩将文字的想象空间，涂抹成了一幅流光潋滟、色彩绚丽的画卷，在水中化身洛神，或拂袖起舞，或拨裙回转，娉婷袅娜、衣袂翩跹，无与伦比的画面呈现不仅来自舞者和节目制作团队对细节的严格把控，更来自制作团队非凡的创造力和细致入微的专业精神。因为端午的祈福习俗，制作团队经过详细研究，为舞者手腕上添加了五彩斑斓的丝线并搭配配饰，舞者不仅克服了水下拍摄的困难，还在表演上精益求精。为了呈现完美的拍摄效果，1分50秒的节目一共拍摄了200余条。正是因为他们的专业精神，才保证了节目对中华美学的精美呈现。该节目一经播出，不仅在国内各大平台被转发，而且还获得中国外交部华春莹女士在海外社交媒体上发文推介。精品化的节目制作有利于提升电视节目的内容品质，引领观众的审美趣味。《中秋奇妙游》中的舞蹈节目《秋月稷》，融合了"祭月""团圆""驱邪""丰收"等多重题材，通过点燃火把、舞龙舞狮搭配非物质文化遗产打铁花，展现出了璀璨壮观的景象；在《鹤归来兮》的舞蹈表演中，舞者化身为代表长寿、祥瑞的丹顶鹤，在皓月当空的背景中展翅飞翔，传递出了对生命的礼赞；创意舞蹈《墨舞中秋帖》，在简洁大方的背景下，通过灵动的舞姿搭配书法的写意，展现了中国书法的意境之美；歌曲《若思念便思念》，不仅展现了中华儿女"家美满、国团圆"的心声，在歌手周深的清澈嗓音与白衣少年的形象结合之下，传递出东方的儒雅之美。河南"中国节日"系列节目通过对传统文化进行创新，拉近了大众与传统文化的认知距离，增强了节目的艺术性，凸显了对文化的自信。

（二）"文化+科技"形式下的视觉演绎

随着信息技术的发展，大数据、人工智能、虚拟现实等技术搭载新媒体技术运用在文化类电视综艺节目的制作上，实现了电视媒体与受众之间的双向互动，在扩大节目传播效果的同时，也深化了电视媒体的公共服务价值。中国的每个传统节日都有着深刻的含义，但由于受到西方的冲击，部分人对节日的理解发生了偏离。文化类综艺节目的创作主题始终贯穿的应是弘扬主旋律、展现新时代，随着电视受众群体的分层化和审美多样化，文化类电视综艺节目不仅在创作主题方面趋于多样化，其价值导向功能也越发凸显。进入新时代，文化类电视综艺节目作为重要的舆论宣传载体，要结合时代特点制作播出更多有思想深度的节目，这就要求文艺工作者在策划节目时，以传统文化为抓手，以传播当代中国价值观念、坚定主流价值导向为基本原则，河南"中国节日"系列节目的创作，是从文化溯源的角度把中国传统节日的真正内涵提炼出来，通过现代化的表现方式给观众带来愉悦的视觉享受，以及启发对传统文化的思考，并为其他文化类综艺节目提供新的发展模式。在河南"中国节日"系列节目的收官之作《重阳奇妙游》中，戏曲节目《定军山》以谭门七代为主题，展现了中国京剧的缩影。从京城首席老生谭元寿到第七代梨园新星谭正岩，每一代均有代表人物的谭派艺术成为中国戏曲界的一个奇迹。从西洋节目到梨园戏台，更迭的是时代，不变的是传承。从元宵节到重阳节，河南"中国节日"系列节目通过将传统节日与时代趣味跨界融合。从《芙蓉池》到《纸扇书生》，从《洛神水赋》到《龙门金刚》，从《墨舞中秋帖》到《有凤来仪》，这一系列节目实现了传统文化与现代科技的完美碰撞，使中华优秀传统文化惊艳世人，正如河南"奇妙游"系列节目，以《追梦赤子心》结束，在传承文化的道路上，给予受众的也是赤子般的初心。

在文化类综艺节目中，影像作为一种视觉符号，可以为观众提供更为直观的视觉感受。通过对影像文本的选择及意义建构，可以为节目注入更为深刻的精神内涵。媒体融合发展对于文化类综艺节目在技术与美学上的推陈出新提出了更高的要求，文艺创作者要积极探索人工智能、AR、VR 等技术的运用，通过技术赋能创新节目的内容表达，为观众带来全新的视觉体验。[①]"中国节日"系列节目依托数字化技术为创作赋能，不仅创新了节目的影像文本，而且使节目从表现形式到审美体验都得到了丰富和拓展。2021 年河南春晚中的舞蹈节目《唐宫夜宴》，一经播出便迅速登顶各大热搜榜，受到观众和媒体的高度关注和一致好评。该节目的创作灵感来源于彩陶女舞俑和彩陶伎乐女俑，在节目的创作环节通过引入 AR 和 5G 技术，把博物馆中的文物活化为唐朝的少女，将歌舞表演与文物、历史文化结合，在恢宏大气的盛唐景象之中展现了一场美轮美奂的舞蹈表演。《唐宫夜宴》节目通过"文化+科技"的创新形式，将现实的舞美表演与虚拟场景进行跨时空融合，不仅拉近了观众与文物的时空距离，也为传统文化的现代化表达构建了新路径。河南"中国节日"系列节目的创作团队在对影像文本的处理中，更加注重对事物的再现与还原。后续

---

① 阎晗. 媒介科技为舞蹈赋新能——以河南卫视"中国节日"系列节目研究为例[J]. 浙江艺术职业学院学报，2023，21(1)：89-96.

制作的《七夕奇妙游》节目延续了《唐宫夜宴》中现代科技与实景拍摄相结合的制作手法，使节目呈现的故事背景极富科技色彩。其中，舞蹈节目《龙门金刚》采用AR、三维建模等技术，将历经千年的龙门石窟搬上了舞台，通过运用360度环绕定格的拍摄方式，展现出舞者飞舞上天的奇幻场景。为了重现龙门石窟的细节全貌，节目创作团队通过对卢舍那大佛及其周边环境进行8K清晰度的拍摄扫描，搭建出高度复原的虚拟模型，又利用三维动画技术、数字雕刻和绘画技术对模型进行再处理，并根据历史资料对龙门奉先寺进行电脑着色复原。通过古风舞蹈与龙门石窟的浪漫邂逅，以及沉浸式的现场感，为观众打造了一场绝佳的视觉体验。在《中秋奇妙游》中，节目创作团队采用了更为先进的XR特技，与AR、VR、MR技术融合，让节目呈现的视觉效果更加奇妙与震撼。在与小米科技公司联合打造的武术舞蹈节目《少林功夫》中，以河南登封嵩山少林寺壁画为原型，通过XR技术让壁画展现在荧屏之上，使现实世界与虚拟中的壁画场景融合，为观众呈现出舞者与壁画中武僧对峙的精彩画面。河南"中国节日"系列节目在拍摄期间除了5G、AR等技术的应用，还运用了4K高清转播车、飞行器、数控等技术。通过强化核心数字技术的创新运用，打破了以往文化类综艺节目单一化的场景呈现，使表演不再拘泥于舞台的方寸之地。河南"中国节日"系列节目对历史缺失的影像、无法搬运的历史遗迹进行还原，使传统文化与现代文化进行融合展现，赋予传统文化以时代感、潮流感和科技感。当前，文化类综艺节目的传播内容大多以传统文化为主体，综合科技、竞技等模式进行创新，虽然丰富了节目的表现形式，但仍存在程式固化、抄袭模仿等问题。河南"中国节日"系列节目不仅在内容呈现上为观众带来了极具真实感和现场感的沉浸式体验，更传达了深层次的审美意象和文化内涵。

（三）"网剧+网综"模式重构叙事结构

河南"中国节日"系列节目之所以可以从众多文化类综艺节目中突围，主要在于该系列节目选择了与时代贴近、与社会贴近、与生活贴近的传统节日主题，并通过"网剧+网综"模式重构节目叙事结构，不仅得到了受众的广泛认可，也使受众在潜移默化中提高了对传统文化的认同。叙事是影像文本最基本的构建方式。叙事本身就是一种重塑，被赋予文化内涵、价值导向的电视文本借助媒介叙事的方式，能拓展自身叙事的空间。在传统文化类电视综艺节目中，主持人作为节目中重要的叙事者是不可或缺的。河南"中国节日"系列节目自《元宵奇妙夜》开始，便一改传统的节目叙事结构，取消了由主持人串场的模式，通过虚构不同角色的唐小妹形象，对节目内容、形式和情感基调等多方面整合，采用剧情化的叙事方式贯穿全场，在强化节目连续性的同时，使节目内容兼具故事性与趣味性，让受众可以更好地沉浸在节目中领略其所传达的文化内涵。《元宵奇妙夜》延续了《唐宫夜宴》的风格，以陈列在博物馆的彩陶伎乐女俑为主线，运用技术将她们幻化为游历在河南博物院之中的唐宫小姐姐，通过穿越时空，带领观众游历洛阳应天门、登封观景台、开封清明上河园等名胜古迹，梦回大唐盛景。节目最后，唐宫小姐姐回到了河南博物院，变为守望千年的陶俑美人，完成了这场奇妙的文化之旅。《清明奇妙游》在漫画人物唐小妹的带领下游历河南的名胜古迹，通过动漫的形式实现不同场景的切换。节目首先以一则唐小妹再次向远方出发的播报新闻拉开序幕，中间用插播快讯的方式实时播报唐小妹所处位置，如唐小妹第一站出现在郑州街头品尝美食，第二站去观看《纸扇书生》，第三站到开封参加郑开国际马拉松大赛，然后骑着共享单车来到清明上河园游玩，第四站抵达信阳，此时的唐小妹以二次元形象跃然纸上，在《千里江山图》《溪山行旅图》《踏歌图》等山水人物古画的空间里翩然起舞。最后一站唐小妹来到安阳，在汤阴岳王庙里欣赏了中国传统乐器琵琶、唢呐、二胡等气势磅礴的民乐合奏。河南"中国节日"系列节目通过这种剧情化的叙事方式使文旅艺术与文化类综艺节目融合，不仅展现了历史古迹和山水风光，更在古今交汇的穿越中充分调动了观众的想象力，创新性的视听内容实现了与观众的共情共鸣。①

　　习近平总书记在党的十九大报告中指出，要培育和践行社会主义核心价值观，"中国特色社会主义文化，源自于中华民族五千多年文明历史所孕育的中华优秀传统文化"。社会主义核心价值观是对中华优秀传统文化精神的高度凝练与概括。广播影视是党宣传思想文化的重要阵地，是党的意识形态工作的重要方面，文化类电视综艺节目在弘扬社会主义核心价值观、推动社会进步发展方面肩负着重要的责

---

　　① 王紫萱，张汇川. 古今交融：数智时代传统文化的创新性表达——以河南卫视《2022 中秋奇妙游》为例[J]. 传播与版权，2023(4)：32-34.

任。进入新时代，大众对于优秀传统文化的需求并不只是单纯地满足于表象重现，而是要探寻其在现实生活中的价值。因此，要求文化类电视综艺节目对优秀传统文化的传承，必须结合时代要求，并对其进行现代化的阐释和调适，使其深厚的文化基因与现代社会的价值相融合。《清明奇妙游》中的乐器演奏节目《精忠报国》，通过采用古筝、唢呐、二胡等中国民间乐器和大提琴、小提琴、架子鼓等西洋乐器，在黄河旁共同演奏了《龙的传人》片段，直观表达了黄河文化是我们中华民族的根和魂，中华儿女血脉同根同源的情感，也彰显了东西方文化交流互惠的价值观念。《七夕奇妙游》节目以女性宇航员唐小天借助科技的力量从公元 2035 年穿越回唐朝为主线，不仅展示了传统七夕节日的民俗文化，更突破了以往七夕节目以爱情为主题的框架，将主题升化为对梦想的追求，将古老的航天梦与当下中国的航天梦进行对话碰撞。节目结尾以歌曲《为自己鼓掌》为背景音乐，展现了中国人对太空的探索，从东汉发明地动仪的张衡、世界上第一个为风定级的人——唐代李淳风、明初"世界航天第一人"万户、到明末科学家宋应星，从 1970 年发射的第一颗人造卫星东方红一号、1999 年第一艘无人飞船"神舟一号"试验成功、2008 年神舟七号飞天、2019 年嫦娥四号完成人类首次月球背面软着陆，到 2021 年神舟十二号成功发射，这一系列航天史不仅传达了中国人自立、自信、自强的价值观，更是对中国航天人自强不息、拼搏奋斗精神的致敬。节目播出后在网络上引起了强烈的反响，得到了网友的高度赞誉。此外，在《七夕奇妙游》中还有一些隐秘的细节非常打动人。在七夕节前，河南大部分地区遭遇了罕见的特大暴雨灾害，在《七夕奇妙游》的歌曲节目《夜空中最亮的星》中，用流星代表逝去的生命，用菊花表达对逝者的哀思。除了对遇难的同胞表示哀悼，主创人员还通过节目表达了对帮助过河南的人们的感谢。河南卫视以节目寄情，不仅引发了受众的高度赞誉，也让他们为此动容。就像一名网民说的那样："洪涝灾害的阴影尚未消退，目前的疫情依然严重，河南实在是迫切地需要这种鼓舞人心的节目。"社会主义核心价值观是当代中国精神的集中体现，是文化建设的重要引领，河南"中国节日"系列节目以传统节日为依托，通过深入挖掘传统文化所蕴含的民族精神，找到传统文化与现代精神的契合点，将于家为国、颂扬英雄、敬业乐群的价值观贯穿其中，用时代精神、创新精神激活传统文化，借由电视语言传承其精髓、延伸其内涵。

二、联动新媒体平台，多矩阵推送文化内容

(一)媒介融合构建新型传播矩阵

传统媒体的传播模式是传者到受者的单向传播，传播渠道单一，受者完全处于被动接收的状态。早期的文化类综艺节目只承担向受众输送固定文化内容的功能，在传播过程中，受众也只作为信息的接收者，二者之间不具备任何交流的机会和渠道，传播方式具有单向性、程式化的特点。就媒介发展而言，电视作为一种传播媒介，本身就是科技发展的产物。科技发展不仅使电视作为一种媒介出现，而且还推动了电视事业的发展。

融媒体从提出到纵深化发展已经过去了7年的时间，媒体格局发生了巨大的变化，传统电视媒体与互联网媒体相互融合，实现了快速发展。在媒体融合发展的过程中，AR、5G等新兴技术被引入制作环节，使电视媒体具备了高新视频传输、云端制作、双屏联动等传播手段，兼具智能生产、沉浸式体验、互动连接等创新功能。2014年，河南广播电视台将旗下多个主要媒体部门和新媒体企业合并为大象融媒集团，使报纸、电视、广播、手机、网络等媒体部门通过整合和互动，发挥各自优势，在同一话题上进行深耕细作。"大象新闻"是由河南广播电视台自己设计、开发的一款移动终端产品，它的诞生为河南广播电视台这支"主力部队"进军网络"主战场"提供了一个崭新的平台。经过666天的努力，《大象新闻》在2021年春节联欢晚会上的下载量已经达到了一亿次，为了让《唐宫夜宴》成为河南春晚的热门话题，河南卫视在大象新闻、微博、抖音等多个平台上推出了《唐宫夜宴》的短片，元旦那天，《唐宫夜宴》在网络上的播放量已经超过了20亿次，微博上的点击量高达一千万次，在网民的热烈讨论下，河南春节联欢晚会的点击量达到了30亿次。借着这个机会，河南卫视改变了以往的宣传方式，利用河南广播电视台大象融媒体、大象新闻客户端等多个平台，建立了一个全新的传播矩阵，并与河南"中国节日"系列节目进行了互动。为了更好地与受众建立互动，增加用户黏性，河南广播电视台、大象融媒和猛犸新闻分别在微博热搜榜、知乎热搜榜、百度热搜榜等设置网友感兴趣的话题。在节目前期宣传期间，节目主创也充分利用大象融媒体资源，通过河南广

播电视台、河南卫视、大象新闻客户端、微信公众平台等与受众进行互动，征集节目题材、探讨节目表现形式等，为节目 IP 话题保持热度，创新传播交互场景，满足用户多样化需求。

媒介融合并不是简单意义上的机构合并，而是以实现节目生产高度系统化为目标，通过相互关联的方式打造资源融通、内容兼容、宣传互融、利益共荣的融媒体传播矩阵。① 河南卫视始终坚持把握正确的舆论导向，坚持以媒体融合发展为抓手，积极构建以内容建设为根本、先进技术为支撑的全新发展格局，在讲述河南好故事、传播河南好声音的同时，不断探索媒体融合路径，积极运用新技术、新应用，创新媒体传播方式，打造新型传播平台，加快从传统媒体生态向移动互联生态转变，河南"中国节日"系列节目在保持传统媒体的内容优势的同时，突出地发挥了新媒体的传播优势，两者通过有机结合实现优势互补，使媒介传播效果最大化。

(二) 跨屏互动，提升传统电视频道收视率

受众观看电视节目的行为其实是一种接收信息的过程，因解码立场不同对节目产生的态度也不同。评论作为受众对所观看节目的内容、主题等进行的主观印象客观化的表现，是相较于点赞、点踩更为清晰完整地表明受众自身观点的行为，通过这些自我感受的表达，受众可以在微博平台与发布者、其他受众进行互动，也是传播效果的直观呈现。河南卫视以互联网为载体，本着"小屏先行、小屏带大屏、多屏联受众"的原则，除春晚节目外，"中国节日"系列节目均采用在大象新闻客户端提前半小时全网首播的方式为河南卫视引流，以此来提高节目的收视率。从《七夕奇妙游》开始，河南卫视携手优酷网络播放平台，实现跨平台合作，继续拓展媒体融合路径。据"中国视听大数据"统计，2021 年 2 月 25 日播出的《元宵奇妙夜》收视表现呈"慢热"型特点，2021 年 2 月 26 日重播的收视率较首播上涨 20%，"河南卫视元宵奇妙夜"微博话题阅读量 2.6 亿，为各台元宵晚会最高；2021 年 6 月 12 日播出的《端午奇妙游》在河南省收视率为 0.412%，居当地同时期地方卫视节目收视率第四，节目播出两天内，"端午奇妙游"微博话题量超 4.6 亿；《中秋奇妙游》在

---

① 张一博. 电视节目中优秀传统文化的创新表达——以"奇妙游"系列节目为例[J]. 文化月刊，2023(2)：48-51.

2021年9月21日晚重播时吸引了超九成的新观众。2021年，河南卫视凭借"中国节日"系列节目全网点击量超200亿次，有关微博话题超50亿阅读量，可以说是稳稳地拿捏住了"流量"二字。根据知微数据显示，"中国节日"系列节目的流量效应体现在三个时间节点：第一个时间节点是2021年2月11日春晚中的舞蹈节目《唐宫夜宴》，该节目的影响力指数为70.9，高于76%的娱乐类事件，收获了微博、抖音、百度、头条、哔哩哔哩、知乎六大平台的18个热搜；第二个时间节点是2021年元宵节特别节目《元宵奇妙夜》，影响力指数为65.9，高于57%的娱乐类事件，收获了六大平台的20个热搜；第三个时间节点是端午节特别节目《端午奇妙游》中的国风舞蹈节目《祈》，影响力指数为66.1，高于58%的娱乐类事件，收获了六大平台的24个热搜。

对节目传播效果的测量，主要从受众层面进行评估。河南"中国节日"系列节目官方合作平台优酷网为破除流量喧嚣，营造良性的产业环境，自2019年1月18日起关闭了前台的播放量显示。为了研究的准确性，对于节目受众的研究，笔者主要选取了河南"中国节日"系列节目播出期间观众在微博平台的原创评论。因为微博是针对公众免费开放的平台，且用户量庞大，活跃度较高，所发评论具有较强的原创性和真实性。用户画像就是对用户的信息进行标签化，对于节目受众人群画像，主要根据知微数据对参与事件的高影响力微博的标签进行统计，从用户的属性来看，《唐宫夜宴》的热议受众以"80后"和"90后"为主、《元宵奇妙夜》的热议受众以"80后"为主、《端午奇妙游》的热议受众以"80后"和"90后"为主。从用户的兴趣维度来看，主要集中于"旅游""节日""美食""音乐""娱乐"和"文艺"。从数据表现来看，河南"中国节日"系列节目的受众主要以青年群体为主，兴趣爱好除旅游与美食外，均偏文艺类。从文化认同的角度进行研究：第一，在文化认知维度方面，河南"中国节日"系列节目不仅能激发受众对传统文化的探索欲望，感受传统文化的意境美，而且还能实现文化类综艺节目的文化传播功能，提高受众对传统文化的认知。正如微博用户"当时我就震惊了"发表评论，"震撼了！原来河南元宵晚会是实景拍摄的！舞剧《水月洛神》片段《芙蓉池》这段意境也太美了，美轮美奂的舞美，精雕细琢的舞蹈，灯火璀璨，重回大周国都，把大中原的艺术底蕴演绎得仙气四溢！太赞了！"第二，在文化情感维度方面，河南"中国节日"系列节目为受众打造了沉浸式的视觉体验，切实增强了受众对民族文化的自豪感和自信心。微博用户"整点节目"对舞蹈节目《唐宫夜宴》的评论为："真的绝了，百看不厌！今年最出圈的春晚传统节目非他莫属——《唐宫夜宴》。刷再多遍都不会腻，转眼就是大唐盛世的感觉，太美、太奇妙了！"第三，在文化参与维度方面，增强了受众对传统文化传播的积极性，元宵节之际，歌手GAI周延在微博平台发文推荐，"不枉魂魄入华夏，炎黄浩瀚沐苍霞！今天一起在河南卫视元宵奇妙夜听祖国的壮阔山河，一起挺起骄傲的胸膛！"微博用户"噗嗤大叔"对舞蹈节目《洛神水赋》评论："河南卫视端午晚会的水下飞天洛神舞也太美了！我不允许还有人没看到！"媒体人张晓磊在端午期间对自媒体账号发表"地域黑"的言论发表评论："我们同源同种，都是中国人，是同胞，不要'地域黑'，哪里都有好人坏人，我们中国人要团结！"可以看出，通过电视节目传达出的优良的思想理念，观众在耳濡目染之下，领会到了其中的含义，从而达到了自律的目的。一系列以中华优秀传统文化为主题的文艺节目，如《中国诗词大会》《国家宝藏》《我在故宫修文物》《书画里的中国》，这些都引起了年轻人的"国潮热"。至于为什么会出现"国潮热"，《中国青年报》在2021年度对1508位18~35岁的青年进行了一次问卷调查，4%的年轻人表示，"国潮"之所以会出现，是因为国民的文化信心得到了提高；3%的被调查者表示受到了文化课的影响。河南"中国节日"系列节目之所以能够激发青年观众的广泛共鸣，不仅体现了节目在审美品位上有了更高层次的追求，在节目情感上也有了更为广阔且细腻的情感覆盖。南京大学新闻传播学院朱丽丽教授认为："节目组和受众，尤其是主要的目标受众青年群体之间，似乎在进行着'品位竞赛'，二者之间起到了相辅相成的作用。传统文化蕴含着我们共同的情感结构，通过传播形式的创新传承，使传统文化更好地融入青年观众的日常生活，二者之间互相激发、互相砥砺。"[①]对于文艺创作者而言，现在是一个非常好的历史契机，要抓住这样的历史契机，推出一批经典的文化类综艺节目。

二、创新传播交互场景，满足用户多样化需求

多元化的媒介传播方法，对中国文化故事的传播效果有着积极作用，多平台联动

---

①　尹萌萌. 河南卫视奇妙游系列节目的符号化传播研究[D]. 郑州：河南大学，2022.

传播已经成为主流趋势。《哪吒之魔童降世》最显著的传播方式之一就是点映，组织一些有话语权和粉丝基数的观众观看，这些观众在网络上发表影评扩散传播，让观众口碑积累发酵，以此得到院线排片倾斜，让传播效果达到最大化。点映的口碑前置为《哪吒之魔童降世》带来了热度，拓宽了传播途径，公众号的推广，微博话题的高热度，官方微博和抖音号、视频 App 带来了巨大流量，不同种类的新媒体共同发力，不同途径多管齐下，大大提高了电影的曝光度和宣传效率。当时微博上的#哪吒之魔童降世#话题，多数是围绕哪吒与敖丙二人的"藕饼"CP 同人画做讨论，"哪吒烟熏妆""我命由我不由天"的热搜也带动了更多话题参与度。同为彩条屋公司制作的《姜子牙》，作为"封神系列"的第二部节目，被很多粉丝认为是《哪吒之魔童降世》的"兄弟篇"，粉丝们对电影产生了浓厚的兴趣，微博"姜子牙上线"成为热搜。如今，《哪吒之魔童降世》官方微博粉丝人数达 117.7 万，超话帖 4885 个，《姜子牙》粉丝为 28.9 万。两部影片的片尾联动彩蛋短片让观众觉得奇妙有趣，哪吒与姜子牙等一众角色相约年夜饭，凸显姜子牙在电影中注重细节的性格与哪吒混世魔童的性格，让大家捧腹大笑。同时，在人人都是自媒体的时代，大量"自来水"自发传播，经过自媒体平台加工及二次传播为影片推动造势，营造浓厚的市场宣传氛围，刺激市场需求，是节目营销的新形式及重要手段。人们的社会生活和文化生产受科技发展和媒介变革影响，产生了重大变化，作为大众文化娱乐属性鲜明的中国文化故事，内容与形式相应也在发生改变，近几年问世的现象级国产中国文化故事形式和主题更加多样化，市场上既有适合儿童的动画，又有适合成人的动画和属于全年龄层的动画，中国文化故事作品丰富多彩。受众对动画欣赏的心理需求特征及时代背景下审美趋向的变迁，使得他们更能接受不同内容、不同角度、不同主题、不同形式的作品。从受众角度分析，《哪吒之魔童降世》《姜子牙》两部影片摆脱了形象低幼化、剧情简单化、理念台词化等缺陷，突出了传统中国文化故事寓教于乐的特点，探索适合全年龄段的内容，成功突破了受众群体的限制。《哪吒之魔童降世》是合家欢目标受众类型，经历不同的人观看完影片的感受也不相同；《姜子牙》则针对成年人讲述中国文化故事，无论是对现实的反抗，还是对自我信仰的追寻，都不以青少年为目标受众。

（一）从单向转为多向的信息传播

自《西游记之大圣归来》拉开"国漫复兴"的序幕后，封神系列、白蛇系列等神仙题材类的中国文化故事的市场热度居高不下。这些取得了傲人票房的节目，除影片自身因素外，离不开新媒体环境下成功的传播营销。影片内容在网络社交媒体助推下传播速度更快、覆盖面更广、影响力更强、互动参与性更高，传播形式出现新变化。区别于报纸、杂志等传统媒体，新媒体是以数字技术为基础，以网络为载体传输信息的媒介，主要指网络媒体、手机媒体等，新媒体具有交互性和即时性、个性化和社群化等特质。传统媒体环境下，受众主要通过电视和节目院线观看中国文化故事，传播形式单一固定，传播者无法在第一时间得知受众对传播内容的反馈和评价。而在新媒体环境下，网络传播成为主流趋势，电脑端、手机端媒介成为视频传播的主阵地。腾讯、爱奇艺、优酷等专业视频网站成为主要传播媒体，抖音、微信、微博等手机移动终端保持同频，不同题材、不同内容应有尽有，电脑端和手机端实现同步传播。新媒体环境下，最显著的改变是票房的高低和点击量的多少直接决定节目的评价好坏。那些爆款神仙题材类的中国文化故事在新媒体环境下，通过多媒介融合、多渠道输出优化传播效果，做到了裂变传播。影片的成功是受众与媒介互动的结果。一方面，受众通过媒介完成节目观看，接收影片传达的信息。另一方面，受众对接收到的信息进行反馈，实现信息交流互动影响节目传播。新媒体环境下，制作精良、口碑不俗的中国文化故事在传统院线放映之外，利用强大的网络社交媒体和宣传渠道取得了高曝光率，国内中国文化故事逐渐形成以微博、微信等社交平台为主，节目院线、户外广告等为辅的传播态势，神仙题材类的中国文化故事也不例外。节目院线传播在时间和空间上有一定限制，爱奇艺、优酷、腾讯视频等网络视频平台的播放大大延长了中国文化故事传播时效。抖音、快手、微视等短视频平台拥有稳定的受众基础，主创团队可以选择多平台联动传播，在影院下线之后选取影片短视频在这些受欢迎的短视频平台上播放，同时，集合线上线下媒介平台等进行联动传播，扩大受众范围，形成巨大的传播合力，让中国文化元素通过中国文化故事拓展到各个平台，发展动画衍生品等市场周边领域，从而实现共赢。

（二）从受限转为便捷的信息接收

受场地、屏幕、时间限制，电视和节目院线播放中国文化故事传播内容信息之际，受众几乎没有选择权，只能被动等待在电视机前，影院放映也是如此。新媒体环境下，随着传播平台的多元化，受众在接收动画信息的过程中不受时间和空间限制，能够随时随地根据个人喜好观看，快进倒退或者重复播放，拥有更多选择权，最为重要的是在接收信息内容时能够在线互动和评论，而媒介平台根据后台播放数据和整理大众点评总结传播效果。以微信为例，借助文字、语音、图片和短视频四种方式传播信息，中国文化故事的宣传以朋友圈和微信公众号两种主要的传播方式进行及时有效的信息传递。受众在接收信息的过程中或转发或群发，引发话题和讨论，从而对传播者的信息形成反馈，整个传播过程在手机上操作就能便捷完成。

(三) 从固定转为移动的营销方式

传统的营销方式是先成片、后开展营销传播工作，围绕影片内容、观众定位、上映档期等方面进行有针对性的宣传，多采取发行海报、预告短片、明星配音、投放广告等线下形式，难免存在创作前期和后期宣传衔接不紧密的情况，这种营销模式其实是传播内容片段的单纯输出，缺乏趣味性，在传播主体与传播对象之间没有形成有效互动。[①] 新媒体与生活密不可分，这一环境下的动画传播营销越来越多地表现为媒体联动和移动营销，主要依靠手机这一传播媒介，通过受众的移动设备投放信息完成传播达到营销目的。神仙题材类的中国文化故事创作者们发挥互联网优势，推行点映、与其他热映动画同框联动等新的营销方式，通过微博内容策划、运营策划、App 推广、转发话题等延长传播链条，在抖音、微信、小红书等社交平台上发力，让中国文化元素相关内容通过节目投放至多个平台，形成媒介联动矩阵式传播，受众深度参与，实现传播效果最大化。

四、打造专属文化品牌，实现传播价值双赢

(一) 电视节目"IP 化"

电视节目"IP 化"是以电视节目为核心 IP，向产业链上下游纵深发展，与影视剧、出版物、动漫、App 等联手建立 IP 产品新生态的产业模式。电视行业拥有影

---

① 马英. 短视频叙事方式与讲好中国故事的实践路径——以 2021 年河南卫视"中国节日"系列节目为例[J]. 新媒体研究，2022，8(5)：102-104，109.

像、声音、文本等多种类型的知识产权，利用知识产权进行相关产品开发，不仅可以获得衍生品，还可以通过对衍生品知识产权的利用继续拓展衍生产业链，放大节目的营销价值。电视节目要想实现"IP化"发展，首先要实现产业升级。媒体融合发展为电视产业升级提供了动力和保障，通过品牌、平台、内容的深度合作消除行业壁垒，使节目具有更强大的盈利能力。2021年，在弘扬传统文化、讲好黄河故事的总体目标下，河南卫视围绕中国传统节日推出了具有超越时代和地域魅力的文艺精品，打造了"中国节日"文化IP。在"中国节日"系列特别节目创享峰会期间，节目主创人员介绍了"中国节日"IP的模式化概念，"通过以时间为主轴，选取了一年中最富文化内涵的传统节日为串联节点，根据节日进行主题策划，贯穿网友喜欢的唐小妹的人物形象，赋予她们人格化、角色化、故事化的角色，利用技术赋能在她们的所见所闻中展现中国传统节日的文化内涵，以雅俗共赏的方式激发受众的共情能力，提高他们对传统文化的认同，释放对民族文化的自信。"从《元宵奇妙夜》到《重阳奇妙游》，河南"中国节日"系列节目取得了阶段性的成功，推出了许多广为人知、独树一帜的文化精品节目，塑造了"中国节日"这一文化IP，成为河南卫视独有的文化品牌。

(二)综艺、游戏拓展节目IP

河南"中国节日"系列节目从最初开始策划就不是孤立存在的，而是从文化IP产业链开发的角度进行各种铺陈和设计，由于媒介和信息技术的不断发展，受众获取信息的渠道已经从传统媒体转为主要依靠微信、微博等社交媒体和快手、抖音等新媒体平台。在"中国节日"IP打造过程中，主创人员基于互联网思维对传统的传播观念进行了调整，强化以受众为主导，从对单一节目的生产转换为全网参与策划的互动模式。"中国节日"系列节目不仅在网络上获得了极高的热度，其对"国风""国潮"的推广能力也得到了受众的广泛认可。为了拓展节目IP，河南卫视积极发挥主流媒体的平台优势，与同样具有"国风"属性的平台进行洽谈合作。通过利用社会资源吸引更多关于中华优秀传统文化的新鲜创意和合作伙伴，为节目联合开发引进新渠道。2021年"中国节日"系列节目收官以后，河南卫视与哔哩哔哩网站联合打造了文化剧情舞蹈节目《舞千年》，聚焦于用舞蹈讲述中国故事。该节目摒弃了一般节目通常采用的"竞技+晋级"的模式，通过构建跨越时空的故事背景，开创了一种新型的文化剧情舞蹈综艺模式。节目讲述了5位荐舞官和13支舞团一起穿越巡游四朝，寻找古今最优美的舞蹈，并将其录入神书《十二风舞志》中的故事。《舞千年》沿用了"中国节日"系列节目中现代科技与实景相融合的表现形式，让观众可以沉浸式地观赏舞者们用舞蹈讲述的中国故事。为了确保可以准确地呈现舞蹈的历史背景和演员的服饰礼仪，节目组特别邀请了北京舞蹈学院、上海博物馆等机构的专家担任把关人，专家的加入让节目组对节目的艺术鉴赏也有了更为精准的认知，哔哩哔哩网站与河南卫视虽然处于不同平台，对于传播中华优秀传统文化却有着相同的志趣，且在传统文化的现代化表达方面都有一定探索。哔哩哔哩网站的用户以年轻人，尤其是大学生为主，这恰好是受众偏中老年化的河南广播电视台所欠缺的。此次携手合作，不仅有效助力"中国节日"文化IP的价值释放，更为其探索了更为丰富的落地场景和商业模式。2022年3月，《舞千年》入选2021年第四季度优秀网络视听作品推选活动优秀作品目录，同年7月入选2021年度广播电视创新创优节目名单。

河南"中国节日"系列节目的长尾效应还在延续。基于相同的制作理念，河南广播电视台与阿里文娱在2021年"中国节日"系列节目良好合作的基础上，继续携手合作，加强对中华优秀传统文化的推广。双方联合推出2022年"中国节日"系列节目、《隐秘的细节》第二季和《从来就很美》等文化季播节目，还尝试对舞蹈节目《唐宫夜宴》进行改编，使其以短剧和中视频的形式呈现。除了在综艺推出衍生节目，在游戏方面双方也达成了合作。《元宵奇妙夜》中的舞蹈节目《芙蓉池》给观众留下了深刻的印象，河南广播电视台的唐宫文创团队携手金山软件公司《剑网3》江湖大事件"大唐幻夜"游戏制作团队，将舞蹈节目《芙蓉池》中唐宫女子执莲花宫灯踏歌起舞的梦幻场景一比一复刻到游戏之中，重新演绎了一出华美的盛世大唐景象，为游戏受众的江湖历程又添一抹美好的大唐记忆。河南卫视通过对节目IP的开发，让中国文化IP引领了精神消费的新浪潮。

（三）IP 品牌联名

北京大学的陈少峰教授在《新时代文化产业的十大趋势》一文中分析IP可持续

化路径时表示，想要延长文创 IP 的产业链，最重要的方向就是合作。"我们生活在一个'一切皆文创'的时代，为了确保文创产品不仅仅是装饰品，而是成为兼具美感与实用性的日常产品，这就需要对历史文化资源进行创意性利用。打造 IP 首先要有故事，有故事才可以构建 IP 形象，以此延伸 IP 的商品属性、合作属性，打造文创的产业链，吸引更多消费者的目光。"①"中国节日"文化 IP 的价值主要体现在以内容为根本的文化价值和以产品为载体的经济价值。《唐宫夜宴》节目播出之后广受好评，为了开辟节目 IP 化运营道路，河南广播电视台迅速成立了河南唐宫文创传媒有限公司，通过跨界合作，在汉服、玩具、游戏等方面进行了一系列文创产品的开发尝试，仅用 7 个月便开发了 100 多种文创产品，实现营业收入 5000 万元。其中，汉服品牌十三余与《唐宫夜宴》节目组合作推出了联名款对襟短衫、齐胸襦裙的汉服，掀起了一股"穿"越时空的热潮。汉服作为传统文化的一种载体，近年来从小众逐步走向大众，不仅是国风审美的体现，更是对传统文化的传承与发展。此外，唐宫文创与 52TOYS、泡泡玛特、名创优品等潮流玩具品牌也进行了跨界合作，以满足观众对唐宫小姐姐形象的青睐。《唐宫夜宴》节目播出后引发大众对传统文化的热情不断升温，节目中身穿红绿襦裙的唐宫小姐姐们成为各大品牌进行联名合作的热门人选。沃尔玛、雀巢、饿了么纷纷选择与《唐宫夜宴》联名，延续了该节目 IP 的文化热度。2021 年中秋节期间，沃尔玛联合郑州歌舞剧院推出了广告片《月圆奇妙夜》，广告讲述了唐宫小姐姐们从唐代穿越到现代，在月圆之夜逛超市的奇幻旅程，拍摄手法延续了《唐宫夜宴》的质感及韵味；雀巢品牌在中秋营销中推出了限定款雀巢怡养奶粉礼盒，在宣传视频《千古同皎洁，盛世礼中秋》中，以唐宫小姐姐中秋节赏月游玩为主线，将礼盒封面融入了场景之中，无论是广告内容还是礼盒的包装，均呈现出了古风古韵之美。2021 年国庆节期间，饿了么以"国庆享国味"为主题，通过唐宫小姐姐们精彩的舞蹈演绎，将国风舞蹈与国味美食进行了巧妙融合，除了线上广告片，饿了么还携手唐小妹在国庆期间通过用外卖打卡的方式，展开了 22 城的寻味之旅。2022 年 9 月 3 日，由国家版权交易中心联席会议主办，在以"讲好中国故事，奏响国家 IP 最强音"为宗旨的 2021 十大年度国家 IP 评选活

---

① 田欣妍.河南卫视"中国节日"系列节目文化记忆建构研究[D].岳阳：湖南理工学院，2022.

动中,《唐宫夜宴》入选,主办方提出的获奖理由为"在方寸舞台之间,古典舞《唐宫夜宴》就像打开了一条时光隧道,带领观众梦回大唐,凭借精妙的舞美设计,用美轮美奂的视觉盛宴惊艳了观众,一跃成为传统文化现代表达的代表性 IP 节目,利用 5G、AR 等新技术'唤醒'历史文物,演绎文物背后的人文情怀和艺术神韵,在致敬经典中实现了科技与艺术的完美结合"。一同获奖的还有冰墩墩、中国女足、三星堆遗址、《三体》等,为中国向知识产权强国迈进提供助力,文化 IP 产品是当前价值理念传播的重要载体,最能够跨越国家、民族和文化的鸿沟被消费者认可。多年来,河南卫视从"文化立台"到"文化强台",打造了独特的品牌形象。2021 年"中国节日"系列节目让行业和观众重新认识了河南卫视,无论在收视表现还是口碑方面,向大众证明了文化类电视综艺节目的文化价值和可持续开发价值是可以兼容并蓄的。

五、丰富节目传播方式,引发情感共鸣

(一)创新唤醒记忆的时空联结传播方式

2018 年 10 月,中共中央办公厅、国务院办公厅印发的《关于加强文物保护利用改革的若干意见》中提出要"进一步做好文物保护利用和文化遗产保护传承工作,坚定文化自信、传承中华文明,构建中华文明标识体系,用好传统媒体和新兴媒体,创新文物价值传播推广体系,增强责任感使命感紧迫感"。生活在现代都市中的人们与历史的距离越来越远,都市文明冲击着传统,尤其面对文化虚无主义与享乐主义,人们产生了精神危机,这种脱节使得人们开始寻求精神庇护的场所,以追忆过去,重塑价值信仰与认同。中华优秀传统文化如古文、诗词、字画、戏曲等凝聚着民族智慧与人文价值,历史遗迹在今天俨然成为人们凭吊古今、寄托怀思及重塑认同的公共场所,故宫、敦煌莫高窟、苏州园林、颐和园这些"历史的现场"成了连接过去、现在与未来的"记忆之所"。故宫作为中华文明与传统文化的重要载体,近年来成为各大视听媒体聚焦的重要文化象征符号,这个有着 600 多年历史的"超级古董"在媒介赋能之下成为新晋"网红",故宫作为文化遗迹的历史神圣感、庄严感、神秘感及故宫官方符号所承载的文化价值与体验价值使其成为一个超级大 IP,在追

求市场效益最大化的同时，也履行着传承传统文化、建构文化认同的职责，在博物馆文化品牌建设方面成了一个示范标杆。"故宫热"在当下已经成为一种社会和文化现象，像纪录片《我在故宫修文物》《如果国宝会说话》，综艺节目《国家宝藏》《上新了·故宫》等以故宫为主题的视听文化节目的高口碑与高效益，掀起了一股故宫热，彰显了中华文化的博大精深，吸引着海内外华人甚至国外观众为之瞩目。聚焦故宫的文化真人秀节目《上新了·故宫》借助纪录片的拍摄手法展开了实景拍摄。节目开辟了一个新的、供人们"窥探"这个拥有几百年历史的"古董"的窗口，通过探索和解密此前未曾对人们开放的区域，可谓吊足了观众的胃口，同时邀请顶尖设计师与高校设计专业的学生挖掘文化符号进行创意设计，每一期都会诞生　件引领热潮的周边文创产品，完美融合了文物背后的艺术价值与商业价值，进而为故宫文化赋能。此外，自带贵族范儿的御猫、小机器人阿尔法蛋、明星情景短剧的演绎与动画模拟都在不同程度上增强了观众的体验感，在与观众的亲密互动中，传统更加鲜活起来，让文物传承着历史文化，承载着中华灿烂文明。另一档综艺《国家宝藏》的热播让中华优秀传统文化的热浪从国内"燃"到了海外，为中华文化现代传承与走向世界奠定了坚实的基础。就《国家宝藏》第一季而言，故宫博物院联合八家国家级博物馆上演了 27 件镇馆之宝，讲述了国之重器的"前世今生"，首创"纪录式综艺语态"，真实、生动、全面地将每一件国宝背后所承载的历史记忆、艺术底蕴与工匠精神淋漓尽致地呈现给观众，取得了极佳的口碑和传播效果。除此之外，颐和园、天坛、长城等世界文化遗迹也成为综艺节目关注的焦点，北京卫视打造的文化体验类系列节目，如《遇见天坛》《了不起的长城》《我在颐和园等你》等，带领观众领略了不同年代建筑文化的深邃历史与直观魅力，轻巧有趣的形式为传统文化增添了亲切感，吸引了不少观众到"历史现场"打卡留念，切身触摸传统文化的脉搏与感受历史文化的魅力。

（二）创新多重视角与多维空间异质同构的叙事传播方式

文化类综艺节目作为一种特殊的精神文化产品，市场价值仅仅是其一方面的属性，审美价值与思想价值才是其根本属性。受众在观看节目时往往伴随审美感知、想象、联想等情感活动，一档节目想要在情感、精神层面引起观众的共鸣，便需要迎合其审美心理机制来进行节目的叙事。异质同构是格式塔心理学的核心理论。格式塔心理学派认为，在外部事物的存在形式、人的视觉组织活动和人的情感以及视觉艺术形式之间，存在一种对应关系。一旦这几种领域的力的作用模式，达到结构上的一致时，就有可能激起审美经验。其实这与王国维的"一切景语皆情语"有着相同的意思，强调的都是作为审美对象的"意象"调动起了欣赏主体的大脑活跃与情感参与。中华优秀传统文化底蕴深厚，作为视听媒体重要的内容资源，在近些年来不断通过多元的表现手法、创新叙事、新颖的节目形式承担起重塑与传承民族文化记忆的重任，将传统意象巧妙地融入现代社会的语境与文化习得的语义中，这种多重视角与多维空间的"异质同构"给观众带来了不一样的视觉与情感体验。《国家宝藏》《典籍里的中国》《经典咏流传》《上新了·故宫》《万里走单骑》等优质文化类综艺节目，从不同主题出发，从多重视角与多个维度，实现着历史与现代的对话，让晦涩难懂的诗词、陌生冰冷的文物建筑、厚重的文化历史，在互联网和新媒体技术赋能之下，变得亲切活泼起来，不断加深着人们的情感体验。

文化类综艺节目披着娱乐性质的外衣，但仍旧是以弘扬传统文化为内核，这就面临着"讲什么样的故事"以及"如何讲故事"的基本问题。节目故事呈现不再是主持人的一枝独秀，抛却了单线性的直白说教，"叙述者""穿线人""守护人""文化爱好者"等的引入形成了多元对话的主体，增加人们情感体验的同时，通过故事化的叙事与多重讲述，精英文化与大众文化交织，节目变得既通俗易懂又具有文化深意。在《典籍里的中国》里，节目主持人撒贝宁化身"当代读书人"，在荧屏中穿越历史，与"古代护书人"对话，再加上图书馆讲解员、节目主持人的配合，明星的动情演绎，这种舞台形式的戏剧表演与文化访谈，营造了感人至深的故事讲述场，让沉寂在历史长河中典籍里的故事获得新生，受到很多传统文化爱好者的追捧。《朗读者》里，由董卿担任节目主持人与策划人，根据每期话题的不同邀请了在文学、影视、体育等各领域有一定影响力的学者、明星嘉宾、专家，分享与节目主题相关的人生故事与情感体验，用最朴实无华却真挚的情感朗读经典美文，使观众沉浸在朗读者的情感世界中。这种"人物故事访谈+朗读分享"的互动模式更能感染观众，成为唤起情感共鸣的结构场域。比如在一期以"家"为主题的节目中，最简单不过的一个字却能引起无数人的情感记忆与共鸣，这期节目邀请了著名作家梁晓声、毕飞宇、院士潘际銮、运动员邹市明与妻子冉莹颖、演员王耀庆等各个行业领域的嘉宾，讲述了他们自己关于"家"的亲情及背后的故事，毕飞宇朗读了自己的文章《推拿》，串联了自己与父亲多年来疏远、不善表达的故事，在时间的催化下最终与父亲和解，这种经历，引得无数观众的共鸣，是一场集体在场的群体性文化共享。文博类节目《国家宝藏》，主持人以个人视角进行讲解与评论，同明星"国宝守护人"、文博人员、考古学者等共同讲述和演绎文物背后的故事与历史，是"前世故事"的"今生演绎"，小剧场的叙事方式使观众也能从不同的维度去理解和感悟每件文物所承载的文化与精神，润物细无声地浸润着观众的精神世界。爱奇艺推出的《博物奇妙夜》，作为一档实景文博类谈话节目，由主持人带领观众"夜访"位于丝绸之路沿线的世界级博物馆，并通过圆桌式的嘉宾谈话，让观众从不同的视角"夜访"神秘而充满魅力的历史现场。

穿越题材在近些年来备受年轻一代的青睐，成为影视剧的热门表现题材，像《步步惊心》《夏洛特烦恼》《乘风破浪》等都通过现实与过去相互交错的表现手法，取得了亮眼的收视率与票房。在综艺领域，"历史穿越"的元素同样受到观众的欢迎。每个传统文化符号背后都蕴藏着难能可贵的工匠精神与历史价值，走过从博物馆到建筑遗迹的每一个"历史的现场"，都是几百年的风云变幻，一些优质综艺节目正是通过"历史现场"的古今对话，吸引人们的目光。北京卫视推出的《上新了·故宫》系列节目，由故宫文创新品开发员带领观众进入故宫这一"记忆之所"，不再是传统封闭的演播室内，而是实景的呈现，特别是故宫之前从未曾开放区域的解锁与探秘，这种深度体验触发了强烈的感受力。节目在"御猫鲁班"的可爱旁白中，在明星文创新品开发员的进宫识宝之旅中，让观众近距离切身感受到了故宫的魅力，立体空间符号的实景展现，将体验美学发挥得淋漓尽致，让这座有 600 多年历史的文化建筑在新时代焕发生机，开创了"故宫"这一文化超级 IP。《典籍里的中国》，让中国"沉睡"的历史典籍有了一个在荧屏上展现的空间，活了起来，典籍涵盖了文学、科技、哲学、医药等领域，充分发挥了文化节目的引领性优势，以"今"入"古"，跨越时空的对话，让悠久的古代历史故事在当代有了新的精神和文化演绎，让这些积淀深厚的诗书典籍走进大众的生活。浙江卫视推出的《万里走单骑》作为文化体验类节目，单霁翔从"故宫看门人"摇身一变为世界遗产探寻人，与明星"布鞋男团"及每一期的嘉宾,共同探访世界遗产地,去了良渚遗址、武当山、皖南古村、古都洛阳、周口店遗址等 12 处文化遗迹,在"轻旅行"中,观众仿佛也同他们一道亲临这些多姿多彩的文化遗址,与当地的文化研究学者、申遗专家、世界遗产保护者、当地民众等交流对话,曾经隐匿于大众视线的世界遗产变得不再遥远与陌生,同时也引发了大众对于"世遗"保护的关注。

总之,这些成功经验为河南讲好中国文化故事提供了有利的借鉴,河南在新媒体语境下讲好中国文化故事,要善于学习与吸收其他地区成功的实践经验,利用好新媒体技术,将讲好中国文化故事作为重要使命,多元化地呈现出中华优秀传统文化丰富的时代内涵。

结　　语

中华优秀传统文化是中华民族的生存命脉和精神支柱，然而全球化进程的加速和新媒体技术的发展使文化认同危机日益严重，新媒介传播下的多元文化和多元价值冲击了大众对传统文化的认知和对民族身份的认同。此外，消费主义盛行和娱乐化泛滥也加重了对中华优秀传统文化的侵蚀。新媒体时代，丰富多样的新媒体平台为传播传统文化、提升文化认同提供了现实路径。讲好中国文化故事是以习近平同志为核心的党中央对马克思以及毛泽东、邓小平等几代中共领导人文化思想、新闻思想的继承与发展，具有深刻的思想内涵，是新形势下提升国家文化软实力的因应之道。对于中华文化"走出去"，毛泽东等历届领导人和中央集体都给予了高度重视，作出了战略部署，也因此中华文化的海外传播取得了很大成就。世界各国人民对中国人民、中国社会和中国政治治理体制有了更多、更准确的了解和认同。但不可否认的是，由于我们的文化传播能力还不能完全匹配国家战略发展的需要，滞后于中国经济、科技、军事等综合实力的提高，我们还远未能解决中国在国际上"挨骂"的处境，中国故事、中国声音还传不开、传不远。尤其是现在国际上单边主义、逆全球化的势力有所抬升，意识形态之争更加激烈，可以预见的是，中国的国际舆论环境更加艰难，文化软实力的竞争会更加激烈，也由此更加说明了"讲好中国故事"思想的深刻性与前瞻性。因为任何一个国家，对于他国所进行的文化传播都会持有天然的戒心，这可能也是之前中华文化海外传播虽取得成就但也遇到很大反弹的原因。讲好中国文化故事并不是单向的、强势的文化传播，而是以一种柔性的态度开展文化交流，并且更加注重文化交流的形式与方法，更加注意受众的心理和需要，更加强调故事讲述中的普通人形象，更加关注情感人性的互通。"讲好中国故事"并非可以一蹴而就,在当今"西强我弱"的世界舆论格局之下,这注定是艰难的、持久的过程,需要我们锲而不舍,久久为功。

编　者

参 考 文 献

［1］陈红梅，张佩玉．传统电视文化类节目的创新路径：以河南卫视"中国节日"系列节目为例［J］．民族艺林，2023（1）：73-81．

［2］陈宏．讲好山西故事，传播中国文化［J］．当代电视，2016（8）：74-75．

［3］陈伟．讲好中国科学文化故事：学理接口、运作路径与对外话语体系构建［J］．文艺争鸣，2022（2）：176-185．

［4］陈先红，宋发枝．"讲好中国故事"：国家立场、话语策略与传播战略［J］．现代传播（中国传媒大学学报），2020，42（1）：40-46，52．

［5］陈志莹，王楠．从"中国节日"系列节目看媒体融合下传统文化"出圈"路径［J］．新闻传播，2022（24）：25-28．

［6］程倩．新媒体时代传统文化节目的突围：以河南卫视"中国节日"系列节目为例［J］．传播与版权，2022（10）：50-52．

［7］邓德林．"讲好中国故事"视域下的传统体育文化国际传播［J］．体育成人教育学刊，2020，36（4）：66-70．

［8］邓为．中国文化的"走出去"与"走进去"：从电影《长城》说说如何讲好中国故事［J］．长江文艺评论，2017（1）：45-48．

［9］段鹏．国家形象建构中的传播策略［M］．北京：中国传媒大学出版社，2007．

［10］范迪克．话语研究［M］．重庆：重庆大学出版社，2015．

［11］费孝通．乡土中国［M］．北京：人民出版社，2008．

［12］冯哲辉，于蒙．媒体融合时代电视综艺晚会节目创新策略研究：以河南卫视"中国节日"系列晚会为例［J］．现代视听，2022（11）：74-78．

［13］高峰．关于讲好中国改革故事的若干思考：基于来华留学研究生"当代中国文

化与政治"课程的设计[J]. 北京教育(德育)，2019(1)：45-48.

[14]高红波，王宝奕，陈鸿叶."中国节日"国潮文化建构的四个关键点[J]. 传媒，2023(3)：18-20.

[15]耿书新. 传播仪式观下河南卫视"奇妙游"系列节目的文化创新探究[J]. 视听，2023(6)：100-103.

[16]宫雪. 跨文化传播视阈下中国文化传播新路径：在日本媒体传播中国声音、讲好中国故事[J]. 中国记者，2022(4)：108-111.

[17]管慧敏，王树祥. 文化自信视阈下讲好中国故事的路径探析[J]. 福建省社会主义学院学报，2020(3)：52-58.

[18]管文虎. 国家形象论[M]. 成都：电子科技大学出版社，2000.

[19]郭继强. 河南卫视"奇妙游"系列节目的叙事特色与反思[J]. 视听，2023(3)：107-109.

[20]郭庆光. 传播学教程[M]. 北京：中国人民大学出版社，2011.

[21]贺强. 河南广播电视台：践行"两创"，引领优秀传统文化传播新风尚[J]. 新闻战线，2023(8)：38-43.

[22]户明方. 将"观众"变成"游客"：河南卫视"中国节日"系列节目助推文旅融合[J]. 中国广播影视，2023(6)：69-71.

[23]黄昶芳. 基于"中国故事"表达的李子柒对外传播现象研究[D]. 上海：上海外国语大学，2022.

[24]黄传新. 社会主义意识形态的吸引力和凝聚力研究[M]. 北京：学习出版社，2012.

[25]黄海静. 构建人类命运共同体：讲好中国故事与文化自信[J]. 深圳职业技术学院学报，2020，19(4)：38-42.

[26]黄泽存. 新时期对外宣传论稿[M]. 北京：五洲传播出版社，2002.

[27]姜敏. 唯"融"不破，电视文艺节目创新路径探析：以河南卫视的"中国节日"系列为例[J]. 科技传播，2022，14(23)：67-69.

[28]蒋博文. 挖掘电影媒介思政价值，讲好中国文化自信故事[J]. 中国高等教育，2020(23)：44-45.

[29]赖军芳. 挖掘中国典籍思政价值, 讲好中国文化自信故事: 以《了凡四训》为例[J]. 文教资料, 2021(20): 32-33.

[30]雷佳. "讲好中国故事"背景下大学英语教育中国文化失语现象及对策研究[J]. 作家天地, 2020(5): 47-48.

[31]李麟凤, 王红艳. "讲好中国故事"背景下中国文化英语表达教学探究[J]. 英语广场, 2021(27): 105-107.

[32]李木西. 讲好中国故事到底难在哪里: "中国故事"素材拓展与运用[J]. 作文与考试, 2021(29): 27-30.

[33]李岫泽. 传播符号学视域下文化舞蹈类电视节目解读: 以河南卫视"中国节日"系列舞蹈节目为例[J]. 声屏世界, 2023(3): 5-7.

[34]李竹欣. 共享与交流: 河南卫视"奇妙游"系列节目共情传播路径研究[J]. 视听, 2023(6): 96-99.

[35]梁笛. 运用大提琴演奏表达中国文化情怀, 用大提琴讲好中国文化的故事[J]. 艺术品鉴, 2022(29): 185-188.

[36]刘阿平. 传承中国文化, 讲好中国故事[J]. 新经济, 2017(1): 12.

[37]刘娜. "讲好中国故事"背景下大学英语课堂中国文化教学实施策略探究[J]. 海外英语, 2023(2): 136-138.

[38]刘森, 覃靖泽, 杜雨欣, 等. 高校设计类专业学生用英语讲好中国故事的能力培养研究[J]. 建筑与文化, 2021(8): 58-59.

[39]刘雨思. 思想政治理论课"讲好中国故事"研究[D]. 重庆: 西南大学, 2019.

[40]刘雨思. 在"讲好中国故事"中坚定文化自信的三重向度[J]. 党政干部论坛, 2018(7): 40-43.

[41]吕鹏. 新闻与传播学国际理论前沿[M]. 上海: 上海社会科学院出版社, 2017.

[42]罗钢, 刘象愚. 文化研究读本[M]. 北京: 中国社会科学出版社, 2000.

[43]马英. 短视频叙事方式与讲好中国故事的实践路径: 以 2021 年河南卫视"中国节日"系列节目为例[J]. 新媒体研究, 2022, 8(5): 102-104, 109.

[44]孟晓辉. "新国潮"涌动下黄河文化元素的视觉盛宴: 河南卫视"中国节日"系列节目的新探索[J]. 传媒, 2022(19): 43-45.

[45]钱晓悦.中国故事之"深"与中国文化之"远":访河南广播电视台全媒体营销策划中心"端午奇妙游"执行策划、总制片程万里[J].中国广告,2021(9):98-101.

[46]乔舒亚·库珀·雷默,等.中国形象[M].沈晓雷,译.北京:社会科学文献出版社,2008.

[47]秦敏.从河南卫视"中国节日"系列节目看文化类节目的创新发展[J].视听,2023(4):73-76.

[48]邱冬.讲好中国故事语境下的跨文化传播[D].上海:华东政法大学,2022.

[49]阚雨萱,邓琰弋.新媒体视域下城市媒介形象建构与传播研究:以河南卫视的"中国节日"系列节目为例[J].新闻研究导刊,2022,13(23):33-37.

[50]人民日报评论部.习近平讲故事[M].北京:人民出版社,2017.

[51]单波.全球媒介的跨文化传播幻象[M].上海:上海交通大学出版社,2015.

[52]沈婷婷."讲好中国故事"背景下中国文化融入高职英语教学探索[J].淮北职业技术学院学报,2021,20(4):62-64.

[53]胜夏.河南卫视"中国节日"系列节目的符号建构与传播研究[J].西部广播电视,2023,44(4):171-173.

[54]孙芳.中国文化英语表达教学的意义刍探:基于"讲好中国故事"视角[J].成才之路,2022(28):45-48.

[55]孙赛.高校网络思想政治教育讲好中国故事研究[D].兰州:兰州理工大学,2022.

[56]索琼瑶.论新媒体时代讲好中国故事的媒介呈现:以河南卫视中国节日系列节目为例[J].新闻研究导刊,2021,12(18):111-112.

[57]王怀东.如何讲好河南故事:基于《河南日报》对本地非物质文化遗产传播的研究[J].新闻爱好者,2018(3):86-88.

[58]王仁海.坚定文化自信自强,以社会主义文化新辉煌讲好中国故事[J].中国广播电视学刊,2023(2):11-14.

[59]王仕勇,曹文扬.讲好中国故事:中华文化的国际传播策略研究[J].四川省社会主义学院学报,2019(2):30-35.

[60]王依.讲好河南故事的途径和模式[J].决策探索,2019(22):44-45.

[61]王紫萱,张汇川.古今交融:数智时代传统文化的创新性表达:以河南卫视《2022中秋奇妙游》为例[J].传播与版权,2023(4):32-34.

[62]吴思锋."讲好中国故事"思想观照下中国文化外译研究[J].文化学刊,2016(12):118-123.

[63]吴俣.新时代"讲好中国故事"的五维方法:以南水北调工程故事为例[J].安阳工学院学报,2023,22(1):8-12.

[64]咸佩心,张冬昊.讲好中国故事,助力中国文化走出去[J].杭州,2019(38):62-63.

[65]解雪.接受美学视域下的文化类节目创作浅析:以河南卫视"中国节日"系列节目为例[J].新闻世界,2023(5):81-84.

[66]徐翠.向儿童观众讲好中国故事:论当代儿童戏剧创作[J].当代戏剧,2022(6):14-17.

[67]徐娜.根植文化沃土,讲好黄河故事:以河南广电"中国节日"系列节目为例[J].现代视听,2022(7):20-22.

[68]许梦媛,张莉.超时空沉浸:河南卫视"奇妙游"系列节目的融合场景[J].河南广播电视大学学报,2023,36(1):64-68.

[69]闫文培.全球化语境下的中西文化及语言对比[M].北京:科学出版社,2007.

[70]严璐.文化认同视域下传统媒体的突围策略探析:以河南卫视"奇妙游"系列节目为例[J].中国广播电视学刊,2023(5):118-121.

[71]阎晗.媒介科技为舞蹈赋新能:以河南卫视"中国节日"系列节目研究为例[J].浙江艺术职业学院学报,2023,21(1):89-96.

[72]杨少华.河南卫视"中国节日"系列文化节目何以出圈[J].科技传播,2022,14(20):53-56.

[73]杨士恒.从"讲好黄河故事"到"讲好中国故事"的档案资源开发服务典型案例分析[J].档案管理,2023(2):10-11,14.

[74]杨歆迪,杨卓凡."看中国"如何讲好中国故事——"当代与传统:中国文化国际影响力生成之'看中国'的美学表达与国际影响力"研讨会综述[J].当代电

影，2019（3）：175-176.

[75]杨峥．讲好中国故事、传播中国文化：高职英语思政教学案例浅析——以《新视野英语2》《新技能英语2》两个单元为例[J]．校园英语，2021（21）：76-77.

[76]姚君，丁云亮．传统节日文化呈现的符号修辞重构：以河南卫视"中国节日"系列节目为例[J]．未来传播，2023，30（2）：34-40.

[77]于洪菲．国际中文教育背景下文化类课程讲好中国故事的路径研究[D]．沈阳：沈阳师范大学，2022.

[78]余锐．新媒体视阈下中国传统文化传播探析：对河南卫视"中国节日"系列节目的研究[J]．传媒，2022（20）：42-44.

[79]张丹，巩子坤．记数制：讲好中国与世界的文化故事[J]．小学数学教师，2022（2）：80-87.

[80]张国．新时代内蒙古对外讲好草原文化故事初探[J]．理论研究，2020（2）：77-80.

[81]张洪．如何讲好中国文化故事[J]．对外传播，2017（4）：43-44.

[82]张骥．中国文化安全与意识形态战略[M]．北京：人民出版社，2009.

[83]张梦溪．文化类节目的策划创新策略探析：以河南卫视"中国节日"系列节目为例[J]．新闻研究导刊，2023，14（2）：186-189.

[84]张晴．河南卫视"中国节日"系列节目的创新性表达路径探析[J]．视听，2022（8）：18-20.

[85]张珊珊，孙宗芹．"讲好中国故事"背景下中国文化英语表达教学现状研究及启示[J]．湖北开放职业学院学报，2023，36（1）：185-187.

[86]张小婷．论国际汉语教材中的中国文化形象建设：以"讲好中国故事"为视角[J]．文化创新比较研究，2020，4（21）：7-10.

[87]张一博．电视节目中优秀传统文化的创新表达：以"奇妙游"系列节目为例[J]．文化月刊，2023（2）：48-51.

[88]张玉宏．从"中国文化失语"到"用英语讲好中国故事"：英语专业中国文化教学（2000—2020）的现状与出路[J]．语言与文化论坛，2021（2）：39-48.

[89]赵松，张维．刍论讲好中国故事与增强文化自信[J]．文化创新比较研究，

2021，5(23)：29-32.

［90］赵应吉．新时代"讲好中国故事"背景下中国文化英语表达教学现状调查及启示［J］．重庆第二师范学院学报，2019，32(4)：106-110.

［91］赵应吉．中国文化英语表达教学的意义探究：基于"讲好中国故事"视角［J］．重庆科技学院学报(社会科学版)，2019(5)：109-112.

［92］郑凌娟．弘扬中国文化，讲好中国故事：探析李子柒短视频争议［J］．传媒论坛，2021，4(17)：119-120.

［93］郑延保，刘好．以河南实践讲好中国共产党的故事：以"习近平新时代中国特色社会主义思想在河南的实践"专题宣介会为例［J］．对外传播，2019(12)：64-66.

［94］中共中央文献研究室．习近平关于社会主义文化建设论述摘编［M］．北京：中央文献出版社，2017.

［95］周丽梅．讲好中国故事，传承中国文化：电影《爱廉说》观后感［J］．语文世界（小学生之窗），2020(7)：26.

［96］周梦琴．文化传播视域下对外讲好中国故事的策略研究［J］．新闻文化建设，2022(21)：12-14.

［97］周正红，宫慧，曹庆慧．固本拓源：向留学生讲好中国故事［J］．辽宁师范大学学报(社会科学版)，2022，45(6)：26-30.

［98］朱欣英，姚红亮．河南卫视《七夕奇妙游》对传统文化符号的应用［J］．传媒，2022(18)：44-47.

［99］朱颜．河南卫视"奇妙游"传统节日晚会的创新策略研究［D］．保定：河北大学，2022.

［100］宗苏泽．传统文化现代表达的创新路径探析：以河南卫视"中国节日"系列节目为例［J］．中国地市报人，2023(2)：27-29.